U0524731

本书为2010年度国家社科基金资助项目"云南跨界民族农村富余劳动力异地就业研究"（项目号：10XMZ0056）成果，出版得到云南省"中国陆地边疆治理协同创新中心"资助

云南大学周边外交研究丛书

社会资本视角下的云南跨界民族外出务工者研究

孔建勋　邓云斐◎著

中国社会科学出版社

图书在版编目(CIP)数据

社会资本视角下的云南跨界民族外出务工者研究/孔建勋,邓云斐著.—北京:中国社会科学出版社,2016.12

(云南大学周边外交研究丛书)

ISBN 978-7-5161-9058-6

Ⅰ.①社⋯ Ⅱ.①孔⋯②邓⋯ Ⅲ.①农村劳动力—劳动力转移—研究—云南 Ⅳ.①F323.6

中国版本图书馆 CIP 数据核字(2016)第 235609 号

出 版 人	赵剑英
责任编辑	王 茵 马 明
责任校对	胡新芳
责任印制	王 超

出　　版	中国社会科学出版社
社　　址	北京鼓楼西大街甲 158 号
邮　　编	100720
网　　址	http://www.csspw.cn
发 行 部	010-84083685
门 市 部	010-84029450
经　　销	新华书店及其他书店

印刷装订	三河市君旺印务有限公司
版　　次	2016 年 12 月第 1 版
印　　次	2016 年 12 月第 1 次印刷

开　　本	710×1000　1/16
印　　张	16.75
插　　页	2
字　　数	243 千字
定　　价	56.00 元

凡购买中国社会科学出版社图书,如有质量问题请与本社营销中心联系调换
电话:010-84083683
版权所有　侵权必究

云南大学周边外交研究丛书编委会

主 任 委 员：郑永年

副主任委员：（按姓氏笔画排序）
江瑞平　肖　宪

委　　　员：（按姓氏笔画排序）
王逸舟　孔建勋　石源华
卢光盛　刘　稚　许利平
李一平　李明江　李晨阳
吴　磊　陈东晓　张景全
张振江　范祚军　胡仕胜
高祖贵　翟　崑　潘志平

总　序

　　近年来，全球局势急剧变化，国际社会所关切的一个重要议题是：中国在发展成为世界第二大经济体之后，其外交政策是否会从防御转变为具有进攻性？是否会挑战现存的大国和国际秩序？甚至会单独建立自己主导的国际体系？的确，中国外交在转变。这些年来，中国已经形成了三位一体的新型大外交，我称之为"两条腿，一个圈"。一条腿是"与美、欧、俄等建立新型的大国关系，尤其是建立中美新型大国关系"；另一条腿为主要针对广大发展中国家的发展战略，即"一带一路"；"一个圈"则体现于中国的周边外交。这三者相互关联，互相影响。不难理解，其中周边外交是中国外交的核心，也是影响另外两条腿行走的关键。这是由中国本身特殊的地缘政治考量所决定的。首先，周边外交是中国在新形势下全球谋篇布局的起点。中国的外交中心在亚洲，亚洲的和平与稳定对中国至关重要，因此是否能处理好与周边国家关系的良性发展，克服周边复杂的地缘政治环境，将成为影响中国在亚洲崛起并建设亚洲命运共同体的关键。其次，周边外交是助推中国"一带一路"主体外交政策的关键之举。"一带一路"已确定为中国的主体外交政策，而围绕着"一带一路"的诸多方案意在推动周边国家的社会经济发展，考量的是如何多做一些有利于周边国家的事，并让周边国家适应中国从"韬光养晦"到"有所作为"的转变，并使之愿意合作，加强对中国的信任。无疑，这是对周边外交智慧与策略的极大考验。最后，周边外交也是中国解决中美对抗、中日对抗等大国关系的重要方式与途径。中国充分发挥周边外交效用，巩固与加强同周边国家的友好合作关系，支持周边国家的发展壮大，提升同中国的向心力，将降低美日等大国在中国周边地区与国家中的影响力，并化解美国在亚洲同盟与中国对抗的可能性与风险，促成周边国家自觉地对中国的外交政策做出适当的调整。

从近几年中国周边外交不断转型和升级来看，中国已经在客观上认识到了周边外交局势的复杂性，并做出积极调整。不过，目前还没能拿出一个更为具体、系统的战略。不难观察到，中国在周边外交的很多方面既缺乏方向，更缺乏行动力，与周边国家的关系始终处于"若即若离"的状态。其中导致该问题的一个重要原因是对周边外交研究的不足与相关智库建设的缺失，致使中国的周边外交还有很大的提升和改进空间。云南大学周边外交中心一直紧扣中国周边外交发展的新形势，在中国周边外交研究方面有着深厚的基础、特色定位，并在学术成果与外交实践上硕果颇丰，能为中国周边外交实践起到智力支撑与建言献策的重要作用。第一，在周边外交研究的基础上，云南大学周边外交中心扎实稳固，发展迅速。该中心所依托的云南大学国际问题研究院在 20 世纪 40 年代起就开始了相关研究。进入 21 世纪初，在东南亚、南亚等领域的研究开始发展与成熟，并与国内外相关研究机构建立了良好的合作关系，同时自 2010 年起每年举办西南论坛会议成为中国西南地区最高层次的学术性和政策性论坛。2014 年申报成功的云南省高校新型智库"西南周边环境与周边外交"中心更在中央、省级相关周边外交决策中发挥重要作用。第二，在周边外交的研究定位上，云南大学周边外交中心有着鲜明的特色。该中心以东南亚、南亚为研究主体，以大湄公河次区域经济合作机制（GMS）、孟中印缅经济走廊（BCIM）和澜沧江—湄公河合作机制（LMC）等为重点研究方向，并具体围绕区域经济合作、区域安全合作、人文交流、南海问题、跨界民族、水资源合作、替代种植等重点领域进行深入研究并不断创新。第三，在周边外交的实际推动工作上，云南大学周边外交中心在服务决策、服务社会方面取得了初步成效。据了解，迄今为止该中心完成的多个应用性对策报告得到了相关部门的采纳和认可，起到了很好的咨政服务作用。

云南大学周边外交中心推出的《云南大学周边外交研究丛书》

系列与《云南大学周边外交研究中心智库报告》等系列丛书正是基于中国周边外交新形势以及自身多年在该领域学术研究与实践考察的深厚积淀之上。从周边外交理论研究方面来看，该两套丛书力求基于具体的区域范畴考察、细致的国别研究、详细的案例分析，来构建起一套有助于建设亚洲命运共同体、利益共同体的新型周边外交理论，并力求在澜沧江—湄公河合作机制、孟中印缅经济合作机制、水资源合作机制等方面有所突破与创新。从周边外交的具体案例研究来看，该套丛书结合地缘政治、地缘经济的实际情况以及实事求是的田野调查，以安全合作、经济合作、人文合作、环境合作、边界冲突等为议题，进行了细致的研究，客观独立的分析与思考。从对于国内外中国周边外交学术研究与对外实践外交工作的意义来看，该丛书不仅将为国内相关研究同仁提供借鉴，也将会在国际学界起到交流作用。与此同时，该两套丛书也将为中国周边外交的实践工作的展开提供智力支撑与建言献策的积极作用。

郑永年

2016 年 11 月

目 录

第一章 导论 …………………………………………………… (1)
  第一节 研究背景和意义 ……………………………………… (1)
  第二节 关键概念的界定 ……………………………………… (7)
  第三节 本书的主要内容和基本结构 ………………………… (10)

第二章 文献综述 ……………………………………………… (12)
  第一节 社会资本及测量 ……………………………………… (12)
  第二节 市场体制下的社会资本与职业获取 ………………… (16)
  第三节 中国语境下的社会资本与职业获得 ………………… (18)
  第四节 中国农民工的社会资本与异地就业 ………………… (19)
  第五节 关于云南跨界民族的研究 …………………………… (23)
  小 结 …………………………………………………………… (26)

第三章 调查设计和样本统计描述 …………………………… (27)
  第一节 调查设计和研究方法 ………………………………… (27)
  第二节 个人基本特征描述 …………………………………… (30)
  第三节 家庭状况 ……………………………………………… (37)
  小 结 …………………………………………………………… (42)

第四章 云南跨界民族务工者异地就业概况 ………………… (44)
  第一节 首次就业流动年龄 …………………………………… (45)
  第二节 工作稳定性和行业分布 ……………………………… (50)
  第三节 职业阶层和工资水平 ………………………………… (63)
  第四节 劳动强度和工作性质 ………………………………… (74)

第五节　工作待遇和工作满意度 …………………………（78）
　　小　结 ……………………………………………………（97）

第五章　云南跨界民族务工者的消费与储蓄状况 …………（99）
　　第一节　在谋生地的开支 ………………………………（100）
　　第二节　外出务工收入占家庭收入比重 ………………（106）
　　第三节　外出务工收入的用途 …………………………（110）
　　小　结 …………………………………………………（122）

第六章　云南跨界民族务工者的异地就业迁移距离 ………（123）
　　第一节　境内境外务工描述 ……………………………（123）
　　第二节　国内迁移距离 …………………………………（128）
　　小　结 …………………………………………………（143）

第七章　社会资本视角下的跨界民族人口异地就业途径 …（145）
　　第一节　云南跨界民族外出务工者的就业途径 ………（145）
　　第二节　跨界民族农村富余劳动力异地就业中的
　　　　　　网络关系 ………………………………………（154）
　　第三节　社会资本与就业途径 …………………………（163）
　　第四节　获取满意工作最主要要素 ……………………（189）
　　小　结 …………………………………………………（190）

第八章　云南跨界民族务工者的就业歧视和身份歧视 ……（191）
　　第一节　歧视者群体 ……………………………………（195）
　　第二节　被歧视的原因 …………………………………（201）
　　第三节　社会资本与就业歧视 …………………………（205）
　　小　结 …………………………………………………（219）

第九章　政策因子对促进跨界民族务工者就业转移
　　　　　和社会稳定发展的作用 ……………………………（221）
　　第一节　描述性分析 ……………………………………（223）

第二节　模型分析 …………………………………… (224)
小　结 ………………………………………………… (234)

第十章　结论与讨论 ……………………………………… (235)
一　本项研究的主要内容 ……………………………… (235)
二　本项研究的基本观点和创新之处 ………………… (240)
三　关于促进云南跨界民族农村富余劳动力
　　转移的措施与建议 ………………………………… (241)

参考文献 …………………………………………………… (246)

后　记 ……………………………………………………… (254)

第 一 章

导 论

第一节 研究背景和意义

自从20世纪80年代以来，随着中国城市改革进程的不断推进，城乡差别不断扩大。城市的经济繁荣和相应的劳动力缺乏对农村富余劳动力产生了巨大的"拉力"（pull），而农村地区经过家庭联产承包制以后释放出大量的富余劳动力，从而形成同样巨大的"推力"（push）。这就是西方古典经济学家所说的"推拉理论"（push and pull theory）。正是在"推拉理论"的作用下，农村富余劳动力大量涌入城市寻求非农就业机会，从而形成了跨世纪全球最大的就业流动大军，也就是俗称的"民工潮"[①]。国家统计局发布的《2014年全国农民工监测调查报告》显示，该年度全国农民工总数为2.73亿人。[②]

然而进入21世纪以来，国内出现了"民工潮"和"民工荒"同时并存的矛盾局面，虽然仍有大量农民工进城务工，但一方面农村劳动力转移难度加大、进城务工农民找工作难且劳资纠纷频发，另一方面沿海地区企业却因招不到工人而停产或开工不足。如何有效地转移农村富余劳动力，已成为影响我国经济发展布局和城镇化

[①] 国内学界和媒界对这一群体有诸多不同的称谓，例如"农民工"、"流动人口"、"外来务工者"等，这些概念之争不属于本书讨论的范畴。对于他们从农村到城里实现就业的现象，我们用"就业流动"这一具学术含义的概念来称呼。

[②] 国家统计局：《2014年全国农民工监测调查报告》，http://www.stats.gov.cn/tjsj/zxfb/201504/t20150429_797821.html。

建设的重要问题，历届政府工作报告都提到统筹农村转移劳动力。出现"民工荒"的原因是多方面的，既有宏观政策和产业结构调整的因素，也与农民工群体整体素质不高、城市就业环境欠佳等密切相关。事实上，民工荒主要是技工不足，大量来自农村没有受过专业训练的民工与企业对技术工人的需求无法对接是主要原因。另一方面，资方普遍不尊重农民工，一些地方的用工环境差、工资待遇低，拖欠克扣工资现象严重。不仅如此，大部分沿海经济发达地区生活成本高、农民工能享受的公共福利少，在打工地落地生根面临诸多限制，因此，"打工不挣钱"、"只有生存没有生活"的状况，迫使很多农民工离开工厂。

总的来说，目前很多地区农村剩余劳动力转移的规模、速度、效果都不甚理想，原因是多方面的。从富余劳动力群体本身的发展来看，面临的主要问题表现在以下几个方面：一是农村富余劳动力到异地就业时，工作流动性较大，所从事的是较低层次的社会职业，工资收入低，工作条件恶劣；二是自发性流动远多于组织性流动，这种自发性就业流动的缺点是流动成本加大，权益相对得不到保障；三是基于亲缘、地缘的社会资本是他们获取职业的主要途径，这种就业流动模式较难实现职业地位的上升，导致职业流动基本上是水平流动。① 另外，由于城乡二元户籍制度的障碍，农村富余劳动力在城市的生活会遭受到一系列不公平的待遇，如没有社会保障、孩子上学困难，等等。

非农就业流入城市的农民工长期作为一个弱势群体存在，他们的就业状况、收入、居住环境、医疗卫生以及随迁子女就学等问题引起了学界的广泛关注，对这一现象的研究成果不少，研究的视角也较为多样。例如，有国内学者从教育培训的角度研究中国城市化

---

① 美国杜克大学著名社会资本大师、台湾"中央"研究院院士林楠（Nan Lin）教授指出，社会资本的强关系有助于提升职业声望（亦即向上流动），但该理论似乎不适合农民工的进城务工，因为他们极少拥有林楠教授所说的强关系。参见 Lin, N., "Social Networks and Status Attainment", *Annual Review of Sociology*, Vol. 25, 1999, pp. 467-487; Lin, N., and Xie, W., "Occupational Prestige in Urban China", *The American Journal of Sociology*, Vol. 93, No. 4, 1988, pp. 793-832。

背景下的农民工城市就业和收入的影响因素。① 还有学者利用调查数据，从就业特征、劳动保障、小时工资以及人力资源对小时工资的影响几个方面对进城农民工的就业状况进行了实证分析。② 也有学者从社会分层的视角研究农民工的就业流动，认为"农民工的初次职业流动实现了职业地位的较大上升，而农民工的再次职业流动却基本上是水平流动，没有地位上升。农民工再次职业流动地位未能上升的主要原因在于，他们缺少地位积累、地位继承和社会资源"③。

一 为什么要研究跨界民族的就业流动

如果说农民工作为一个整体属于弱势的话，那么其中的少数民族农民工则是更加弱势的群体，这是因为我国的少数民族农村地区总体上比一般的农村地区更加偏僻，自然条件、交通基础设施和经济发展程度更差，加之语言、文化的差异和普遍落后的受教育程度，使得少数民族农民工在向城市的就业流动中处于更加不利的地位。因此他们作为一个中国农民工的次群体也受到部分国内学者的关注。例如，马戎等国内知名学者基于问卷调查数据，从人口统计基本特征、就业概况、收入和消费等方面，研究了西部大城市中的少数民族农民工群体，并在此基础上就地方政府如何针对性地为少数民族农民工的就业、居住、收入、法律援助等方面提供帮助提出了政策建议。④ 也有学者通过调查少数民族农民工在民族文化村和具有民族特色私营企业中的就业状况，发现"少数民族迁移者因为自身民族文化在城市就业中具有一定的优势。他们不但是城市中的就业迁移者，而且是城市中的民族文化携带者。从进入城市的角色

---

① Wang Dewen, Cai Fang and Zhang Guoqing, "Factors Influencing Migrant Workers' Employment and Earnings—The Role of Education and Training" *Social Sciences in China*, No. 3, 2010, pp. 123-145.

② 高文书:《进城农民工就业状况及收入影响因素分析——以北京、石家庄、沈阳、无锡和东莞为例》,《中国农村经济》2006年第1期。

③ 李强:《中国大陆城市农民工的职业流动》,《社会学研究》1999年第3期，第93—101页。

④ 马戎等:《西部六城市流动人口调查综合报告》,《西北民族研究》2007年第3期，第135—174页。

看,他们不但是就业移民,而且是文化移民"①。此外,有学者通过定性的深入访谈,从社会资本的理论视角探索社会关系网络在少数民族就业流动中的效用,并进一步提出先遣式就业流动阶段、链式迁移就业阶段和网络式就业流动的三段论。认为在不同的阶段作为社会资本的关系网络在这些少数民族的就业流动中发挥着不同形式的作用。②

如前所述,农民工作为一个整体在城市中处于弱势地位,而少数民族农民工在整个农民工群体中处于更加弱势的地位。同样地,在少数民族农民工群体中,跨界民族务工者又处于最为不利的弱势地位。因为与一般少数民族农民工相比,跨界民族的农民工往往来自最为边远、经济发展最为落后和交通基础设施最不便利的边境地区。我国的跨界民族主要分布在陆路边境沿线,由于国内的民族分布格局,全国123个边境县几乎都属于少数民族地区,因此我国的跨界民族地区不仅是边疆欠发达地区,也是少数民族聚居区。这些跨界民族地区一般以发展小农经济为主,家庭主要收入来源于种养殖业。因此,无论是经济发展程度、受教育程度还是交通条件都比一般少数民族地区更为落后,仅以云南为例,布朗族、德昂族、阿昌族等跨界民族所在地区的社会经济条件比白族、彝族③、纳西族等其他少数民族地区更加落后,前者在非农就业流动中必然比后者处于最为不利的地位。

此外,除了以上提及的全国农村富余劳动力转移普遍存在的问题以外,跨界民族地区农村富余劳动力转移还面临一些特殊的困难:第一,在境内就业流动的跨界民族务工者不仅面临同样的二元城乡户籍制度的阻碍,更由于他们自身在宗教信仰、民族风俗、语言交流和生活方式上都与城市人存在比其他务工者更大的差异,从

---

① 张继焦:《城市中少数民族的民族文化与迁移就业》,《广西民族研究》2005年第1期,第64—68页。
② 张继焦:《关系网络:少数民族迁移者城市就职中的社会资本》,《云南社会科学》2006年第1期,第64—70页。
③ 在越南北部也有彝族的支系分布,所以有学者主张彝族也是跨界民族。但在多数情况下国内学者一般不把彝族列为跨界民族。

而加大了他们融入城市的困难;第二,对于到境外寻求工作的人来说,他们要重新适应新的生活习惯、宗教环境、不同的社会要求和义务;第三,由于边疆地区经济社会发展落后,缺乏有效的组织领导,政府主导的劳动力信息中介缺乏推动力,招聘信息不明朗,劳动力市场封闭,多数务工者仍然依靠亲缘、地缘等社会资本获得工作,可选择性较低;第四,跨界民族地区农村富余劳动力的受教育程度普遍偏低、工作技能差、语言能力不足等客观因素加剧了异地就业的难度;第五,对于到境外工作的跨界民族农村富余劳动力来说,国际上保护这一群体的法律框架尚未构建,所以跨国就业者在迁入国难以用法律来维护自己的合法权益。

尽管我国边境地区也有较大的汉族人群跨国而居,但在本书的语境下,我们所指的跨界民族是少数民族而非汉族。既然我国的跨界民族主要由少数民族组成,研究跨界民族农村富余劳动力的异地就业就需要考虑到他们的民族性、宗教性和地域性,结合其民族的特殊性、所处的自然环境及复杂的人文环境来研究。① 所以针对跨界民族这一特殊的群体,在其农村富余劳动力的异地就业过程中,需要时刻关注他们的民族性。然而,迄今为止专门针对跨界民族就业流动人口的研究尚不多见,而跨界民族地区的农村富余劳动力能否顺利实现向城市的就业流动,不仅直接关系到跨界民族农村地区非农收入的增加和地方经济的发展,还直接关系到边境地区的社会秩序和跨界非传统安全问题。因此,研究跨界民族农民工的异地就业流动具有重要的现实意义。

二 为什么要选择云南的跨界民族

云南不仅是我国少数民族最多的省份(25个少数民族),而且是跨界民族数量最多和分布最集中的省份,是"一块进行跨界民族研究的得天独厚的宝地"②。云南边境地区与缅甸、老挝和越南接壤,

---

① 马雪鸿、李光明:《少数民族农村富余劳动力转移动因及障碍研究文献述评》,《北方经济》2012年第13期,第66—67页。
② 刘稚、申旭:《论云南跨境民族研究》,《云南社会科学》1989年第1期,第76—83、110页。

在中缅、中老和中越边境都居住着大量的跨界民族。对云南跨界民族的划分，学界有不同的看法，但大多数学者一致认为总共有16个跨界民族，其中中缅边境沿线的跨界民族有佤族、瑶族、哈尼族、拉祜族、景颇族、苗族、阿昌族、怒族、独龙族、德昂族、傈僳族等；中老边境沿线的跨界民族有苗族、瑶族、哈尼族、拉祜族、傣族、彝族和布朗族等；中越边境沿线的跨界民族包括苗族、瑶族、哈尼族、拉祜族、傣族、彝族、壮族和布依族等。云南省的文山、红河、西双版纳、怒江、德宏、保山、思茅、临沧8个州市分别与缅甸北部的掸邦、克钦两个邦，与越南西北部的河江、老街、莱州、山罗、宣光、安沛、永富7个省，以及与老挝北部的丰沙里、南塔、波乔、乌多姆塞、琅勃拉邦、华潘、川圹、沙耶武里8个省接壤。[①] 上述跨界民族就居住在这一沿线的两侧。跨界民族的同源性和跨居在边境线两侧的特殊性形成了中国西南边疆与东南亚国家特殊的跨民族问题。

与国内其他农村地区一样，云南的跨界民族地区也出现了富余劳动力的异地就业现象，其就业流动最显著的特征：一是由于语言、文化差异和受教育水平偏低等诸多原因，他们在就业流动群体中处于最底层；二是他们就业流动大多具有跨国界的特征。地理区位上相邻、语言沟通的便利以及具有相同的民族认同和民族文化，这些因素为他们的跨国界流动带来了便利，而边民互市、边境贸易合作和通婚则使得跨界民族在经济上、文化上和生活上有了紧密的联系。跨界民族在经济、文化和社会方面的联系很正常，但是一旦在政治方面也发展了联系，就极有可能上升为国家安全问题，跨界民族问题复杂且关系到国家安全和边疆稳定。

因此，研究云南跨界民族农村富余劳动力转移在理论和实践上都具有重要价值。首先，将云南跨界民族流动人口作为研究对象，调查其就业状况、迁移距离、歧视问题以及关系网络下云南跨界民族流动人口的就业途径，对弱势族群的网络关系理论进行再探讨，对补充和丰富国内外有关农村剩余劳动力转移的理论具有重要意

[①] 何跃：《非传统安全视角下的云南跨界民族问题》，《云南民族大学学报》（哲学社会科学版）2006年第5期，第86—91页。

义。特别是本书将基于跨界民族群体的调查数据，探讨农民工的社会资本使用情况及其对职业获得的影响，从而对社会资本理论进行实证检验。其次，我国农村富余劳动力的异地就业中存在着大量的问题亟待解决，而城市就业的质量直接关系到中国工业化和城市化的建设。深入研究跨界民族地区富余劳动力转移现状和面临的问题，有助于为相关部门提供翔实的资料，从政策和实践的角度总结其中的经验和问题，提出有针对性的对策建议，使各方采取更为有效的措施，提高跨界民族地区农村富余劳动力转移的效率和效果，这是最直接的现实意义和价值。再次，跨界民族地区及其农村富余劳动力群体集边疆性、民族性、贫困性等特点于一身，这样一个特殊人群在劳动力转移的过程中，既有其独特性，也会面临一些特殊的问题和困难。研究跨界民族外出务工人员的情况，总结该群体在工作获得、就业状况、迁移距离、社会网络等方面的特点以及在转移过程中面临的困难或问题，一方面有助于进一步补充国内外有关农村剩余劳动力转移的理论探讨和实证检验；另一方面还有助于引起更多对相关群体的关注，从而提高他们的生活水平和质量，对边疆的稳定和繁荣发展也具有重要的现实意义。

第二节 关键概念的界定

一 跨界民族、跨境民族和跨国民族的区别

学术界用"跨界民族"、"跨境民族"和"跨国民族"等相近而又不完全相同的概念来描述跨两国而居的同一民族。例如，有学者认为跨界民族的基本属性是虽然分属不同国家，但民族分布地域基本连成一片，所以区分"跨界民族"和"跨国移民族群"的主要标志是分布地域是否跨国而连成一片。也就是说，跨国移民族群一般都是散居在另外一个国家的各个地方，而不是跨居在国境线两侧，如居住在云南西双版纳傣族自治州勐腊县的傣族就是中老边境线中国一侧的跨界民族，对应老挝一侧的是泐族。"跨国民族"是指有些民族因各种原因出现世界性的迁徙和扩散，如犹太人和吉普

赛人，他们居住地分散且互不毗邻，可以跨越一个国家而居，也可以跨越两个或多个国家而居，即他们是拥有同源同文化的民族，但他们散居在不同的国家境内，而且他们居住的国家可能不相邻。①曹兴对"跨界民族"和"跨境民族"这两个概念做了区分，认为跨界民族是被动分割的结果，而"跨境民族"是主动移民的结果。从英文表达上来看，"跨境"译为 transnational；"跨国"译为 international；而"跨界民族"译为 cross-border ethnic group。可以看出，"跨境"和"跨国"主要表达的是移民性和国际性，而"跨界"（cross-border）准确地描述跨国边境线的状态，表达出同源民族被一条边界线分割开来的状态。另外"境"和"国"是指区域，但"界"就是一条明显的国家边界线，如果要研究和界定跨界民族，这种分居在两个国家边境线两侧，生活区域连成一片的同源民族更好掌握和定义。②我国研究民族的学术界中，"跨界民族"一词被越来越多的学者所接受，也正在被越来越多的人使用。③"民族"是沿用少数民族的概念，民族即指文化共同体，而非政治共同体，所以本书没有采用"跨界人民"一词，而是采用"跨界民族"一词。

本课题研究中的"跨界民族"包括了以下几点含义：一是在民族认同上，跨界民族是同源同祖的民族，具有相同的祖先和民族文化认同，许多人对他们的故土和同胞都存在着永久的民族情感；二是在政治上，跨界民族分布在两个国家的边境线左右，被政治疆界所分割，他们拥有不同的国籍，生活在不同的政治环境中；三是在交往上，跨界民族之间拥有相似的民族风俗习惯和生活方式，他们始终保持着族内的联系，包括经济、婚姻、生活和政治各方面的联系。

二 "异地就业"的概念

对于农民工来说，"异地就业"这一学术概念就是俗称的"外

---

① 刘稚：《跨界民族的类型、属性及其发展趋势》，《云南社会科学》2004 年第 5 期，第 89—93 页。
② 曹兴：《论跨界民族问题与跨境民族问题的区别》，《中南民族大学学报》（人文社会科学版）2004 年第 2 期，第 39—42 页。
③ 丁延松：《"跨界民族"概念辨析》，《西北第二民族学院学报》（哲学社会科学版）2005 年第 4 期，第 21—25 页。

出务工",也就是务工者离开户籍所在的农村地区前往城镇寻找非农就业机会。根据国家统计局的相关规定,每次异地就业超过6个月以上的才列入外出务工者(亦即农民工)的范畴。对云南跨界农村富余劳动力而言,异地就业流动可以大体上分为两个方向:一是流向境内的大中小城镇寻求非农就业机会,汇入国内"民工潮"的大流;二是跨过国界线,流向对面的国家(如缅甸、老挝、越南)等寻求包括种植在内的各种务农和非农就业机会。本课题的异地就业主要是指云南跨界民族农村富余劳动力向国内的各地各级城市的非农就业流动,而不是从居住地向对面的周边邻国跨界流动的就业。这主要是基于以下四个方面的考虑:

一是过去20多年来,随着中国国内经济的快速发展,中国与周边邻国缅甸、老挝、越南等的发展水平差距日益拉大,即使是经济发展水平较为落后的云南,也比上述三国的毗邻地区发展更快、劳动工资收入更高,因此以往因为种种原因流向境外的务工者近十几年来都逐渐回流,转向内地的城镇寻求非农就业机会。

二是跨界民族的第一代务工者由于汉语语言能力差,加之当时境外的同源民族地区挣钱机会较多,所以流向境外务工的现象较为普遍;但跨界民族新生代务工者的受教育水平绝大多数都达到高小教育程度,甚至有不少人接受初级中学教育,是完成义务教育后外出务工的,他们的汉语表达能力比老一代更强,而且在学校接受多年的中华文化熏陶,并对内地的现代化建设发展机遇较为了解,因此越来越多地倾向于流向国内大中小城市就业,而像部分父辈一样流向境外寻求就业机会的人数和比例骤降。

三是中国政府整顿边境秩序的换防行动降低了跨界民族务工者流向境外的比例。以往由于边境管理不够完善,境外黄赌毒等非法活动较为猖獗,不少人到境外从事这些行业的服务性工作。随着21世纪初国家加强对边境地区的管理力度,境外黄赌毒等非正规行业的服务性就业机会减少,因此近10多年来流向境外的务工者明显减少;相反,他们都汇入到国内的"民工潮"队伍中。

四是本课题调查数据显示,云南跨界民族地区农村富余劳动力转移主要流向国内城市,流向境外的人数仅占样本数量的7%左右,这也要求我们把课题的研究重点放在国内的异地就业群体，而不是流向境外的少数群体。如前所述，跨界民族农民工由于历史和现实原因，在作为弱势群体的农民工群体中处于更加弱势的地位，这样一个特殊人群在劳动力转移的过程中，既有其独特性，也会面临一些特殊的问题和困难。只有通过深入研究，发现问题，总结经验，才能帮助这一群体增加收入，提高生活水平和质量，更好地融入祖国大家庭，维护边疆稳定和繁荣发展。

正是基于以上几个方面，本课题的研究对象主要是流向国内城市从事非农就业的云南跨界民族务工者，"异地就业"指的也是向在国内城市寻求非农就业的流动。当然，本书也试图了解这些跨界民族务工者是否有到境外务工的经历。

第三节 本书的主要内容和基本结构

本书主要关注云南跨界民族农村富余劳动力异地就业的一系列相关问题，通过对云南跨界民族分布集中的德宏、临沧、普洱、西双版纳4个州市36个跨界民族村寨进行调查，采集跨界民族务工者异地就业状况相关数据，如异地就业劳动力的个人基本特征、首次就业流动年龄、工作稳定性、行业分布、职业阶层、工资水平、劳动强度、工作性质、劳动条件及待遇、工作满意度等，从而对云南跨界民族务工者的就业状况有个总体上的把握，并在此基础上进一步分析他们在谋生地的消费与储蓄状况、就业迁移距离、就业途径，以及所遭受的迁入地社会歧视等，并在社会资本框架下对相关问题进行理论探讨和实证分析，发现其中的规律和成因，并讨论政策因子对促进跨界民族务工者就业转移和社会稳定发展的作用。本书主要内容和基本结构如下：

在导论部分交代本书的背景和意义，并对"跨界民族"等相关概念进行讨论和界定。第二章通过梳理相关文献，厘清社会资本与就业途径、社会资本与跨界民族异地就业等相关研究的脉络，并明确本书的理论框架。在社会资本理论的框架下，我们将综合评述有关弱势族群的就业途径和社会关系网络的国内外研究现状。第三章介绍本课题的调查设计和研究方法，并对调查样本的个人基本特征和家庭状况进行统计描述。第四章将对云南跨界民族务工者的就业状况进行基本的统计描述，包括首次就业流动年龄、工作稳定性、行业分布、职业阶层、工资水平、劳动强度、工作性质、劳动条件及待遇、工作满意度等。第五章和第六章将分别讨论云南跨界民族务工者在谋生地消费与储蓄状况，以及就业迁移距离。由于云南跨界民族所具有的边疆性、民族性等特征，理论上预期他们在消费模式、迁移距离和迁移方向等方面表现出一定的特殊性，如迁移距离较短、转移方向包括国内及周边东南亚国家两个方向（但以国内为主）等。第七章我们将从社会资本的理论视角，分析云南跨界民族外出务工者的主要就业途径，特别是跨界民族务工者就业中的关系网络问题，探索其就业途径与工作性质、职业阶层、工作满意度和遭受歧视等方面的相关度。第八章论述云南跨界民族务工者的社会歧视和职场歧视，重点讨论歧视的来源和影响因素。而最后一个重点内容，亦即第九章讨论政策因子对促进农村富余劳动力转移和社会稳定发展的作用，在这一部分中，我们针对云南跨界民族务工者异地就业转移中的政府行为进行了调查，从云南跨界民族外出务工者的角度，以他们的主观感受和体验来评价政府在促进该地区农村富余劳动力转移方面履行的职责状况，对比四个样本地区政府在促进农村富余劳动力转移方面的工作成效。最后，第十章结论和讨论部分，将简要回顾本书的主要内容，总结主要研究发现以及课题组对这些发现的基本观点。

第 二 章

文献综述

前面论述了本课题研究的现实价值和学术意义,并对几个关键概念做了界定和说明。本部分将从社会资本与职业获取以及就业流动视角下的跨界民族研究两个视角,对现有的国内外研究现状做一系统的综述。

第一节 社会资本及测量

"社会资本"(social capital)概念在社会科学领域广为使用是在20世纪80年代以后。法国著名学者布迪厄在《资本的形式》一书中将社会资本定义为:"实际或潜在的资源的集合,这些资源与由相互熟识的人之间或多或少制度化的关系组成的持久关系网络有关。"[1] 显然,这一定义是微观层面上的,主要是指社会关系网络是可以被利用,且用于实现个人目标的资源。它暗示着社会资本的两个特征:其一,社会资本是一种嵌入或多或少制度化的社会网络中的资源;其二,社会行动者在社会网络中所认识的熟人对社会资本是很重要的。布迪厄还强调社会资本的存量取决于网络规模和社会行动者有效动员资源的能力。

关于社会资本的微观定义,其他学者也有相关的论述。波特(Burt)认为社会资本是朋友之间、同事之间或者更普遍的联系,

---

[1] Bourdieu, P., "The Forms of Capital", *Handbook of Theory of Research for Sociology of Education*, J. G. Richardson, 1980.

通过这些关系你得到了使用(其他形式)资本的机会①。福山则认为微观层次的社会资本强调两点:一是可以利用的资源;二是被个体用于实现自己的行动目标。②边燕杰也从个体层面研究社会资本,指出"社会资本的存在形式是社会行动者之间的关系网络,本质是这种关系网络所蕴含的、在社会行动者之间可转移的资源。任何社会行动者都不能单方面拥有这种资源,必须通过关系网络发展、积累和运用这种资源"③。他进一步指出,社会资本是存在于私人领域稳定的关系,而且会因为行为和情感的投入发生变化。

美国著名经济社会学家科尔曼对社会资本的研究也引起了学者的广泛关注,他与布迪厄对社会资本的定义最大的不同之处在于:科尔曼认为社会资本不仅被用在达到个人工具性目的上,还被用来集聚资源以解决集体行动的问题。根据科尔曼的研究,"社会资本的定义由其功能而来,它不是单一个体,而是很多个体,这些不同的个体在两个方面是相同的:一是它们都包括社会结构的某些方面,二是无论是个人还是集体行动者,它们都能促进结构内部的人的行动"④。

然而,正如国内学者张文宏指出的,对社会资本概念的表述、指标测量和理论模型的建构做出最大贡献的当数林楠(Nan Lin)。⑤林楠认为"社会资源是指直接或间接连接或依附在社会个体上的财富、地位、权力和社会关系"⑥。它是人们在社会关系中为了预期回

---

① Burt, Ronald S., *Structural Holes: The Social Structure of Competition*, Cambridge, MA: Harvard University Press, 1992.

② Fukuyama, F., *Trust: The Social Virtues and the Creation of Prosperity*, London: Hamish Hamilton, 1995.

③ 边燕杰:《城市居民社会资本的来源及作用:网络观点与调查发现》,《中国社会科学》2004年第3期,第136—146、208页。

④ Coleman, James. S., "Social Capital in the Creation of Human Capital", *American Journal of Sociology*, Vol. 94, S95-S120. 转引自科尔曼《社会理论的基础(上)》,社会科学文献出版社1992年版。

⑤ 张文宏:《社会资本:理论争辩与经验研究》,《社会学研究》2003年第4期,第23—35页。

⑥ Lin, Nan, Ensel, Walter M., Vaughn John C., "Social Resources and Strength of Ties: Structural Factors in Occupational Status Attainment", *American Sociological Review*, Vol. 46, No. 4, 1981, pp. 393-405.

报所进行的投资。基于此，林楠将社会资本定义为"嵌入于一种社会结构中的可以在有目的的行动中摄取或动员的资源"。根据此定义，社会资本可分解为三部分：一是嵌入在社会结构中的资源，而不是存在于个体；二是社会行动者要有摄取这种资源的能力；三是社会行动者运用或动员这些资源来实现工具性目的。[1]

综上所述，微观层面的社会资本主要有以下特征[2]：一是社会资本必须在社会网络中，不能独立于社会网络而存在，社会资本在社会网络中转移、发展和集聚；二是社会资本是个体可以利用的那部分资源，即个人可以动用或利用这些社会资本；三是社会资本用于实现个人利益和个人目标，而不解决集体行动的问题。此外，布迪厄、科尔曼、林楠、波特等学者对社会资本概念都有一种共识：它是由嵌入在社会关系和社会结构中的资源组成，这种资源可以被动用来实现社会行动者个人目标。[3]

此外，关于社会资本的测量，学界也存在较大的争议。例如，布迪厄认为两个因素决定了个人所拥有的社会资本：一是社会行动者能有效地利用的关系网络的规模；二是关系网络中每个成员所占有的各种形式的资本的数量[4]。科尔曼则从四个维度来测量个人社会资本：个人参加社会团体的数量、关系网络规模、关系网络异质性以及从关系网络摄取资源的能力。由此可知，根据科尔曼的研究，个人参加社会团体越多、关系网络规模越大、异质性越大、个人从关系网络中摄取资源的能力越强，则其社会资本占有就越多。[5]

---

[1] Lin, Nan, "Building a Network Theory of Social Capital", *Connections*, Vol. 22, No. 1, 1999, pp. 28-51.

[2] 宏观层面的社会资本主要讨论公民的参与及其对民主、社区治理等相关问题的研究，其代表作为 Robert Putnam et al., *Making Demoracy Work*, 1993; Robert Putnam, *Bowling Alone: The Collapse and Revival of American Community*, 2000。宏观层面的社会资本无关本书研究，所以不在本书讨论的范畴。

[3] Lin, Nan, *Social Capital: A Theory of Social Structure and Action*, New York: Cambridge University Press, 2001.

[4] 张广利、陈仕中：《社会资本理论发展的瓶颈：定义及测量问题探讨》，《社会科学研究》2006年第2期，第102—106页。

[5] 李正彪：《一个综述：国外社会关系网络理论研究及其在国内企业研究中的运用》，《经济问题探索》2004年第11期，第58—61页。

林楠则主张个体占有社会资源数量及质量取决于个人的关系网络异质性、关系网络内成员的社会地位和个人与关系网络成员之间的关系强度。边燕杰认为个人所拥有的社会资本的多少取决于：一是社会关系网络规模的大小（主要指关系网络所涉及的人数的多少）；二是关系网络顶端的高度（关系网络内是否有权力大、声望高而且财富多的关系人）；三是关系网络差异（关系网络顶端与底部落差的大小，落差大的网络要比落差小的网络蕴含的资源更大，因为资源相异可以进行优势互补）；四是网络构成合理（指个体与资源丰富的社会阶层之间是否有关系纽带）。他还强调网络差异性是一个有效且可信的指标，具体操作方法是询问被采访者的关系网络中成员来自多少个职业。[①] 赵延东在研究下岗职工的社会资本时，通过下岗职工所拥有的关系网络资源情况以及职工在下岗后的求职过程中对社会资源的使用情况来测量。[②]

至于社会资本在职业获取中所发挥的作用，有学者首先将就业途径划分为四种，亦即计划体制渠道、劳务市场渠道、人力资本渠道和社会网络渠道。[③] 而这四种渠道又可以进一步归纳为两大类，即社会资本渠道和非社会资本渠道。[④] 社会资本渠道影响求职者的职业获得则主要体现在关系强度上。关于关系强度的研究，首先由格兰诺维特开创性地提出了"弱关系假设"，其次是林楠的社会资源理论，还有边燕杰针对中国制度提出的"强关系假设"，以上都是基于关系强度的社会资本与就业途径的理论基础。下面将按专题对社会资本研究逐一评述。

[①] 边燕杰：《城市居民社会资本的来源及作用：网络观点与调查发现》，《中国社会科学》2004年第3期，第136—146、208页。

[②] 赵延东：《再就业中的社会资本：效用与局限》，《社会学研究》2002年第4期，第43—54页。

[③] 卢汉龙：《劳动力市场的形成和就业途径的转变——从求职过程看中国市场化变化的特征》，《上海社会科学院学术季刊》1997年第2期，第123—131页。

[④] 也有学者将社会资本渠道称为非正式渠道，非社会资本渠道称为正式渠道。参见李汉宗《论关系的本质——基于中美之间社会关系对求职途径影响的比较分析》，《甘肃行政学院学报》2010年第3期，第73—80、127页。

第二节 市场体制下的社会资本与职业获取

林楠及其他学者在研究社会资本与就业途径时，都有这样一个假设，即劳动力市场本质上是一个完全开放和完全竞争的平台，在这个公平竞争的平台上，个人的能力很容易与工作所需的技能相吻合，关于工作的信息以及申请的渠道是被广泛传播的。[①] 在市场经济中，劳动力作为一种重要的资源由市场调控，且劳动力信息是公开的，劳动力在高度市场化的环境中寻求工作。格兰诺维特提出的"弱关系的力量"和林楠的社会资源理论均适用于市场经济下的社会资本与劳动力的就业途径分析。他们所研究的美国正是一个高度市场化、劳动力资源由市场调控且就业信息公开的社会。

格兰诺维特在美国波士顿牛顿镇对白领求职者做的一项调查中显示，有超过一半的人是通过关系网络了解到工作信息进而成功找到新工作的。[②] 在《弱关系的力量》一文中，格兰诺维特通过关系网络中成员互动的频率、感情的深度、亲密的程度和互惠交换的次数来区别"强关系"和"弱关系"。"强关系"就是网络成员之间的互动频率高、感情较深、较亲密以及互惠交换次数较多的关系，"弱关系"则相反。格兰诺维特的研究数据显示，16.7%的求职者经常与他们的工作介绍人联系，有多达55.6%的求职者表示偶尔与工作介绍人联系，还有27.8%的求职者极少与其工作介绍人联系。[③] 这说明向求职者与向他们提供就业信息、帮助他们找到工作的介绍人之间是一种弱关系，他们偶尔或极少进行互动，感情联系也不紧

[①] Lin, Nan, Ensel, Walter M., Vaughn John C., "Social Resources and Strength of Ties: Structural Factors in Occupational Status Attainment", *American Sociological Review*, Vol. 46, No. 4, 1981, pp. 393-405.

[②] Granovetter, Mark S., *Getting a Job*, Cambridge, MA: Harvard University Press, 1974.

[③] Granovetter, Mark S., "The Strength of Weak Ties", *The American Journal of Sociology*, Vol. 78, No. 6, 1973, pp. 1360-1380.

密,仅仅是相识的关系。而正是这样的弱关系,能在群体之间充当信息桥的角色。根据强关系的特点可知,这种关系的特点是网络成员之间具有相同社会经济地位、拥有相似的社会资源;而弱关系是连接不同社会等级人群的桥梁,是在社会经济特征不同的个体间发展起来的,这种弱关系可以为求职者提供更能促进目标达成的信息,因为它连接了不同等级的个体,具有高度异质性。[①]

林楠的社会资本理论把资源获得当作中介变量,用社会网络解释了成功求职。求职者的个人资源(家庭背景、教育和职业成就)和对弱关系的利用,会促使他们联系到地位高的人。反过来,帮助人的身份能强有力而且直接地影响获得职业的声望。林楠认为有三种主要的提供就业信息资源的渠道,分别为:一是个人关系,如亲戚、朋友、同事以及父亲的朋友或朋友的朋友等;二是正规渠道,如职业介绍所、招聘广告和公会等;三是直接向未来的雇主申请职位。林楠和他的同事们调查了纽约州阿尔巴尼市400多名男性雇员,结果显示,寻找第一份工作是通过社会资本的有57%,22%的人直接向雇主申请职位,有21%的人使用正规渠道。所以,动用社会资本有利于个人的职业获得。[②] 林楠还扩展和修正了"弱关系假设",形成了自己的社会资本理论,将社会网络结构形容成金字塔的形状:社会阶层越高,则视野越开阔,人数也越少;而社会阶层越低,则视野狭窄,人数也越多。在相同社会阶层中,关系网络中成员拥有相同的社会经济地位,他们所拥有的社会资本差异性较小,他们之间往往是强关系;而不同社会阶层的人们在财富、声望和权力等资本的异质性较高,他们之间往往是弱关系。当人们追求个人工具性目的时,弱关系是社会阶层较低的人联结社会经济地位较高的关系人的桥梁。

[①] 李树茁等:《农民工的社会网络与职业阶层和收入:来自深圳调查的发现》,《当代经济科学》2007年第1期,第25—33、124—125页。

[②] Lin, Nan, Ensel, Walter M., Vaughn John C., "Social Resources and Strength of Ties: Structural Factors in Occupational Status Attainment", *American Sociological Review*, Vol. 46, No. 4, 1981, pp. 393-405.

第三节　中国语境下的社会资本与职业获得

中国正处于转型经济时期，转型经济是一个动态过程，其趋势由再分配经济向市场经济转化。在再分配经济下，劳动力作为国家重要的经济资源，是受国家控制的。在此形势下，职业信息不够公开也不够对称，就业信息掌握在极少数的实权掌握者手中。"社会网络不再是信息桥，而是人情网。因此，信息的获得只是人情关系的副产品。"①

边燕杰提出"强关系假设"的背景是中国计划经济时期和向市场经济转变时期，即20世纪50年代中期到20世纪80年代末期，政府实行工作分配方案，青年人从学校毕业以后必须等待国家分配工作。在这样一个背景下，实权掌握者对求职者找工作有着决定性的作用。边燕杰所得到的结论包括：第一，求职者经常使用强关系而非弱关系寻求工作渠道，因为当影响而非信息通过个人网络流动时，通过密切而非弱关系更容易建立求职通道；第二，中国求职者使用个人关系得到的促进流动的关键因素是影响而非信息；第三，求职者和实权掌握者是通过中介而建立了间接的关系，中介与求职者和实权掌握者之间均为强关系，所以求职者经常使用强关系寻求就业途径；第四，强关系在建立求职者和实权掌握者之间桥梁的作用被证明是必需的，因为求职者和最终帮助者的共同第三方提供了将二者联系起来的信任和义务，这种信任和义务保证了求职者和最终帮助者之间间接关系的建立，完成他们之间的互惠行为；第五，使用间接关系的求职者比那些使用直接关系的求职者更可能找到较好的工作。

边燕杰和张文宏对天津1999年就业过程进行调查，他们总结调节职业流动的三大机制包括：计划分配机制、市场机制和社会网

---

① Bian, Yanjie, "Bringing Strong Ties back in: Indirect Ties, Network Bridges, and Job Search", *American Sociological Review*, Vol. 62, No. 3, 1997, pp. 366-385.

络机制，分析了在不同经济制度下，社会网络在职业流动中的作用，进而发现中国现阶段在转型经济下，社会网络对职业获得的不同作用机制。[①] 首先，在市场化假设下，社会网络中作为信息桥的关系使用频率上升，作为人情网的关系使用频率下降；权力维序假设下，权力和资源被雇主代理人掌握，这时使用社会关系来获取职业流动的频率将上升，也就是说强关系在获取职业地位上起到关键作用；在机制共存假设下，作为信息桥的弱关系和作为人情网的强关系将同时发挥作用；在体制洞假设下，社会出现体制断层时社会网络中的强关系和弱关系的使用频率都会有所上升，弱关系作为信息桥为求职者提供就业信息，而强关系建立起来的信任和义务也是必不可少的。此外，边燕杰等依据2009年八城市求职网调查研究发现，市场转型过程中社会网络的收入效应由于中国改革开放和加入世贸组织表现出不同的趋势，即"改革前和改革初，人情资源效应大于信息资源效应，但在改革中期和加入世贸组织后，前者在减弱，后者在增强"[②]。

综上所述，不同联系强度的社会资本对职业地位获得所具有的不同作用机制上出现了三种主流的观点：一是格兰诺维特所强调的弱关系充当信息桥的作用；二是林楠强调的弱关系是联系社会阶层低的人和社会阶层高的人的桥梁，这种联结是为了实现个人的工具性目的；三是边燕杰强调的作为人情网的强关系是网络的桥梁。

第四节 中国农民工的社会资本与异地就业

如前所述，农民工受教育程度普遍较低、缺乏专业的技能训练，这就意味着他们比较缺乏人力资本，所以通过作为社会资本的网络关系来寻求就业途径就显得非常重要。他们在长期居住的户口

[①] 边燕杰、张文宏：《经济体制、社会网络与职业流动》，《中国社会科学》2001年第2期，第77—89、206页。

[②] 边燕杰、张文宏等：《求职过程的社会网络模型：检验关系效应假设》，《社会》2012年第3期，第24—37页。

所在地形成的关系网络主要是基于血缘和地缘。由于转型经济和中国自古以来的"乡土社会"人情文化，农民工到了城市中依然要依赖在原居住地形成的血缘和地缘关系网络，而没有能力在城市拓展基于业缘的新型社会资源。这里将从农民工的社会资本占有状况和社会资本对农民工就业流动的影响的研究两个方面进行综述。

要探讨农民工社会资本的占有情况，就要弄清楚其测量方式。有学者用关系网络结构来测量农民工的社会资本，发现"职业流动者的社会网络主要是由亲属和朋友两类强关系构成，社会网络发挥作用的形式以提供人情为主，以传递信息为辅"[①]。农民工的关系网络结构不合理，即他们交往的亲戚、朋友和老乡中，职业地位较高的人数较少，而职业地位较低的人数较多。这充分说明了农民工的社会资本结构不合理。目前，农民工的社会网络主要由亲缘、血缘和地缘关系构成，同质性较强，不利于其向上流动。[②] 还有学者长期观察移居在巴黎和北京的温州人的就业流动后发现，社会网络是温州人重要的传递信息的中介，也是他们实现流动的重要机制。跨境移民的温州人建立起了基于同民族群体的社会网络，温州人社会网络主要由亲戚、朋友和同胞构成。[③] 另外有学者用关系网络规模来测量农民工的社会资本。例如，"春节拜年网"在春节期间对湖北省江陵、云梦、随州、宜城四县市450位返乡过年的农民工所作的问卷调查数据显示，农民工的网络规模小于下岗职工的网络规模，大大小于城市居民的网络规模。[④] 也有学者使用关系网络异质性来测量，指出关系网络异质性越小，关系网络能够产生的可利用的资源也越少。研究发现农民工的关系网络的异质性小于下岗职

---

① 边燕杰、张文宏：《经济体制、社会网络与职业流动》，《中国社会科学》2001年第2期，第77—89、206页。

② 曹子玮：《攀援的绳索》，博士论文，中国社会科学院研究生院，2002年；林竹：《农民工就业：人力资本、社会资本与心理资本的协同》，《农村经济》2011年第12期，第125—129页。

③ 王春光：《流动中的社会网络：温州人在巴黎和北京的行动方式》，《社会学研究》2000年第3期，第109—123页。

④ 刘传江、周玲：《社会资本与农民工的城市融合》，《人口研究》2004年第5期，第12—18页。

工，大大小于城市居民。农民工在城市就业中的绝大多数业缘关系基于同质群体。① 综上所述，中国流动人口的社会网络特点是规模小、紧密度高、趋同性强、异质性低、依赖于强关系等。

不少学者认为，社会资本对农民工获得经济地位的作用已经超过了人力资本的作用，② 同时，社会网络结构变量对农民工初次流动的职业阶层有重要影响。③ 孔建勋、张顺针对云南跨界民族农村富余劳动力，从职场歧视和职位提升两个维度来研究这个特殊群体的职业获取状况，研究结果显示，社会资本对云南跨界民族农村富余劳动力获取非农化工作具有积极的效用。④ 这是迄今为止唯一一项专门针对云南跨界民族农民工就业流动的实证研究。还有学者指出社会资本可以提高农民工寻找工作的效率。农民工使用网络关系寻找工作的效率不低于使用市场途径。动用社会资本可以降低农民工搜寻和选择就业信息的成本，社会资本大大增加了农民工非农就业的概率。⑤

从取得工作的途径上来看，农民工主要通过熟人介绍取得工作。一项在湖北省四县市对450名返乡过年农民工所做的"春节拜年网"调查显示，农民工对社会关系网络途径的使用者占86.7%，这充分表明了社会资本是农民工求职的主要途径。其中有37.3%的人通过亲戚介绍找到工作，其次有35.8%的人通过老乡介绍找到工作，仅有10.1%的人通过其他熟人介绍找到工作。这一数据表明，亲缘、血缘和地缘关系是农民工求职的主要途径。但是，由于农民工获取工作渠道所利用的社会资源有规模小、异质性低等特点，所

---

① 林竹：《农民工就业：人力资本、社会资本与心理资本的协同》，《农村经济》2011年第12期，第125—129页。
② 赵延东、王奋宇：《城乡流动人口的经济地位获得及决定因素》，《中国人口科学》2002年第4期，第10—17页。
③ 李树茁等：《农民工的社会网络与职业阶层和收入：来自深圳调查的发现》，《当代经济科学》2007年第1期，第25—33、124—125页。
④ 孔建勋、张顺：《社会资本与职业地位获得：基于云南跨界民族农民工的实证研究》，《云南社会科学》2013年第3期，第119—122页。
⑤ 刘传江、周玲：《社会资本与农民工的城市融合》，《人口研究》2004年第5期，第12—18页；林竹：《农民工就业：人力资本、社会资本与心理资本的协同》，《农村经济》2011年第12期，第125—129页。

以他们在亲戚和朋友帮助下获得工作的质量较差、职业流动性也大、工资收入较低。农民工进城就业后虽然生活在城市，但尚未真正地融入城市生活，没有建立起以业缘为基础的关系网络。以亲缘、血缘和地缘为主的社会网络结构不利于农民工从工作到生活的各方面都融入到城市，也不利于农民工向上流动。[1] 阶层趋同性增强显著降低了农民工的收入水平，那些完全通过关系获得初职的劳动者处于下层，他们一般受教育水平低，父辈的社会经济地位较低，而且自己也缺乏社会资源。他们通过社会关系找工作一般是进入体制外或小型的单位，而且他们更可能换工作。[2]

国内有学者利用北京市 700 多名农民工的就业数据对就业流动进行了研究，发现农民工的工作稳定性较低，在当前单位的平均工龄仅约为 3 年。[3] 也有国外学者认为中国农民工稳定性较低、流动性较大，所从事的行业主要集中在建筑业、工业和服务业。[4] 农民工的职业流动基本上是水平流动，没有地位上升。农民工再次职业流动地位未能上升的原因在于，他们缺少如城市居民所拥有的基于政治的、权力的、声望的、职称的、学历的、学术的实现社会地位上升的渠道。[5] 针对跨境就业的流动人口来说，跨境就业者在迁入地从事的职业集中在建筑、餐饮服务等行业，从事的是当地人不愿意干、工资水平低、工作条件恶劣的工作。[6] 何明通过个案研究发现，中国西南与东南亚国家边民跨国务工多由亲戚介绍，该地区的

---

[1] 李培林：《流动民工的社会网络和社会地位》，《社会学研究》1996 年第 4 期，第 42—52 页；林竹：《农民工就业：人力资本、社会资本与心理资本的协同》，《农村经济》2011 年第 12 期，第 125—129 页。

[2] 吴愈晓：《社会关系、初职获得方式与职业流动》，《社会学研究》2011 年第 5 期，第 128—152、244—245 页。

[3] 白南生、李靖：《农民工就业流动性研究》，《管理世界》2008 年第 7 期，第 70—76 页。

[4] Andrew Scheineson, "China's Internal Migrants", Sited from http://www.cfr.org/china/chinas-internal-migrants/p12943, 2009, 5.

[5] 李强：《中国大陆城市农民工的职业流动》，《社会学研究》1999 年第 3 期，第 95—103 页。

[6] 钱晓燕：《全球化背景下的中国劳动力跨境就业研究》，博士论文，南开大学，2009 年。

跨国流动是基于亲缘、族缘和地缘的文化认同。①

　　刘林平和张春泥构建了一个影响农民工工资水平的模型，该研究发现农民工的工资是一个实实在在的刚性低收入。② 田丰认为人力资本差异虽然是解释收入差距的重要因素，但是在还没有建立起健全和竞争的劳动力市场，人们的收入受到单位所有制不同的影响，而户籍管理制度增加了农民工进入公有制单位的难度，从而阻碍了农民工获得较高收入的机会。即使进入了同一单位，由于户籍管理制度的阻碍，农民工也只能从事"非正规"就业，导致他们与当地居民同工不同酬。③ 李强认为非正规就业是中国城市农民工的主要就业途径，非正规就业相当于"临时工"，他们不能享受与正式工相同的福利待遇。由于农民工就业机制和法律监督机制不完善，农民工经常遭遇拖欠工资、没有医疗保障和劳动合同的问题，基本生活保障得不到满足，外来务工人员在极其恶劣的环境下极有可能走上犯罪的道路。以往的研究表明，外来人口的失业与犯罪密切相关。④

第五节　关于云南跨界民族的研究

　　云南位于中国西南边陲，与缅甸、老挝和越南接壤。云南在中缅边境、中越边境和中老边境都存在着一定数量的跨界民族。造成某些民族跨国境而居的原因主要有两个：一是原生形态民族被后来出现的国境线分在两个或两个以上的政治疆域之内；二是原生态民族迁徙，这种迁徙是为谋生而寻找一处自然生态环境更理想的地方

---

　　① 何明：《开放、和谐与族群跨国互动——以中国西南与东南亚国家边民跨国流动为中心的讨论》，《广西民族大学学报》（哲学社会科学版）2012年第1期，第2—7页。
　　② 刘林平、张春泥：《农民工工资：人力资本、社会资本、企业制度还是社会环境？——珠江三角洲农民工工资的决定模型》，《社会学研究》2007年第6期，第114—137、244页。
　　③ 田丰：《城市工人与农民工的收入差距研究》，《社会学研究》2010年第2期，第87—105、244页。
　　④ 李强、唐壮：《城市农民工与城市中的非正规就业》，《社会学研究》2002年第6期，第13—25页。

居住。① 雷勇强调造成我国西南地区跨界民族形成的最主要原因是原生态民族的基于自然因素的迁移。②

由于判断是否是跨界民族的标准不统一，所以对云南跨界民族的划分也存在争议。主要的判断标准有斯大林用于识别民族的四个特征：具有共同的语言、生活在共同的地域、拥有共同的经济生活、有共同的心理认同。另外，根据葛公尚对跨界民族特征的总结来判断是否为跨界民族：首先，原生态民族分别居住在国境线两侧，生活区域是连成一片的；其次，由于被政治疆界隔开，所以跨界民族拥有不同的国籍。③

周建新认为中缅跨界民族有 15 个，分别是汉族、回族、苗族、瑶族、哈尼族、傣族、傈僳族、拉祜族、佤族、景颇族、布朗族、阿昌族、怒族、德昂族、独龙族，还有未识别的群体克木人。④ 何跃认为云南中缅跨界民族包括苗族、瑶族、哈尼族、拉祜族、傈僳族、景颇族、阿昌族、怒族、独龙族、佤族、德昂族 11 个。⑤ 鲁刚在研究中缅边境沿线地区的跨国人口流动状况中提到，中国和缅甸边境地区由于地理区位的优势以及当地跨界民族在经贸和人文文化方面合作的原因，跨国人口流动量大而且形式多样，他归纳了中缅边境地区的跨国人口流动类型主要有从事边境贸易的跨国人口流动、旅游类跨国人口流动、探亲访友类和劳务类跨国人口流动。⑥ 因为中缅自古就有经济和文化的友好交流，而且当地的跨界民族同

---

① 范宏贵：《中越两国的跨境民族概述》，《民族研究》1999 年第 6 期，第 14—20、107 页；雷勇：《论西南地区跨界民族的和平跨居》，《贵州民族研究》2009 年第 1 期，第 31—36 页。

② 雷勇：《论西南地区跨界民族的和平跨居》，《贵州民族研究》2009 年第 1 期，第 31—36 页。

③ 葛公尚：《试析跨界民族的相关理论问题》，《民族研究》1999 年第 6 期，第 1—5、107 页。

④ 周建新：《缅甸各民族及中缅跨界民族》，《世界民族》2007 年第 4 期，第 86—94 页。

⑤ 何跃：《非传统安全视角下的云南跨界民族问题》，《云南民族大学学报》（哲学社会科学版）2006 年第 5 期，第 86—91 页。

⑥ 鲁刚：《中缅边境沿线地区的跨国人口流动》，《云南民族大学学报》（哲学社会科学版）2006 年第 6 期，第 5—10 页。

祖同源同文化，他们亲如手足，所以基于跨界民族之间情感的跨国人口流动也很常见。

中老两国边界线长710公里，我国一侧是云南省的西双版纳傣族自治州的勐腊县和普洱市的江城哈尼族彝族自治县，老挝一侧是琅南塔省、乌多姆塞省和丰沙里省。若按中国的划分标准，中老的跨界民族有10个，分别为汉族、傣族、彝族、壮族、苗族、哈尼族、拉祜族、瑶族、布朗族和未识别的克木人。按老挝的划分标准跨界民族为16个。① 何跃认为云南中老跨界民族包括苗族、瑶族、哈尼族、拉祜族、傣族、彝族和布朗族7个。

周建新和范宏贵的研究中发现中国跨国民族大多为历史上由于自然原因迁徙到老挝形成的，少部分是原生态民族被疆界人为地分割开形成的。中老跨界民族的共同文化认同是促进跨界民族婚姻、边境贸易、民间文化交流的基础。

云南的富宁、麻栗坡、马关、河口、金平、绿春、江城等与越南接壤。范宏贵研究了中越两国的跨境民族概况，中国根据语言、地域、经济生活和心理素质这四个特征来识别同源的跨界民族，云南中越两国的跨界民族有10个，包括壮族、傣族、布依族、苗族、汉族、彝族、哈尼族、拉祜族、回族和身份未识别的克木人。② 何跃认为云南中越跨界民族包括苗族、瑶族、哈尼族、拉祜族、傣族、彝族、壮族和布依族8个。③ 中越跨界民族中由中国迁入越南的民族占跨境民族的83.3%。中越跨界民族之间的交往主要有经济交往和感情交往，国家边境线两端有定期的圩日，中越跨界民族在圩日聚集到一起赶集。有亲缘关系或血缘关系的人们在闲暇时互相走访，节日和婚丧喜庆的日子必定前往。

跨界民族就业流动的安全问题主要集中在人口的国际迁移，云

---

① 周建新、范宏贵：《中老跨国民族及其族群关系》，《民族研究》2000年第5期，第97—106、110页。

② 范宏贵：《中越两国的跨境民族概述》，《民族研究》1999年第6期，第14—20、107页。

③ 何跃：《非传统安全视角下的云南跨界民族问题》，《云南民族大学学报》（哲学社会科学版）2006年第5期，第86—91页。

南跨界民族迁移的方向是东南亚国家,而随着人口流动和经济贸易文化往来的增加,发生在边境的跨国犯罪和暴力活动也在增加。有些迁入地对外来劳动力有严格的入境和移民要求,当迁移者不被允许进入时,大量的非法移民就会出现,非法移民是国家政策管理难度较大的一个问题。非法移民经常与犯罪活动纠缠在一起,给迁出地和迁入地的社会治安和国家安全带来了层出不穷的隐患。特别在云南邻近的"金三角"地区,该地区种毒、制毒、贩毒猖獗,云南跨界民族经常会被利用运送毒品,还会出现跨国拐卖人口、贩卖枪支、赌博、卖淫等违法犯罪问题。甚至还有一些极端民族主义者利用边境跨界民族边民互市、文化交流和走亲访友之便,从事毒品交易、走私军火、策动暴乱,这些跨国犯罪造成了严重的非传统安全问题。①

小 结

通过总结关于社会资本和就业途径的研究发现,学者们对这一问题的研究基本集中在以下几个方面:一是社会资本作为非正式渠道在获取职业时的作用机制;二是针对不同社会阶层人群的社会资本和就业途径的研究;三是不同体制下社会资本对职业获得的作用机制。以往研究针对社会经济地位较低的群体的社会资本与职业获得的研究较多,其中包括农民工、下岗职工和女性求职者等群体在职业获得方面的社会资本运用情况,特别是对农民工的社会资本占有情况、社会资本作用机制的研究甚多。但是针对少数民族,特别是其中的跨界民族这样一个特殊群体的研究较少,由于跨界民族的民族性和地域性,其社会关系网络结构以及社会资本作用机制可能会不同于其他群体,所以关注少数民族流动人口的社会资本与就业途径是很有必要的。

---

① 李学保:《跨界民族问题与中国国家安全:建国 60 年来的探索与实践》,《中南民族大学学报》(人文社会科学版) 2010 年第 1 期,第 10—13 页。

第三章

调查设计和样本统计描述

前一章梳理了社会资本与就业途径的相关前人研究成果,并着重评述了就业流动视角下的跨界民族异地就业的相关研究。这一章将着重介绍本项目的研究方法,尤其是抽样调查设计过程和数据采集过程,并从个人基本特征和家庭状况两个层面对样本数据做一个简要的统计描述。

第一节 调查设计和研究方法

如前所述,云南跨界民族作为一个特殊的少数民族群体,一直以来都为国内外学者所重视,但国内学者与国际学者关注的侧重点不同。国外学者的研究大多基于民族志的实地观察研究方法,并且较有影响的学者都以单一跨界民族作为研究对象。例如英国学者 Tapp 和 Menies 侧重于研究云南南部与越、老等交界地区的苗族(孟族),荷兰著名人类学教授 Geusau 和美国人类学者刘易斯·保罗历时数十年对哈尼—阿卡族进行长期的实地研究,日本学者白鸟芳郎则以瑶族作为主要研究对象。[①] 这些研究对我们了解云南跨界民族的社会生活和生产方式具有重要的参考价值。国内民族学界无疑是云南跨界民族研究的主力军。自从 20 世纪 80 年代以来,国内

---

① Tapp, N., & Menies, N., "Fallow Management in the Borderlands of Southwest China: the Case of Cunninghamia Lanceolata", Washington, DC: Malcolm Cairns, *Resources for the Future*, 2007.

学者对云南跨界民族的研究取得了长足的进展，一些较具影响的成果对跨界民族的概念及跨界民族问题进行了理论探索。① 此外，20世纪 90 年代初开始的大湄公河次区域跨国合作开发，把长期处于农耕状态的云南跨界民族地区从封闭社会推向了次区域合作的地缘中心，尤其是近年来跨国交通网络的快速建设，彻底打破了跨界民族社会生活和生产方式的地域限制，因此也有学者从不同角度研究新形势下跨界民族的社会经济转型以及由此引起的跨国界的非传统安全等问题。②

这些研究为我们了解当前云南跨界民族的基本情况无疑起了重要的作用，但鲜有研究成果涉及云南跨界民族的就业流动，尤其是几乎没有基于问卷调查的定量数据分析的研究成果，因此本课题从方法论上突破以往国内学者对跨界民族研究基于民族志的方法，采用抽样调查方式发放和回收问卷，利用 STATA 统计软件对此进行数据分析，并基于数据分析结果形成成果文本。

在确定初级抽样框（PPS）阶段，根据相关的现有文献和基本知识，云南跨界民族主要分布在从滇东南到滇西北的文山、红河、普洱、西双版纳、临沧、德宏、保山、怒江八个州市。我们去掉滇东南和滇西北两头，将调查研究范围确定在西双版纳、普洱、临沧、德宏和红河五个州市，这主要是因为：一方面，跨界民族大部分集中在这五个州市，而且这五个州市的跨界民族的民族特性、民族文化都比较突出，省内跨界民族的突出问题也主要表现在这五个州市；另一方面，由于调查经费有限，不可能在上述八个州市全面铺开。

在确定调查方案、范围和对象以后，课题组从云南大学、云南

---

① 例如刘稚：《跨界民族的类型、属性及其发展趋势》，《云南社会科学》2004 年第 5 期，第 89—93 页；方铁：《云南跨境民族的分布、来源及其特点》，《广西民族大学学报》2007 年第 5 期；王清华：《"跨国界民族"概念与内涵的界定》，《云南社会科学》2008 年第 4 期。

② 例如张公瑾《云南与中南半岛跨境民族在社会转型时期的文化走向》，《中央民族大学学报》2000 年第 3 期，第 27—32 页；闫文虎《跨界民族问题与中国的和平环境》，《现代国际关系》2005 年第 5 期，第 24—30 页；朱敏《多维空间视野里的跨境民族——中国西南边境民族的迁徙、交流和文化动态国际研讨会综述》，《广西民族大学学报》（哲学社会科学版）2008 年第 6 期，第 83—87 页。

师范大学、云南民族大学等多所高校中连续招募两批跨界民族在读研究生或本科生作为访问员,① 分别于 2012 年和 2013 年寒假期间发放和回收问卷,② 其中不少访问员都参加了先后两次调查。由于本调查主要针对的是跨界民族农村富余劳动力的异地就业情况,因此在抽样框的设计上,重点选择跨界民族人口分布较为广泛的德宏、临沧、普洱、西双版纳和红河五个州、市的边境地区,总共选取了 36 个边境沿线的村寨,以目前正在从事或者曾经从事超过 6 个月的务工经历的村民为对象,总共发放 2500 份问卷,最后有效回收 2268 份,回收率约为 90.7%,样本涵盖傣族、拉祜族、佤族、景颇族、布朗族、哈尼族、德昂族、阿昌族、基诺族、瑶族等十多个跨界民族。

关于社会资本变量,本课题使用云南跨界民族务工组就业流动中使用的社会关系网网络。本书包括三个求职中的社会资本问题,即:(1) 这些年来有没有家人和亲戚介绍您出来谋生?(2) 这些年来有没有同村人介绍您出来谋生?(3) 这些年来有没有同学或朋友介绍您出来谋生?在本书中将这些变量编成二分类变量,亦即是否分别通过不同类型的关系网络来获得务工机会。

关于其他自变量,本书在分析基于求助网的社会资本对职业地位获得的影响时,控制了基本的人口统计特征,包括性别、年龄、民族、地区和受教育程度等。在将这些个人特征作为控制变量分析时,对男性赋值为 1,女性为 0 (参照组);年龄变量控制在 16 岁至 45 岁之间,分别形成 16—20 岁、21—25 岁、26—35 岁以及 36—60 岁四个年龄组,并以岁数最小的一组为参照组。③

---

① 俸正依(云南大学公共管理学院社会工作系硕士研究生,女,傣族)等 11 名在昆高校的跨界民族大学生和研究生接受本课题组的招募,成为回乡访问员。他们接受项目组的培训后,在课题组的指导下利用寒假时间,在各自的村寨及周围地区开展面对面的问卷调查,参与本项社会调查的数据采集工作。课题组对访问员的热情参与和艰辛工作表示由衷的感谢。

② 由于外出务工者只有在春节期间才集中回家,因此课题组安排各民族的访问员(在读研究生或本科生)在春假期间在本村和相邻村寨集中开展调查数据采集。

③ 相对于大多数社会科学研究的划分方法中的年龄组,本书中年龄组的划分方法偏小,这主要是因为本课题以跨界民族外出务工者为研究对象,这一群体的总体年龄比较偏小。例如根据国家统计局《2014 年农民工监测调查报告》,该年度全国农民工总人数为 2.73 亿人,其中超过 50 岁的农民工达到 17.1%;41—50 岁的民工总数也占 26.4%。

关于民族变量，根据样本分布情况，分为傣族、拉祜族、佤族、景颇族、布朗族、哈尼族、德昂族以及其他民族等几种类型。而以教育程度衡量的人力资本对职业获取也具有重要的影响，因此我们也将人力资本作为自变量。教育程度划分为小学文化及以下、初中文化、高中文化及以上三个组，① 并以小学文化程度为参照组。总的来说，这些控制变量的统计描述表明能够满足本书的需要。

本课题各章节设计的各种模型中，因变量均为分类变量，具体来说有二分类变量（binary）、定序变量（ordinal）和多分类变量（discret）三种类型。相应地，各部分的统计模型分别为二分类逻辑模型、有序逻辑模型和分类逻辑模型。

第二节　个人基本特征描述

本书基于 2012 年和 2013 年寒假期间采集的问卷调查数据。以往研究表明，个人特征如性别、年龄、教育程度和婚姻状况都是农村富余劳动力外出务工的影响因素，所以调查问卷的第一部分主要询问了受访者（即跨界民族外出务工者）的个人基本特征及状况。

关于性别构成，一般来说，外出务工者多为农村家庭中的男性青壮年，国内有学者用中国五城市调查数据统计后发现，进城农民工中男性多于女性，但低年龄组中女性多于男性。② 基于成都的数据，少数民族进城务工人员中男女比例大致为 7∶3，即男性占大多数。③ 基于 2005 年全国 1% 人口抽样的一份调查显示，少数民族流动人口中女性明显多于男性，该研究初步认为，少数民族流动人口中女性人口多于男性人口的原因是女性通过婚姻和随迁家属的方式

---

① 在以往的大多数研究中，教育变量通常有一个"大专及以上"的分类，但因本调查的主要对象为云南边境地区的跨界民族农民工，受过高等教育的样本量非常有限，因此不单独列为一类。

② 高文书：《进城农民工就业状况及收入影响因素分析——以北京、石家庄、沈阳、无锡和东莞为例》，《中国农村经济》2006 年第 1 期。

③ 文久富、陶斯文、刘琳：《城市化进程中少数民族流动人口就业现状、存在问题及其对策分析》，《西南民族大学学报》（人文社会科学版）2007 年第 8 期。

流动的概率比男性高。①

在本次针对云南跨界民族外出务工者的调查样本中，有51%的男性，另外49%为女性（如图3—1所示）。在云南跨界民族地区农村所调查的样本出现外出务工者男女性别比例各占一半的情况，可能的原因有以下几点：首先，由于跨界民族外出务工者受教育程度低、专业技能有限，务工的行业分布主要集中在一些非技术岗位，如自雇经营、餐饮服务业、建筑装修业等，其中女性从事初级服务业和自主经营的可能性大，相关行业就业门槛较低，所以跨界民族富余劳动力异地就业过程中就业机会的性别差异不明显。其次，已婚云南跨界民族地区人群外出务工可能多以夫妻为单位，男性要外出务工就会带上配偶，如果有需要抚养的孩童，一般是由家里老人抚养。

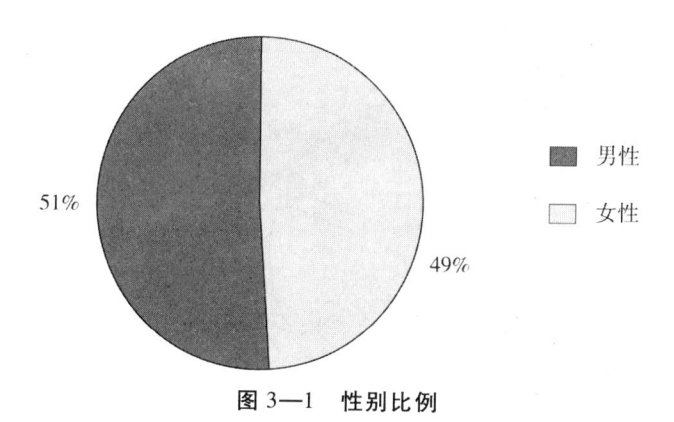

图3—1 性别比例

数据来源：国家社科基金课题"云南跨界民族农村富余劳动力异地就业研究"调查数据。除非特别注明，本书所有表格和图表均来自本项调查数据，下不赘述。

从民族构成来看，本次调查的对象是云南省的跨界民族这一特殊群体，研究的内容是这一群体的外出就业情况，所以调查对象的民族成分是一个关键变量。不同的民族群体具有不同的生活方式、风俗习惯和宗教信仰，这些民族特殊性会在其就业流动中体现出来，从中可以总结跨界民族这一特殊群体的就业流动特点。以往关

---

① 段成荣、迟松剑：《我国少数民族流动人口状况研究》，《人口学刊》2011年第3期。

于少数民族就业流动的研究中发现少数民族就业流动存在两个方面的障碍：一方面是制度阻碍，少数民族就业机会不平等，在寻找工作和就业过程中会出现被歧视的问题；另一方面是自身阻碍，由于少数民族语言障碍、民族风俗文化和宗教信仰等特殊性，往往在寻找工作的时候就被拒之门外。云南跨界民族地区农村富余劳动力不但要遭到城市人对农村人这一身份的歧视，还可能遭受到对少数民族这一身份的歧视。

从本次调查的样本的民族分布来看，样本中德昂族的人数最多，占19%；其次是傣族（15%）；其他几个民族如拉祜族人数占13%，佤族人数占12%，布朗族和哈尼族人数均占11%，景颇族人数占9%。还有傈僳、基诺、阿昌、瑶等其他跨界民族，共占10%（如图3—2所示）。

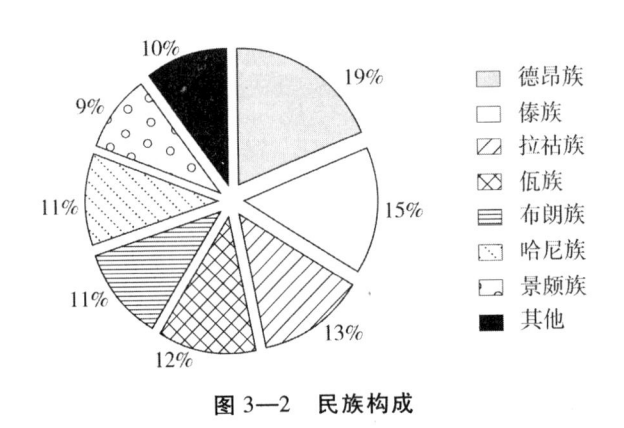

图3—2 民族构成

从民族的地域分布来看，德昂族主要居住在云南西南部边疆地区的德宏州，属于中缅跨界民族；傣族居住在云南南部各地州，主要分布在德宏州和西双版纳州；拉祜族分布在云南西南地区，东南亚的缅甸、泰国、越南和老挝都有傣族的同源民族分布；佤族主要居住在云南的临沧、普洱地区，东南亚的缅甸、泰国和老挝都有佤族的分布；布朗族分布在云南保山、临沧和西双版纳，是中老跨界民族；哈尼族生活在云南的红河州地区，缅甸、泰国和老挝都有哈尼族分布；景颇族主要聚居在云南德宏州，是中缅跨界民族，另外印度邻近中国地区也有少量景颇族分布。

年龄是另一个重要的人口统计特征。以往的关于农村富余劳动力流动的年龄段的调查显示，进城农民工以年轻人为主体。高文书利用中国社科院人口与劳动经济研究所于2003年对北京、石家庄、沈阳、无锡和东莞五城市的城市外来劳动力及本地居民进行的问卷调查发现，全部进城农民工的平均年龄只有28.3岁，首次外出务工平均年龄为24.2岁。在所有进城农民工中，20—24岁和25—29岁年龄段的人最多，分别占全部进城农民工的27.9%和21.3%。① 另外，我国少数民族流动人口中超过80%的人口为劳动年龄人口。② 而劳动力跨境就业的高峰年龄在20—24岁之间。③

综上所述，以往研究发现外出务工人员年龄段多在20—30岁之间，跨界民族外出务工者也不例外。伴随着年龄的增长，选择外出务工的概率会越来越小，因为年龄的增长缩短了迁移受益的年限。④ 而且大多数从农村迁移到城市的流动人口所从事的工作主要以劳动力为主，往往干着最底层、最累、最脏的工作。随着年龄的增长和身体素质的下降，从事体力劳动感到力不从心。另外，由于户籍制度的阻隔和农村人自古以来的乡土情结，年龄大的人会选择回到家乡安度晚年。但年轻人渴望追求城市的生活，渴望提高生活水平，所以大多数年轻人愿意离开农村到城市找工作。年轻人与老年人不同，对朋友、社区的依赖性不强，流动的心理成本较低。

本次调查中样本的年龄范围在13—60岁之间，其中有将近85%的样本年龄在13—35岁之间，超过35岁的只有15%。另外，13—20岁年龄组的青少年约占19%，21—25岁年龄组的青年人约占40%，26—35岁年龄组的中青年约占26%，可以看出云南跨界民族地区外

---

① 高文书：《进城农民工就业状况及收入影响因素分析——以北京、石家庄、沈阳、无锡和东莞为例》，《中国农村经济》2006年第1期。
② 段成荣、迟松剑：《我国少数民族流动人口状况研究》，《人口学刊》2011年第3期。
③ 魏亚蕊：《关于农村劳动力跨境就业动因的个案研究》，硕士学位论文，厦门大学，2009年。
④ 赵耀辉：《中国农村劳动力流动及教育在其中的作用———以四川省为基础的研究》，《经济研究》1997年第2期。

出务工者的年龄构成主要集中在 21—25 岁年龄段（如图 3—3 所示）。

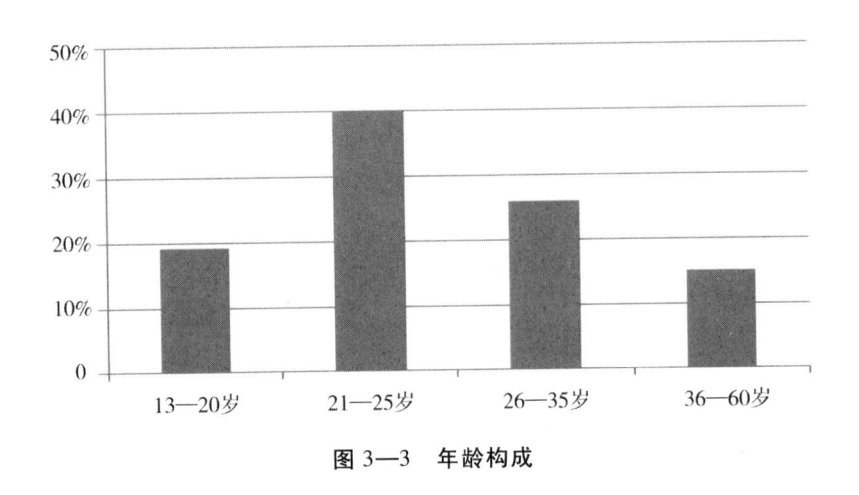

图 3—3　年龄构成

作为人力资本的受教育程度，对于就业流动具有重要的影响。市场竞争环境下，教育程度是影响职业获得的重要因素，但是受教育程度低是农村富余劳动力转移的一个主要障碍。由于云南跨界民族地区处于国家边境地区，与东南亚国家接壤，远离祖国的政治经济中心，存在教育资源缺乏、教育质量不高和普遍受教育程度较低的情况。另外，由于语言障碍、少数民族文化的特殊性以及宗教信仰差异，使得跨界民族地区的学校教育质量普遍不高。

国家实行"九年义务教育"政策后，重点建设少数民族地区的教育事业，虽然完成义务教育阶段学习的少数民族人数在不断增加，但是高中或高中以上阶段的教育普及仍不尽如人意。首先因为政府宣传执行不到位，很多少数民族家庭都不了解优惠政策，一味地认为高等教育成本很高而放弃上学；其次是因为在录取和培养上，汉族和少数民族有很大区别，教育阶段的培养结束后进入工作阶段，很多少数民族由于基础知识和综合素质与汉族相比有所差距，在工作获得上仍处于劣势。[①]

---

① 杨宜勇、邰凯英等：《中国少数民族就业问题研究》，《经济研究参考》2013 年第 72 期。

通过全国1%抽样人口调查数据显示，少数民族流动人口的平均受教育年限为8.33年，约有40%的少数民族流动人口为初中毕业，小学毕业的约占28%。[①] 受教育程度会影响流动人口在迁入地的职业获得和收入获得，由于受教育程度较低，他们所能获得的职业都是一些收入较低、劳动强度大、工作环境差的工作。

由于西南少数民族地区教育资源缺乏，该地区的教育水平普遍较低，所以将数据分组为"没上过学/小学毕业"、"初中未毕业"、"初中毕业"和"高中未毕业/高中及以上"，由于频数较小，本书将高中以上教育水平的样本合并。

根据云南跨界民族地区的数据，可以看出受访者的受教育程度主要集中在初中水平，其中有35%的样本是初中毕业，有15%的样本是初中未毕业，另外有高达31%的人教育水平在小学及以下。样本中仅有19%的人高中未毕业或拥有高中及以上学历（如图3—4所示），说明"九年义务教育"的实行在少数民族地区取得了一定的成效，但是高中及以上阶段的教育还很薄弱。

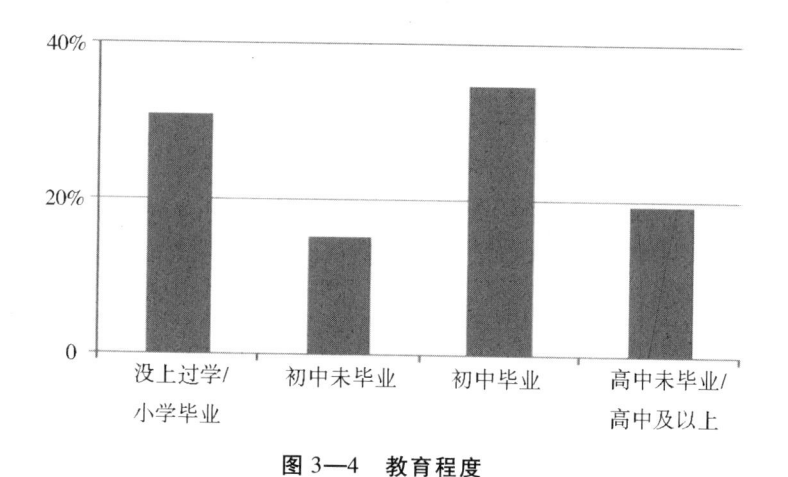

图3—4　教育程度

另外，以往的调查研究都表明，外出务工人员中未婚人群多于

---

① 段成荣、迟松剑：《我国少数民族流动人口状况研究》，《人口学刊》2011年第3期。

已婚人群。在同一个年龄组中，未婚人群比已婚人群就业流动性大，另外已婚人群中没有孩子的人群比有孩子的人群流动性大。① 基于四川省的调查显示，外出务工者中已婚人群比未婚人群外出概率小。② 但是高文书在基于五城市外来劳动力的调查中发现进城农民工中已婚者多于未婚者。③ 湖北、河南3县市的调查数据显示，已婚人群更容易中断流动，婚姻意味着更多的家庭责任，出于照顾家人等原因，已婚人群特别是处于生育年龄的女性更容易返乡。④ 基于成都的数据显示，外出务工的少数民族中大多是已婚状态。⑤

少数民族地区的婚姻观和家庭观具有民族特殊性，不同的民族有不同的婚姻观和家庭结构。如在傣族和哈尼族社会中，家庭规模较小，妇女在家庭中具有相当的地位；景颇族、纳西族等民族社会中，家庭规模较大，沿袭长老制度，家中有一个掌握大局的男性长者；另外还有少量民族保留着母系大家庭的文化。随着现代化的建设，现在少数民族地区的婚姻观和家庭观发生了较大变化，绝大多数少数民族实行一夫一妻制，家庭规模也在不断缩小，但仍不同于城市中的核心家庭，而多以两代和三代人共同生活，家庭人口规模一般在4—6人。

云南跨界民族地区的调查数据显示，样本中的外出务工者有51%的人未婚或单身，另外有49%的人已婚（如图3—5所示）。可以看出，外出务工者样本中未婚人口大于已婚人口，但是所占比例大致相同，未婚人口仅大于已婚人口2个百分点。

样本所调查的外出务工者自评的社会经济地位主要分布在"上层"（16%）、"中上层"（23%）和"中层"（48%），另外仅有

---

① Mincer, Jacob, *Family Migration Decision*, Journal of Political Economics, October, 1978.
② 赵耀辉：《中国农村劳动力流动及教育在其中的作用——以四川省为基础的研究》，《经济研究》1997年第2期。
③ 高文书：《进城农民工就业状况及收入影响因素分析——以北京、石家庄、沈阳、无锡和东莞为例》，《中国农村经济》2006年第1期。
④ 杨云彦、褚清华：《外出务工人员的职业流动、能力形成和社会融合》，《中国人口·资源与环境》2013年第1期。
⑤ 文久富、陶斯文等：《城市化进程中少数民族流动人口就业现状、存在问题及其对策分析》，《西南民族大学学报》（人文社会科学版）2007年第8期。

8%的受访者认为自己与同村人比属于中下层,有4%的人认为自己属于下层(如图3—6所示)。外出务工使得一部分农村居民的职业和收入发生了变化。外出务工不但提高了家庭的收入水平,而且满足了他们过上城市生活、开阔眼界的心理要求,在外拓展的社会资本也是提高家庭社会经济地位的主要因素。

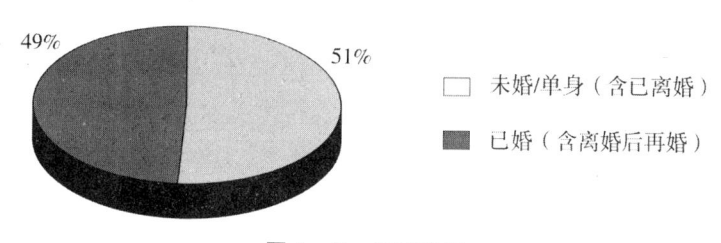

图 3—5 婚姻状况

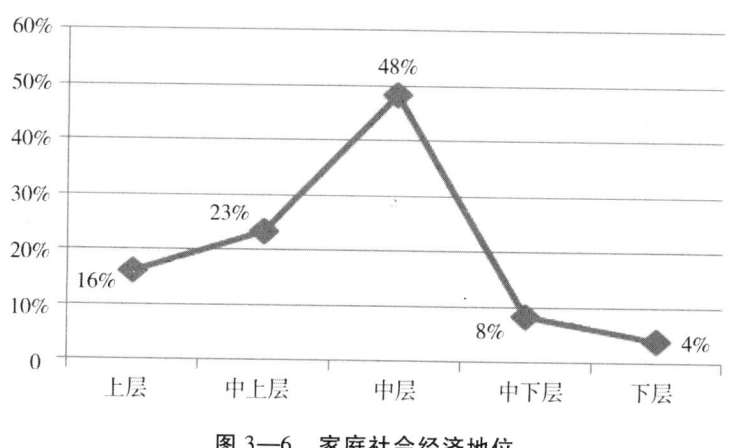

图 3—6 家庭社会经济地位

第三节 家庭状况

本节将描述云南跨界民族外出务工者的家庭状况,主要包括家庭规模、子女教育方式和比例、户籍所在地的农活安排以及每户人家外出务工人数等。

首先,从家庭成员来看,45%的受访者有1—4个家庭成员,另外有45%的受访者有5—6个家庭成员,还有11%的受访者的家庭成员有7个或7个以上(如图3—7所示)。可以看出样本中大部分家庭都是两代人或三代人在一起生活。样本中有46%的家庭中没有16岁以下孩童,有1个16岁以下孩童的样本占37%,有2个的样本占15%,3个或3个以上的仅有3%(如图3—8所示)。家庭成员中有16岁以下孩童的家庭超过50%,说明样本中一半以上的家庭有少儿抚养负担。

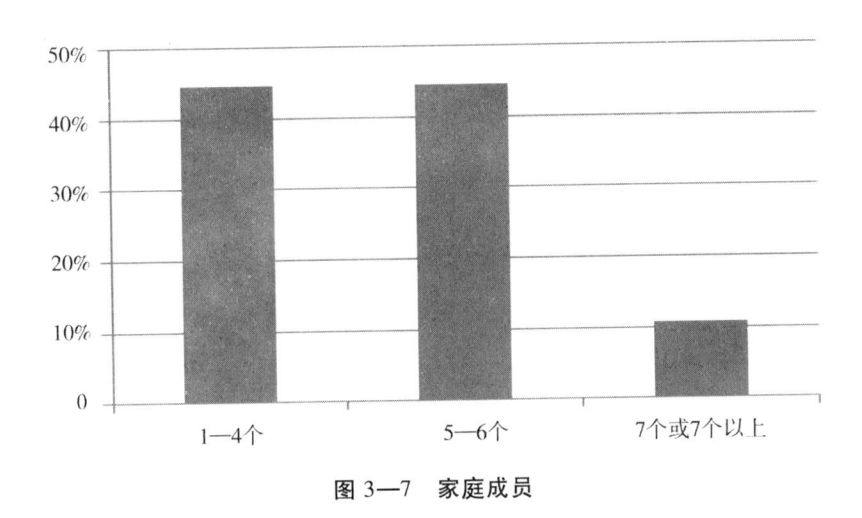

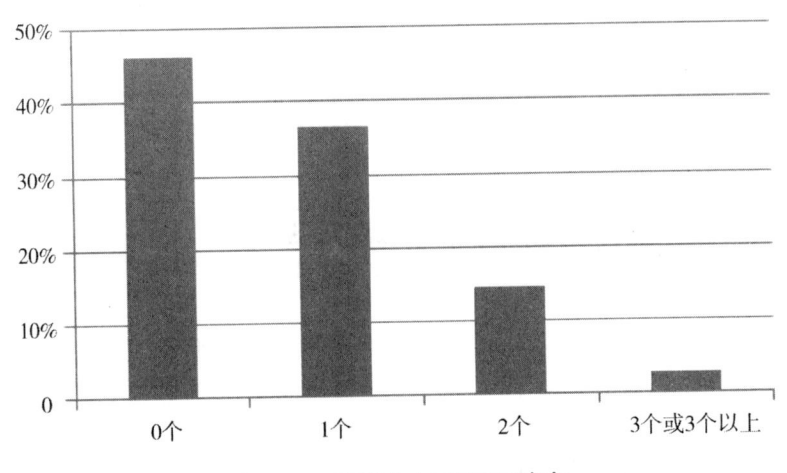

图3—7 家庭成员

图3—8 家庭中16岁以下孩童

外出务工人员子女的教育问题受到社会各界的关注,很多学者研究了流动人口子女的教育现状、存在的问题、原因分析以及解决对策。流动人口子女分为留守儿童和随迁儿童,留守儿童是指没有跟随父母迁移到城市或境外的儿童;随迁儿童是指跟随父母迁移到城市或境外的儿童。以往研究针对以上二者有不同的侧重点,留守儿童的研究集中在学校教育现状、社会教育中的社会不良风气影响和个性心理发展问题、家庭教育中的隔代监管问题和外出务工父母的影响研究等;针对随迁儿童的研究集中在流动人口子女在迁入地的教育现状调查(主要以区域总体状况调查为主,也包括教育问题原因分析、打工子弟学校研究以及教育政策研究等)。① 另外,各界学者对少数民族流动人口子女的教育问题研究也颇多,包括对这一特殊人群的学校教育观念的调查研究、学校教育的现状与问题、问题出现的原因分析、农民工子弟学校对少数民族流动人口子女的教育问题、教育公平问题、家庭教育重要性和问题研究以及对策研究。② 由于少数民族的特殊性,在随迁子女的教育中会出现文化隔离和歧视的障碍,造成少数民族流动人口子女与城市居民子女或当地居民子女的教育上出现教育不公平的现象。

以往的研究表明,留守儿童的教育机会(定义为是否上学)显著偏高,但流动儿童的教育机会显著降低。③ 说明随迁儿童跟随父母从农村来到城市的教育成本升高,面临诸如户籍制度阻隔、教育费用较高但是家庭收入低等问题的困扰。随迁儿童教育的一个普遍现状是,迁入地为接收这些生源专门设立的外来务工人员子女学校,教育资源明显低于城市子女所就读的公立学校或重点学校。此外,由于外来务工人员忙于工作,随迁儿童缺少家庭教育和父母陪伴。

本次调查数据显示,样本所在地区留守儿童多于随迁儿童。大

---

① 江立华、鲁小彬:《农民工子女教育问题研究综述》,《河北大学成人教育学院学报》2006年第1期。
② 张莉曼、汤夺先:《城市少数民族流动人口子女教育研究述评》,《西南边疆民族研究》2012年第1期。
③ 杨菊华、段成荣:《农村地区流动儿童、留守儿童和其他儿童教育机会比较研究》,《人口研究》2008年第1期。

部分外出务工人员（约为92%）子女都留在家中，另外约有9%的儿童跟随父母到谋生处。搜集样本出现这样的分布可能是因为所选调查地区的跨界民族外出务工人员生活水平较低、工资水平较低、工作流动性大，没有能力将子女带到谋生处上学，对少数民族的文化隔离和歧视也增加了他们在城市或境外的教育成本。此外，样本中多数家庭只是有个别成员外出务工补贴家用，家庭重心仍然在农村，下一代的抚养也基本在农村，所以大部分样本中子女都留守在家中。

由于将子女带到谋生处接受教育会增加子女教育的成本，所以样本中大部分儿童留守在家。留守儿童的教育也存在很多问题，如贫困地区教育资源缺乏、隔代监护导致了对儿童的监管不严和溺爱、由于缺少父母陪伴而导致的个性心理发展不健全以及留守儿童容易受当地不良的社会风气影响等问题。本次调查数据显示，约有92%的儿童没有跟随父母到谋生处，其中有53%的儿童在上学，但依然有39%的儿童没有上学（如图3—9所示）。也就是说，在样本所在地区，义务教育的普及率较低，样本中仍有较多儿童在户籍所在地没有接受义务教育。

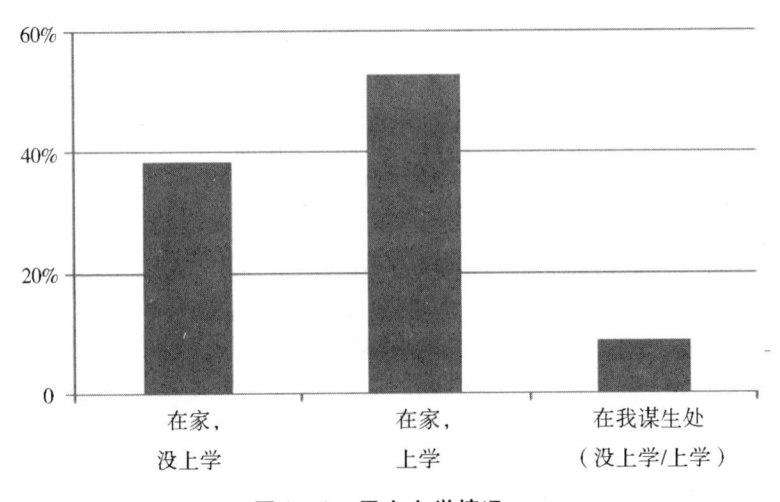

图3—9　子女上学情况

在云南跨界民族农村地区，富余劳动力转移有很多方式，分为内部非农化和外部输出两个方向，内部非农化包括发展当地的农村产业、发展当地第三产业、培养农村企业家等；外部输出是指劳务输出，农村富余劳动力转移到城市或境外就业。

本次调查中的外出务工者被问到最近几年家里农活是通过什么方式解决时，大部分（70%）外出务工者家里的农活都是由其他家庭成员来完成，仅有17%的受访者家中的农活转包给他人来完成，还有13%的家庭使用"其他"方式来解决农活问题（如图3—10所示）。可以看出，本次调查样本地区非农化程度还较低，大部分家庭中的农活还是自己家人在做，农业收入仍构成主要收入来源，而将土地承包给他人得到的土地租金所占比例较小。以家庭为单位的农业生产的结果就是不能形成具有规模的种植产业。另外还可以看出，样本家庭中劳动力较多，除了外出务工者还有足够的劳动力来维持家庭农作，不排除这部分劳动力包括未满16岁的儿童。

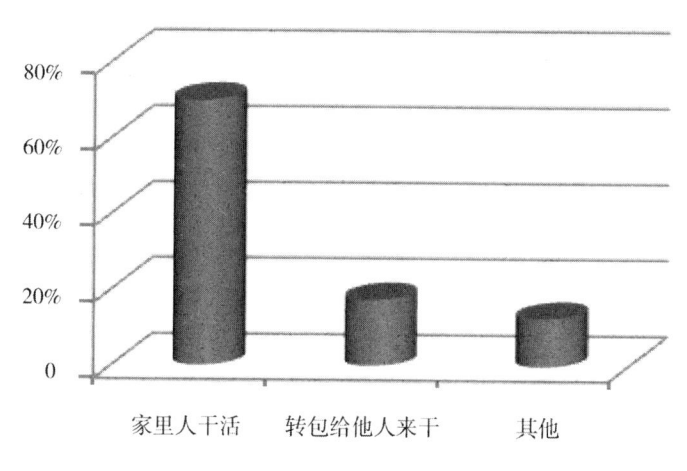

图3—10 农活处理方式

农村富余劳动力外出务工的主要目的是增加家庭经济收入、改善家庭生活，外出务工不会改变家庭重心，所以除个别家庭成员外出务工外，大部分成员仍然留守家中，农业收入仍然是家庭收入的主要部分。家庭农活的处理方式和家庭外出谋生人数，可以反映出外出务工在家庭经济和生活中的分量。如果家中农活仍然由家庭成员完成、外出务工人数只是少数的家庭成员，表明家庭重心仍然在农村；反之，如果家中农活转包给他人或干脆撂荒、家庭成员多数在外务工，则表明家庭重心已经发生转移，农村家庭出现"空壳"趋势。

本书的样本中大部分家庭（90%）都有外出务工者，仅有10%的家庭中没有外出务工者。一个家庭中外出务工的人数多为1—2个，其中一个家庭中有1个外出务工者的占33%，有2个外出务工者的占40%。另外，一个家庭中外出务工者为3个或3个以上的占11%，有5个外出务工者的家庭占6%（如图3—11所示）。

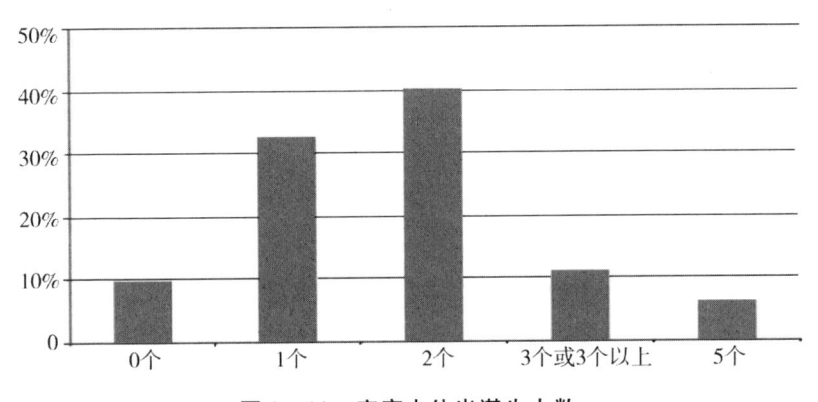

图3—11 家庭中外出谋生人数

上面已经提到，本书样本中七成家庭的农活仍然由家庭成员完成，虽然九成家庭都有外出务工的家庭成员，但七成以上的家庭中外出务工的成员人数仅为1—2人，表明抽样地区非农化程度还较低，农业仍然是多数家庭的重心和主要经济来源，外出务工仍然只是"补贴家用"的手段。

小　结

本课题采用抽样调查方式，通过问卷调查采集数据，并利用

STATA 统计软件进行数据分析，主要研究云南跨界民族异地就业相关问题。课题组将调查研究范围确定在西双版纳、普洱、临沧、德宏、红河五个跨界民族集中分布的州市，重点选择五个州、市中跨界民族人口分布较为广泛的 36 个边境沿线村寨，总共发放 2500 份问卷，最后有效回收 2268 份，回收率约为 90.7%，样本涵盖傣族、拉祜族、佤族、景颇族、布朗族、哈尼族、德昂族、阿昌族、基诺族、瑶族等十多个跨界民族。

收集到的样本数据首先反映了样本的个人基本特征和家庭状况。就个人基本特征而言，总体来说，这些跨界民族外出务工人员男女比例、已婚与未婚人群的比例大体相当，主要以 21—25 岁之间的年轻人居多，大部分人的教育程度为初中水平，其中相当一部分人初中未毕业，可以看出"九年义务教育"制度在少数民族地区的普及程度有待加强，更高阶段的教育还非常薄弱。另外，外出务工人员的子女多数留守在家中，未能跟随父母到迁入地接受教育。就家庭状况而言，样本中大部分家庭都是两代人或三代人在一起生活，其中一半以上的家庭有少儿抚养负担。同时，数据显示，样本所在地区留守儿童多于随迁儿童，且相当一部分留守儿童没有接受义务教育。本书样本中九成家庭都有外出务工的家庭成员，但七成以上的家庭中外出务工的成员人数仅为 1—2 人，且家庭的农活仍然由家庭成员完成，表明抽样地区非农化程度还较低，农业仍然是多数家庭的重心和主要经济来源。

第四章

云南跨界民族务工者异地就业概况

以往研究表明，流动人口在迁入地的就业状况往往不甚理想，主要表现为工作流动性较大、行业较集中、工资水平低、劳动强度大和工作环境差等特征。国内有学者根据五城市农民工的调查数据进行分析，结果显示，从行业分布来看，60%以上的进城农民工从事批发零售餐饮业和制造业，有14.7%的人从事自我雇佣，而自雇经营和个体企业是非正规部门中的典型代表；从工作时间和工资收入来看，进城农民工平均每月工作约为28天，每天工作约10小时，平均每小时工资只有3.8元，低于城市本地劳动力的工资水平。[1] 另外，2005年全国1%人口抽样调查数据显示，少数民族流动人口的职业以雇员和自营劳动者为主，收入低于全国流动人口总体水平，有收入的少数民族总体月平均收入为800.33元。[2] 成都的数据显示，少数民族流动人口主要集中在第三产业，如饮食服务业、批发零售贸易行业、运输业、家政服务行业等。少数民族到城市中多是以经商为主，而且他们所经营的商品或餐饮都具有民族特色，如出售羊皮、烤羊肉串、清真食品店、拉面馆、卖虫草和天麻等。少数民族流动人口月工资在400—1000元之间。[3]

本次调查样本来自于云南跨界民族农村地区，针对这一地区外

---

[1] 高文书：《进城农民工就业状况及收入影响因素分析——以北京、石家庄、沈阳、无锡和东莞为例》，《中国农村经济》2006年第1期。

[2] 段成荣、迟松剑：《我国少数民族流动人口状况研究》，《人口学刊》2011年第3期。

[3] 文久富、陶斯文等：《城市化进程中少数民族流动人口就业现状、存在问题及其对策分析》，《西南民族大学学报》（人文社会科学版）2007年第8期。

出务工者的就业现状，本课题对这一群体的首次流动年龄、工作稳定性、行业分布、工资水平和劳动强度、工作性质、工作待遇以及工作满意度进行了调查。这一章将着重围绕这些问题逐一分析。

第一节 首次就业流动年龄

高文书利用五城市进城农民工数据研究的农民工就业状况显示，农民工首次外出务工年龄为24.2岁。[1] 少数民族流动人口与一般流动人口具有相似的人口年龄结构，即青壮年是流动人口的主要组成部分。新疆维吾尔族流动人口的数据显示，他们外出务工的主体是25岁以上的青年，他们第一次外出年龄是18—20岁。[2] 但是跨界民族地区由于交通不便以及农村地区教育资源缺乏等问题，首次流动年龄要低于一般的流动人口，甚至低于一般内陆的少数民族流动人口。

本次在云南省跨界民族农村地区的调查数据显示，样本的首次流动平均年龄为20岁（N=2256）。这一变量的数据根据频数分布状况，将就业流动年龄分组为10—17岁、18—20岁和21—57岁，频数较小的首次流动年龄在21岁以上的受访者合并。从年龄段的分布来看，首次流动年龄主要集中在18—20岁之间，占45%；其次有32%的受访者首次流动年龄在10—17岁之间；首次流动年龄在21—57岁之间的受访者占23%（如图4—1所示）。可以看出，样本的首次流动年龄主要集中在18—20岁，值得注意的是，首次流动年龄在10—17岁之间的受访者也不少，这一部分受访者在首次流动时仍是未成年人，用人单位存在使用童工问题，大体可以推测他们多从事一些非正规职业，用人单位多为不正规、工作环境差的个体工商户和私营企业。

---

[1] 高文书：《进城农民工就业状况及收入影响因素分析——以北京、石家庄、沈阳、无锡和东莞为例》，《中国农村经济》2006年第1期。
[2] 拉毛才让：《试论少数民族流动人口的构成、分布特点及动因》，《攀登》2005年第2期。

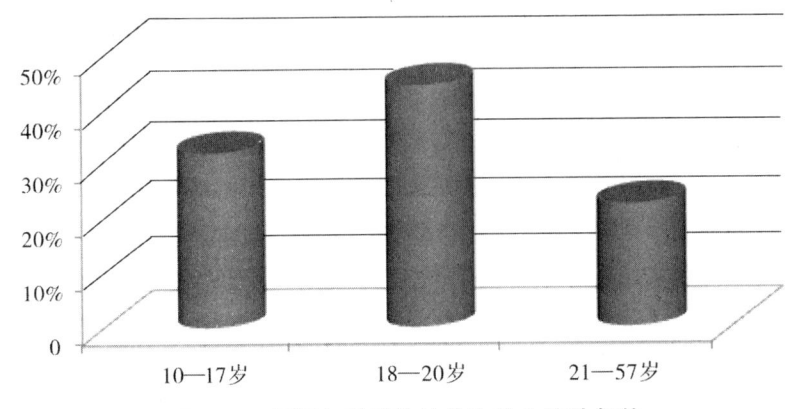

图 4—1 不同年龄群体的首次就业流动年龄

另外，造成样本所在地区首次流动年龄较小的原因可能包括该地区贫困程度较高和义务教育水平较低等。由于家庭收入少、家庭负担重，加上义务教育普及程度不够，使得一些未成年人不得不外出务工来补贴家用。

根据分析的需要，我们将首次流动年龄这一连续变量处理为分类变量，由于跨界民族首次流动年龄较小，根据年龄频数分布，我们将首次流动年龄分为 10—17 岁、18—20 岁和 21—57 岁三个年龄组。接下来分析云南跨界民族外出务工者首次流动年龄的个人基本特征、地州差异以及族群差异。

首先来看首次就业流动年龄的性别差异，从图 4—2 中可以看出，针对云南地区的跨界民族外出务工者，男性与女性首次流动的年龄频数分布相似。无论是男性还是女性，他们首次流动年龄都集中在 18—20 岁，首次流动年龄超过 21 岁的男性和女性均最少。说明调查地区男女外出务工者首次流动年龄没有明显的性别差异。

在首次就业流动年龄的受教育程度方面，从图 4—3 中可以看出，教育程度为高中及以上的受访者完成了九年基础教育，所以他们首次流动的年龄集中在 18 岁以上，受教育程度为高中及以上的受访者中仅有 12% 的人是在 10—17 岁之间首次外出务工的。初中未毕业和初中毕业的受访者首次流动年龄均偏低，主要集中在 10—17 岁年龄组和 18—20 岁年龄组。小学及以下教育水平的受访者中首次流动年龄为 21—57 岁的人高于其他教育程度的受访者。受教育程度最低的人群首次流动年龄偏大，可能的原因是文化程度低在外竞争中处于劣势，较难获得工作机会。另外，这些人可能较早开始在家务农，结婚成家后为了补贴家用才选择外出务工。而受教育程度为初中、高中及以上的，多数在结束学业后、成婚前到城里寻找工作机会，因此首次流动年龄偏小。

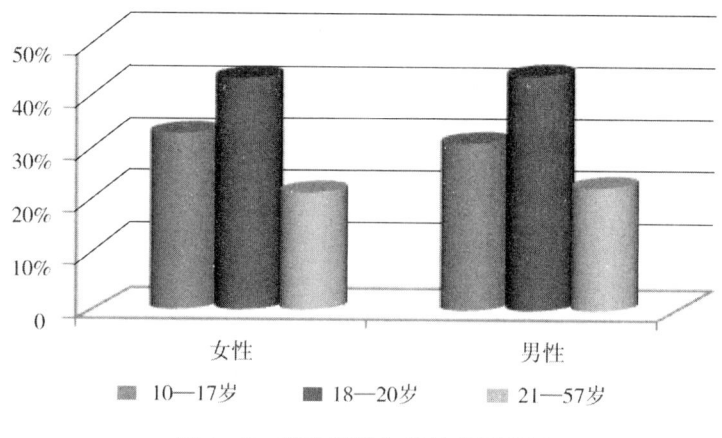

图4—2 首次流动年龄的性别差异

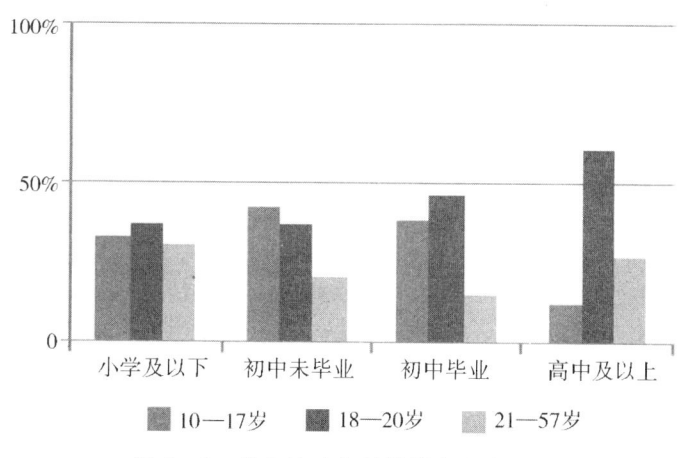

图4—3 首次流动年龄的教育程度差异

从家庭社会经济地位的影响来看，图4—4表明无论哪一个阶层的家庭，其首次流动年龄均集中在 18—20 岁年龄段，其次是集中在 10—17 岁年龄段。数据显示，首次流动年龄在 18—20 岁之间的跨界民族外出务工者中，来自中上层家庭的约有 48%，来自中等水平家庭的约有 42%，来自中下层家庭的约有 44%。说明外出务工的首次流动年龄，受家庭社会经济地位影响不大。一个可能的解释是，所调查地区社会经济发展水平普遍滞后，社区家庭的经济收入和社会地位差距不大，没有明显的阶层区别。

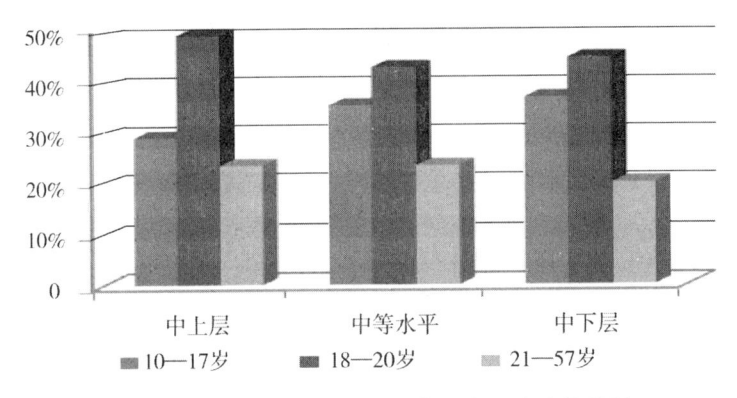

图 4—4　首次流动年龄的家庭社会经济地位差异

此外，从我们调查的西双版纳、普洱、临沧、德宏四个州市来看，这些跨界民族的首次就业流动年龄是否存在显著的差别呢？从图 4—5 中可以看出，西双版纳、普洱和德宏地区的跨界民族首次流动年龄集中在 18—20 岁之间。但是临沧地区的跨界民族首次流动年龄偏小，主要集中在 10—17 岁之间。这可能表明临沧地区的义务教育普及率偏低，适龄儿童辍学外出务工情况比其他州市更为普遍。

从民族差别来看，傣族、拉祜族和佤族的农村剩余劳动力中首次外出务工的年龄偏小，多数集中在 10—17 岁这个年龄组。景颇族、哈尼族和德昂族流动人口的首次流动年龄主要集中在 18—20 岁（如图 4—6 所示）。

一些民族的农村剩余劳动力首次流动年龄偏小，说明该地区义务教育普及率不高，可能是这些民族所在地区经济发展水平相对更

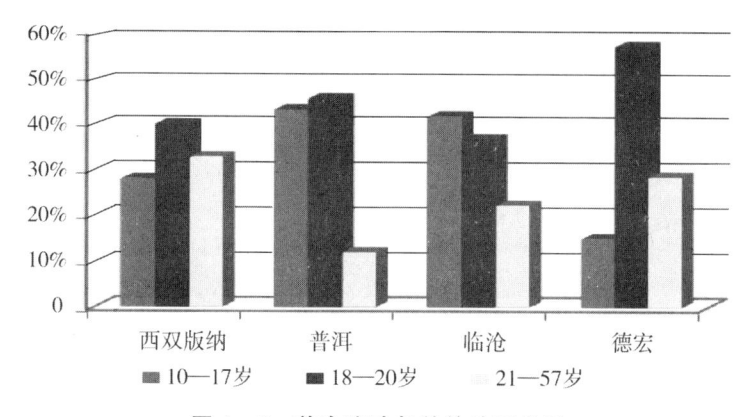

图 4—5 首次流动年龄的地区差异

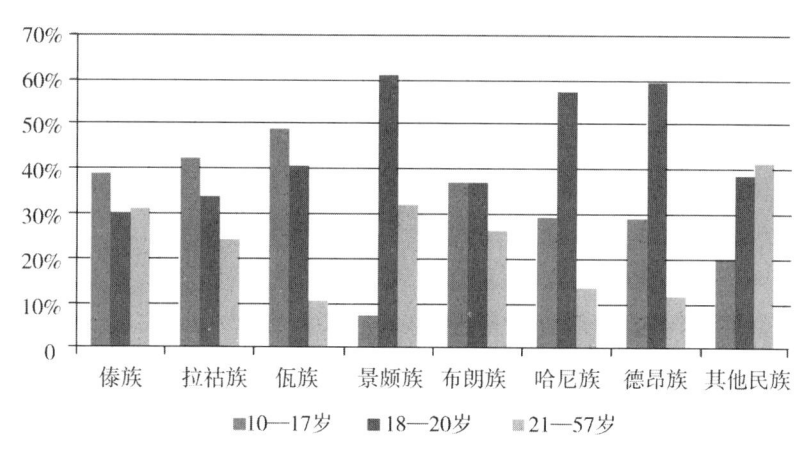

图 4—6 首次流动年龄的民族差异

滞后，或是该民族的文化传统中对教育重视不足，或者是当地政府对相关工作推进力度不够。未满16周岁而与个人或单位发生劳动关系并取得经济收入的少年和儿童被视为童工，而招用童工是国家法律所禁止的。招用童工不利于未成年人的身心健康发展，不利于义务教育制度的实施和保障未成年人的合法权益。大量未成年人离开校园前往城市务工，应引起相关部门的重视。

基于社会关系网络的社会资本是贯穿本项研究的理论视角。图4—7中的数据显示，没有使用社会关系网络的跨界民族外出务工者中大部分人（约54%）都在18—20岁之间开始外出谋生，另外约有28%的人首次流动年龄在10—17岁之间，约有19%的人首次流动年龄在21—57岁之间。而通过关系网络获取工作的跨界民族外出务工者中约有三分之一（约34%）的人在10—17岁之间外出务工，这一比例比没有通过社会关系网络外出务工者的人高约6%，约有24%的人首次流动年龄在21—57岁之间。

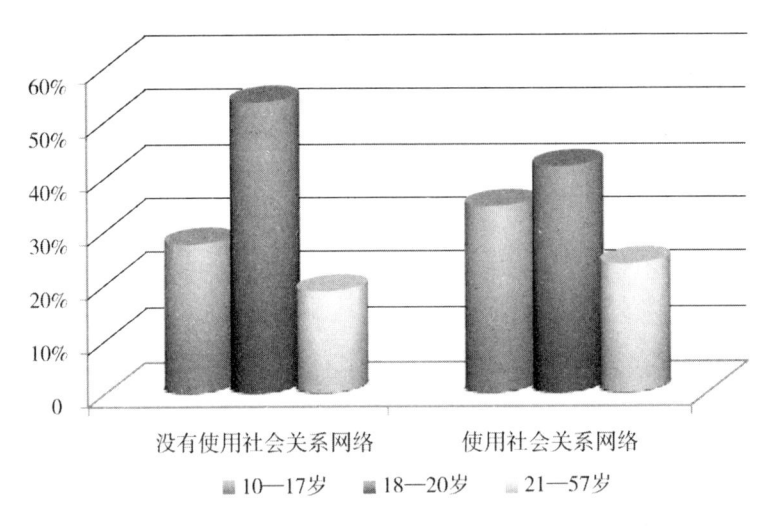

图4—7　按是否使用社会关系网络划分的首次流动年龄

可以看出，通过关系网络在谋生地获取工作的外出务工者首次流动年龄都偏小。这是因为没有达到法定年龄的务工者，无法通过正规渠道获得工作机会，所以几乎都通过熟人等社会资本获得非正规就业机会。而没有使用社会关系网络的外出务工人员，大部分的首次流动年龄都在18—20岁，这个年龄段刚好是完成高中及以上学历的时段，表明具备较高教育程度的务工人员通过市场等其他途径获得工作的机会更高。

第二节　工作稳定性和行业分布

通常情况下，工作稳定性可以用来解释务工者的就业稳定状态。例如，有学者发现中国农民工的流动性明显高于城市劳动者。[①] 通过对北京市700多名农民工进行动态观察后发现，农民工工作稳定性较低，就业流动频繁。具体表现为约有64%的农民工更换过工作，约有23%的农民工流动三次及以上，平均每人流动2.06次。[②] 影响就业流动的主要原因是希望收入有所提高，其他的影响因素还包括年龄、性别、受教育程度、行业类型等。通常农民工更换工作是因为收入较低，而有提升工资和生活水平的愿望，但是由于农民工多从事劳动强度大的工作，随着年龄的增长，更换工作不能帮助他们获取更高的收入，随着年龄增大，流动人口的工作流动性降低。

本次调查中，我们询问了云南跨界民族地区的外出务工者在迁入地工作年限超过一年的单位有几个，根据回答的单位个数，我们将他们工作超过一年的单位分为"1个"、"2个"和"3个或3个以上"。仅在1个单位工作超过半年的受访者的工作稳定性较低，而在3个或3个以上单位工作半年以上的受访者工作稳定性较高。

通过询问受访者"工作半年以上的单位数量"来观察样本的工作稳定性，数据显示，工作半年以上的单位平均为2个（N=2169）。进一步可以看出，约有一半（51%）的人都仅在1个单位工作达半年以上，有23%的受访者工作半年以上的单位有2个，另外有26%的受访者在3个或3个以上单位工作满半年过（如图4—8所示）。可以看出，样本所在地外出务工人员的工作流动性较大，在一个单位的工作周期较短。这一方面可能说明样本所在地外出务工人员不断提高收入的意愿较强，主动寻找新的机会并更换工作的频率较高；但另一方面也可能是因为样本所在地外出务工人员总体素质不高、缺乏专长的就业技能，无法获取长期稳定的工作，而常常在各种临时工作中流转。

[①] John Knight and Linda Yueh, *Urban Insiders Versus Rural Outsiders: Complementarity or Competition in China's Urban Labor Market*, December, 2004.
[②] 白南生、李靖：《农民工就业流动性研究》，《管理世界》2008年第7期。

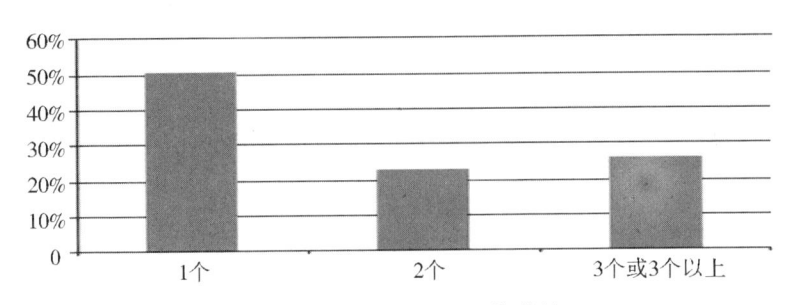

图 4—8 工作半年以上的单位

针对云南跨界民族外出务工者的调查数据显示，男性中约有 30% 的人工作半年以上的单位为 3 个或 3 个以上，而女性的这一比例为 22%。而且男性中约有 49% 的人工作半年以上的单位为 1 个，而女性的这一比例为 53%（如图 4—9 所示）。在一个单位工作半年以上，即表示流动性较小。所以，相较于女性，男性外出务工者的流动性较小，即工作稳定性较高。这既可能是因为女性务工者可选择的工作机会较多，从而流动性加大；也可能是因为男性工作者更容易获得劳动报酬较满意、性质较稳定的工作，从而更具有稳定性。目前的数据还无法知晓确切原因，要结合不同性别务工者的工资水平、工作满意度等指标才能进行综合分析。

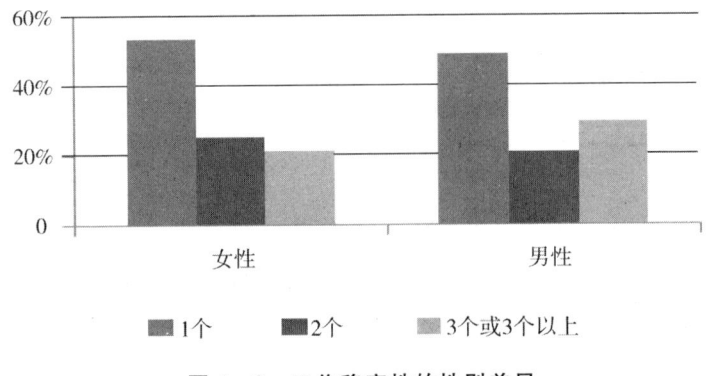

图 4—9 工作稳定性的性别差异

白南生在研究了北京 700 多名农民工后发现，年龄与流动结果（向上流动、向下流动或水平流动）呈倒 U 形趋势，以 30 岁为拐点。说明流动人口在 30 岁以前随着年龄的增长变换工作可以实现向上流动,但是 30 岁以后的流动表现为向下流动。究其原因可能是外出务工人员多是从事劳动强度大的工作,年龄的增长不利于他们胜任这一类工作。所以随着年龄的增长,流动人口的流动性减弱,趋于稳定。① 另外,还有研究表明,变换工作的概率随着工作资历的增长将会下降。同时由于积累了工作经验、技能熟练度高而且构建了基于业缘的社会关系网络,年长的外出务工者通过更换工作来获取向上流动或离开一些高危行业的机会较多。

那么云南跨界民族外出务工者的情况如何?根据调查数据可以看出,年龄越大的跨界民族外出务工者的工作稳定性越高,这种年龄和工作稳定性的变化趋势与一般流动人口相似。具体来看,13—20 岁年龄组的青少年外出务工者中大部分人(69%)仅在 1 个单位工作了半年以上,仅有 12% 的人在 3 个或 3 个以上单位工作了半年以上时间(如图 4—10 所示)。出现这种情况的原因可能是年龄太小的跨界民族在外务工经历较少,工作过的单位较少。21—25 岁年龄组的青年中约有 49% 的人仅在 1 个单位工作超过半年,28% 的人在 2 个单位工作半年以上,24% 的人在 3 个或 3 个以上单位工作半年以上,这一比例高于上一年龄组。26—35 岁的中青年中约有 46%

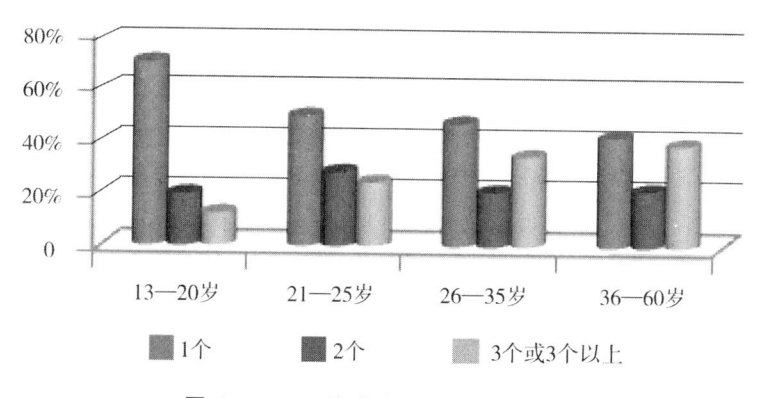

图 4—10 工作稳定性的年龄组差异

---

① 白南生、李靖:《农民工就业流动性研究》,《管理世界》2008 年第 7 期。

的人仅在1个单位工作超过半年,34%的人在3个或3个以上单位工作超过半年,这一比例超过21—25岁年龄组。最后,36—60岁年龄组的中老年人在1个单位工作超过半年的人数占41%,但是有高达38%的人在3个或3个以上单位工作年限超过半年。总体来看,跨界民族外出务工者随着年龄增长,其仅在1个单位工作半年以上的比例越来越少,但是在3个或3个以上单位工作半年以上的比例越来越多。说明云南跨界民族地区富余劳动力外出务工者同样表现出随着年龄增长,流动性减弱的趋势。

云南跨界民族外出务工者的数据显示,大多数受访者教育程度较低。通过图4—11可以看出,一个突出的特点是教育水平为小学及以下的受访者在3个或3个以上单位工作半年以上的人数比例(36%)高于其他教育程度的受访者,即云南跨界民族外出务工者中教育水平为小学及以下的人群的工作稳定性较高。相反,教育程度为高中及以上的受访者仅有17%的人在3个或3个以上单位工作超过半年,这一比例低于其他教育程度的受访者。可以看出,教育程度越高,则在3个或3个以上单位工作超过半年的人数比例就越低。说明云南跨界民族教育程度越大,则工作稳定性越低。这与一般流动人口的情况相反,究其原因可能是,云南跨界民族的教育程度普遍较低。本调查中由于受访者教育程度为高中以上的人数较少,

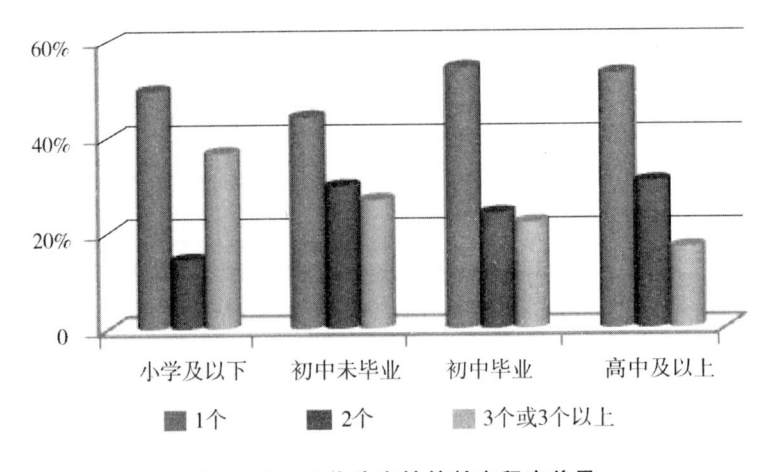

图4—11 工作稳定性的教育程度差异

根据频数分布,将教育程度分为"小学及以下"、"初中未毕业"、"初中毕业"和"高中及以上",云南跨界民族的教育程度并没有质的区别,教育程度均较低。小学及以下教育程度的跨界民族由于缺乏技能培训、维权意识不强、交流能力较弱等原因,相较于其他教育程度的跨界民族来说,他们更换工作的机会较少。相较于小学及以下教育程度的跨界民族,比他们教育程度高的跨界民族在人力资本的积累上较高,所以他们更换工作的机会更多。

从图4—12中可以看出,中下层家庭的受访者仅在1个单位工作半年以上的人数比例为44%,低于中上层家庭和中等水平家庭的这一比例;但其在3个或3个以上单位工作半年以上的人数比例为32%,高于其他两个阶层。所以相对于其他家庭社会经济地位,中下层家庭中的跨界民族的工作稳定性较低,但是差距不大。可能的解释是抽样地区社会经济发展程度普遍不高,社区家庭社会经济差距不大,没有明显的阶层差别。

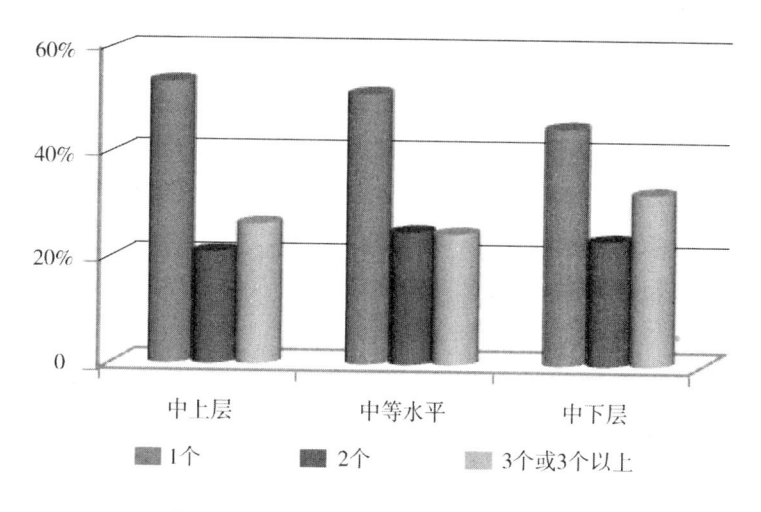

图4—12 工作稳定性的家庭地位差异

按地区划分来看,通过观察数据可以看出,西双版纳地区的受访者中有高达82%的人只在1个单位工作了半年以上,却仅有6%的人在3个或3个以上单位工作半年以上。另外,临沧中约有一半

（51%）的人表示仅在1个单位工作了半年以上，而有23%的人在3个或3个以上单位工作过半年以上（如图4—13所示）。普洱和德宏地区的受访者情况相似，表现为工作稳定性均高于西双版纳和临沧地区的跨界民族。跨界民族外出务工者工作稳定性的地区差异，西双版纳地区的跨界民族外出务工者的工作稳定性最低，即他们的工作流动性较大，其次是临沧，而普洱和德宏的跨界民族外出务工的流动性较小。这种地区差异可能表明不同地区外出务工者群体在文化价值观认知、整体劳动素质等方面存在差异。

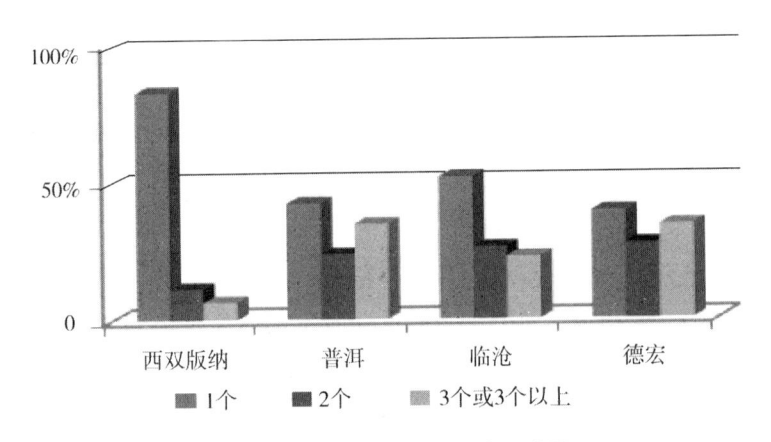

图4—13 工作稳定性的地区差异

另外，结合之前傣族、拉祜族和佤族外出务工者首次流动年龄偏小的数据来看，西双版纳和临沧刚好是这几个民族的主要居住区，所以一个可能的解释就是，由于这两个地方外出务工者首次流动年龄偏小、工作时限较短，工作超过半年的单位自然偏少，且因年龄较小还没有掌握特定行业的技术和经验，故工作稳定性不高。

针对云南跨界民族这一特殊的少数民族群体来说，工作稳定性的民族差异具体来看表现为，傣族、拉祜族和布朗族均有超过一半的人（分别为59%、69%和79%）仅在1个单位工作超过半年，工作过的其他单位均没有超过半年。而且傣族仅有22%的人在3个或3个以上单位工作超过半年，拉祜族的这一比例为16%，布朗族仅有十分之一（9%）的人在3个或3个以上单位工作半年以上（如

图4—14所示)。

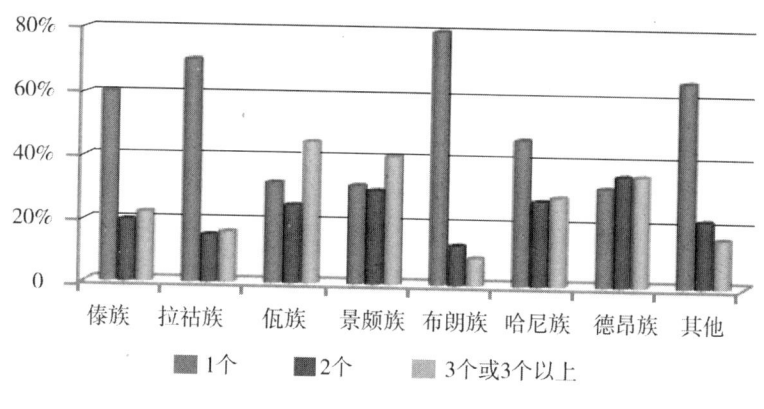

图4—14 工作稳定性的民族差异

横轴民族:傣族、拉祜族、佤族、景颇族、布朗族、哈尼族、德昂族、其他
图例:1个、2个、3个或3个以上

另外,佤族和景颇族中在3个或3个以上单位工作超过半年的人数比例高于在1个单位工作超过半年的人数比例,即佤族和景颇族工作超过半年的单位较多。德昂族外出谋生者的工作稳定性也较高,因为仅有不到一半(31%)的人在1个单位工作超过半年。总体来看,傣族、拉祜族和布朗族相较于其他云南跨界民族,其在迁入地的工作稳定性较差,流动性较大。但是佤族和景颇族相对于其他云南跨界民族,表现出工作稳定性较高的特征。

从就业获取过程中是否使用社会资本来看,如图4—15中数据显示,通过关系网络获取工作的跨界民族外出务工者中约有一半(54%)的人仅在1个单位工作超过半年以上,这一比例比没有使用社会关系网络的人高约11%。另外,通过关系网络获取工作的跨界民族外出务工者中约有20%的人在2个单位工作超过半年,这一比例比没有使用社会关系网络的人低约9%。最后,使用社会关系获取工作的人中有26%在3个或3个以上单位工作超过半年,这一比例比没有使用社会关系网络的低约2%。

总体来看,使用社会关系在谋生地获取工作的人的工作稳定性比没有使用关系网络的人低。这既可能是因为使用社会关系网络获取工作的人所拥有的社会资本较多,他们更换工作的能力强于社会资本存量少的那部分跨界民族外出务工者，所以工作流动性更大；也可能是因为不使用社会关系网络，而通过劳动力市场获取工作机会的人，受教育程度相对较高，获取的工作满意度也较高，因而工作稳定性较高。

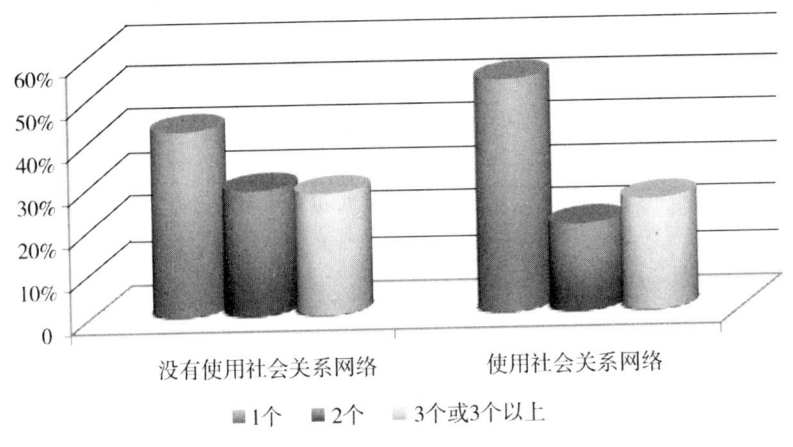

图4—15　使用社会关系网络与工作稳定性

一般来说，农村富余劳动力受教育程度较低、专业技术能力有限、缺乏可资利用的社会资本，在进城务工的过程中，往往从事一些城市居民或本地人不愿意从事的行业。本书数据结果显示，样本行业分布主要集中在一些非技术劳动岗位，如自雇经营、餐饮服务业、建筑装修业等。其中20%的受访者是拥有大于10名雇员的雇主，另外有14%的受访者从事餐饮服务业，13%的受访者从事建筑装修业。受访者从事的行业还包括工矿企业（8%）、电子电器业（7%）、家政服务业（5%）、有固定摊位的零售（5%）、自雇经营的运输业（3%）、技术维修（2%）、无固定摊位的零售（2%）、拥有少于或等于10名雇员的雇主（1%）（如图4—16所示）。可以看出，样本从事的行业集中在一些非技术劳动岗位，这些岗位表现为工作强度大，但是工资水平低，而且工作环境恶劣，是城市居民不愿意从事的工作，由于缺少人力资本和社会资本，云南跨界民族地区农村的外出务工人员只能从事这些行业。

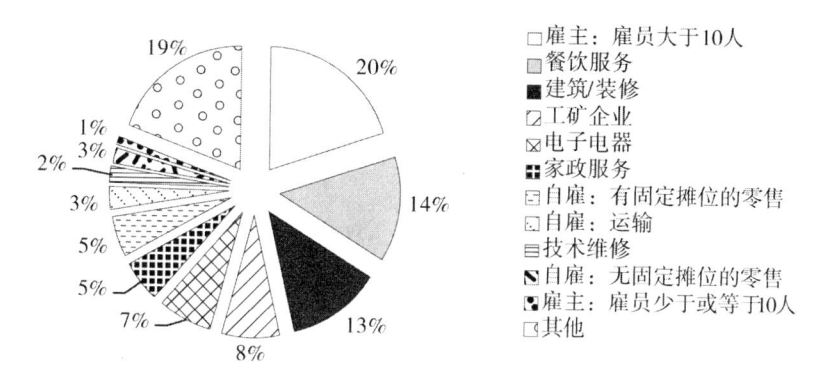

图 4—16　跨界民族务工者的行业分布

　　少数民族进城务工人员就业的特征表现为他们依托民族文化和民族身份，在一些具有民族特色的餐饮行业与民族景点和民族风情展示领域就业。① 值得注意的是，样本所在地的跨界民族外出务工者中从事最多的行业是拥有 10 名以上雇员的雇主（约 20%），由于少数民族的特有民族文化和民族特殊性，很多少数民族外出经商买卖一些具有民族特色的产品，如经营本民族的服饰和饮食或所在地区盛产的食物、药材等。西双版纳和德宏的傣味是民族特色较浓厚而又久负盛名的一种美味佳肴，纯正的由正宗的当地人经营的傣味在市场上是很受欢迎的。因此依托民族文化资源，部分少数民族进城务工人员也能获得较好的就业机会。

　　从图 4—17 中可以看出，傣族中约有一半（约 51%）的人从事自主经营，布朗族有超过一半（约 57%）的人在迁入地从事着初级服务工作。另外，德昂族行业分布较分散，并没有表现出集中从事某一行业的情况。值得注意的是，德昂族从事技术性工作的人数比例较高，约为 27%。由此可知，相对来说德昂族所掌握的专业技能水平较高。

　　我们对云南跨界民族外出务工者的社会资本与行业分布进行逻辑回归分析，分析社会资本对跨界民族外出务工者所从事行业的影

---

　　① 汤夺先：《民族身份运用与资本禀赋制约：少数民族流动人口在城市中的就业》，《青海民族大学学报》（社会科学版）2014 年第 1 期。

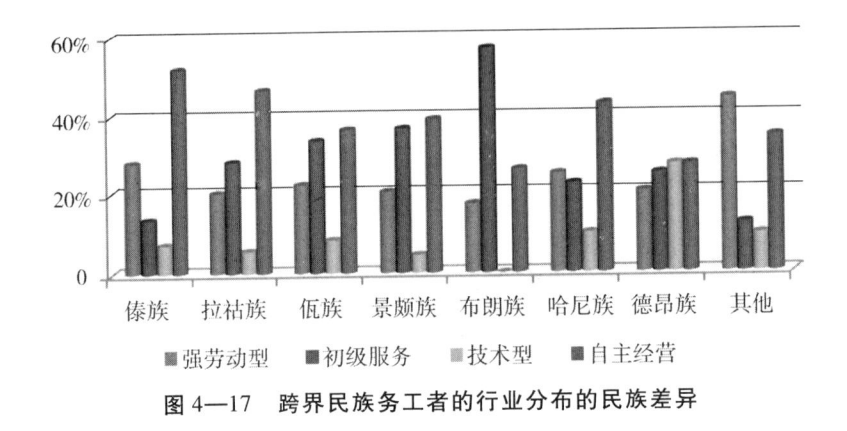

图 4—17　跨界民族务工者的行业分布的民族差异

响。本模型中因变量是行业分布，由于分析需要我们将问卷中所涉及的 11 种行业分为 4 类，具体处理方式如下：将建筑或装修业与工矿企业合并为强劳动型行业，将家政服务和餐饮服务合并为初级服务业，将电子电器业和技术维修业合并为技术型行业，将会自主经营的运输业、有固定摊位的零售业、无固定摊位的零售业、拥有 10 个或以下雇员的自主经营和拥有 10 个以上雇员的自主经营合并为自主经营。本模型的自变量包括"是否使用社会关系网络获取工作"、性别、地区、年龄组、教育程度和家庭社会经济地位。由于因变量行业分布是一个无序的多分类变量，所以统计方法是无序多变量的逻辑回归分析（mlogit），此处我们将"技术型行业"作为参照组。

从表 4—1 中的数据可以看出，是否使用社会关系网络获取工作在行业分布这一变量上的差异具有统计显著性。第一，强劳动型工作对比技术型工作。相对于不使用社会关系网络的跨界民族外出务工者，使用社会关系网络获取工作的人从事强劳动型工作而不是技术型工作的相对风险比高约 2.25 倍（P<0.001）。控制变量中，相对于女性，男性从事强劳动型工作而不是技术型工作的相对风险比高约 5.58 倍（P<0.001）。相对于西双版纳地区的跨界民族外出务工者，普洱、临沧和德宏地区的人从事强劳动型工作而不是技术型工作的相对风险比高约 75%、90% 和 0.9%，地区在这一变量上的差异不具有统计显著性。相对于 13—20 岁年龄组的青少年，21—25 岁年龄组的青年人、26—35 岁年龄组的中青年以及 36—60 岁年

龄组的中老年从事强劳动型工作而非技术型工作的相对风险比高约1.45倍、3.06倍（P<0.001）和5.87倍（P<0.001）。相对于小学及以下教育程度的人，初中未毕业、初中毕业以及高中及以上教育程度的跨界民族外出务工者从事强劳动型工作而不是技术型工作的相对风险比分别低约65%（P<0.001）、56%（P<0.01）和65%（P<0.001）。相较于中上层家庭的跨界民族外出务工者，中下层家庭的人从事强劳动型工作而非技术型工作的相对风险比低约19%，但不具有统计显著性，中等阶层家庭与参照组在这一变量上的差异很小且不具有统计显著性。

表4—1　　　　跨界民族务工者行业分布的多分类
逻辑回归模型相对风险比（rrr）①

		强劳动对比技术型	初级服务对比技术型	自主经营对比技术型
社会资本	使用社会资本	2.247***	4.962***	3.211***
性别	男性	5.576***	0.125***	0.398***
地区	普洱	1.756	0.774	0.284**
	临沧	1.903	0.538	0.315*
	德宏	1.009	0.169***	0.036***
年龄组	21—25岁	1.450	1.214	1.266
	26—35岁	3.061***	1.973**	3.443***
	36—60岁	5.865***	1.186	11.268***
教育程度	初中未毕业	0.347***	0.220***	0.676
	初中毕业	0.443**	0.325***	0.872
	高中及以上	0.352***	0.143***	0.619
家庭社会经济地位	中等阶层	1.005	1.044	1.154
	中下阶层	0.810	0.624	0.825

注：各自变量的参照组分别为未使用关系网络、女性、西双版纳、13—20岁、小学及以下、中上层等。

＊ $P<0.05$；＊＊ $P<0.01$；＊＊＊ $P<0.001$。

① 样本量=1521，卡方值=866.89（$P<0.001$）。

第二，初级服务对比技术型工作。相对于不适用社会关系网络的跨界民族外出务工者，使用关系网络获取工作的人从事初级服务而不是技术型工作的相对风险比高约4.96倍（P<0.001）。控制变量中，相对于女性，男性从事初级服务而非技术型工作的相对风险比低约87%（P<0.001）。相对于西双版纳地区的跨界民族外出务工者，普洱、临沧和德宏地区的人从事初级服务而非技术型工作的相对风险比低约23%、46%和83%（P<0.001）。相较于13—20岁年龄组的青少年来说，21—25岁年龄组的青年人、26—35岁年龄组的中青年人以及36—60岁年龄组的中老年人从事初级服务而非技术型工作的相对风险比高约21%、97%（P<0.01）和19%。相对于教育程度为小学及以下的跨界民族外出务工者，初中未毕业、初中毕业和高中及以上教育程度的人从事初级服务而非技术型工作的相对风险比低约78%（P<0.001）、67%（P<0.001）和86%（P<0.001），教育程度在这一变量上的差异具有显著统计性。相对于中上层家庭的跨界民族外出务工者，来自中下层家庭的人从事初级服务而非技术型行业的相对风险比低约38%，中等水平家庭与参照组在这一变量上的差异较小且不具有统计显著性。

第三，自主经营对比技术型工作。相对于没有使用社会关系网络的人，通过关系网络获取工作的跨界民族外出务工者从事自主经营而非技术型工作的相对风险比高约3.21倍（P<0.001）。相对于女性，男性从事自主经营而非技术型工作的相对风险比低约60%（P<0.001）。相较于西双版纳地区的跨界民族外出务工者，普洱、临沧和德宏的人从事自主经营而非技术型工作的相对风险比分别低约72%（P<0.01）、68%（P<0.05）和96%（P<0.001）。相较于13—20岁年龄组的青少年，21—25岁年龄组的青年人与26—35岁年龄组的中青年人从事自主经营而非技术型工作的相对风险比高约1.27倍和3.44倍（P<0.001）。值得注意的是，36—60岁年龄组的中老年人从事自主经营而非技术型工作的相对风险比高出11.27倍之多（P<0.001）。相较于小学及以下教育程度的跨界民族外出务工者，初中未毕业、初中毕业和高中及以上教育程度的人从事自主经营而非技术型工作的相对风险比分别低约32%、13%和38%，

教育程度在这一变量上的差异不具有统计显著性。相较于中上层家庭的跨界民族外出务工者，中等水平家庭从事自主经营而非技术型工作的风险比高约15%，中下层家庭的跨界民族外出务工者的这一比例低约17%，而家庭社会经济地位在对于跨界民族外出务工者从事自主经营而不是技术型工作上的差异不具有统计显著性。

综上所述，云南跨界民族地区农村富余劳动力异地就业所从事行业表现出以下特征：（1）相较于选择从事技术型工作，使用社会关系网络在异地获取工作机会的人更有可能从事强劳动型工作、初级服务工作以及自主经营。（2）异地就业所从事行业的性别特点表现为男性从事强劳动型工作而非技术型工作的可能性大，而女性从事初级服务以及自主经营的可能性较大。（3）异地就业所从事行业具有地区特色的是普洱和临沧地区的跨界民族外出务工者从事强劳动型工作而非技术型工作的可能性较大，而西双版纳地区的人从事初级服务以及自主经营而非技术型工作的可能性较大。（4）相较于从事技术型工作，年龄越大的外出务工者由于受教育程度较低，他们更可能从事强劳动型和初级服务型工作。值得注意的是，中老年从事自主经营而非技术型工作的可能性是青少年的11倍之高，随着年龄的增长，外出务工者缺少了从事强劳动型工作的体能和从事技术型工作的技能，所以中老年外出务工者从事自主经营而非技术型工作的可能性很高。（5）教育程度较低即为小学及以下教育水平的外出务工者从事强劳动型、初级服务以及自主经营而非技术型工作的可能性均大于较高教育程度的外出务工者。

第三节 职业阶层和工资水平

本次调查问卷中设计了"目前这份工作有没有归您管理的员工"的问题，目的在于观察云南跨界民族外出务工者的职业阶层状况。

在工作中是否管理员工体现了其社会地位和职业阶层。通过调查数据可以看出，受访者中绝大多数（86%）没有管理员工，他们是工作在最底层的一般员工，仅有14%的受访者管理着员工（如图

4—18所示)。这表明跨界民族外出务工者绝大多数职业阶层较低，主要从事非技术、非管理性的劳动。

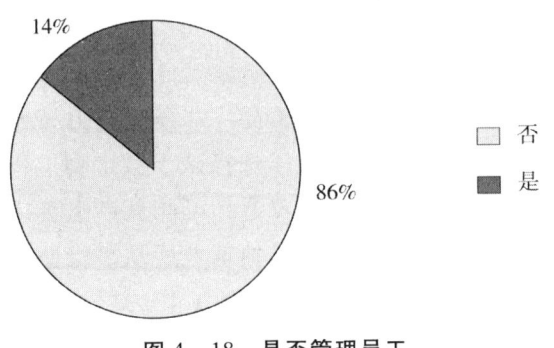

图 4—18 是否管理员工

进一步按人口特征划分，首先分析性别差异，数据显示，女性中仅有9%的人是管理人员，男性的这一比例为17%，高于女性（如图4—19所示）。所以，云南跨界民族外出务工者就职业阶层来看，男性要高于女性。这可能是因为抽样地区男性受教育水平较女性高一些，或是因为外出务工者主要从事强劳力行业等，男性较女性具有优势。

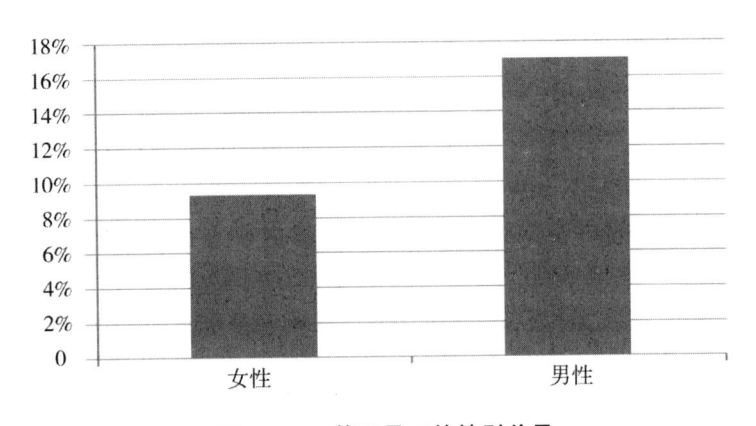

图 4—19 管理员工的性别差异

其次分析年龄差异，年龄较大的受访者（26—35岁和36—60

岁年龄组）是管理人员的比例均约为18%，这一比例高于13—20岁年龄组（11%）和21—25岁年龄组（10%）（如图4—20所示）。不难发现，云南跨界民族外出务工者的职业阶层年龄较大的更高，可能因为年龄较大的跨界民族外出务工者在迁入地工作时间较长，工作经验较丰富，有助于职业阶层的提升。

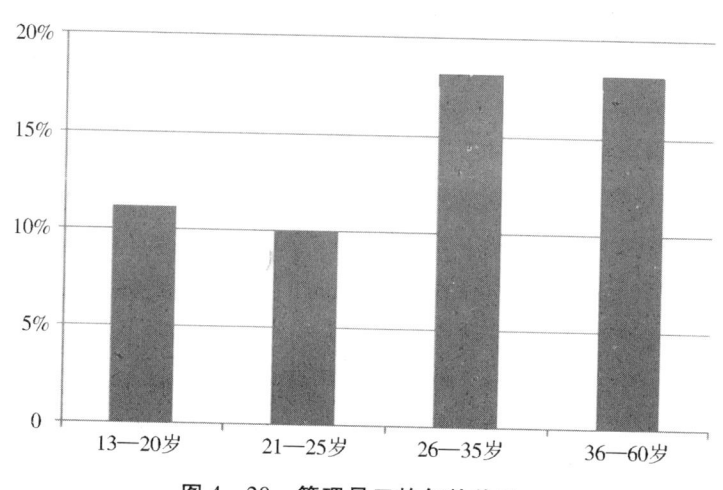

图4—20 管理员工的年龄差异

以往研究表明，教育程度高意味着人力资源丰富，而人力资源有利于提高职业阶层。从数据分析中可知，云南跨界民族外出务工者在这一问题上的样本分布符合这一规律，教育程度为高中及以上的受访者中约有19%的人是管理人员。初中未毕业的受访者中约有16%的人管理着员工，这一比例高于教育程度为小学及以下（12%）和初中毕业（12%）的受访者（如图4—21所示）。所以，教育程度较高的云南跨界民族外出务工者的职业阶层较高，其次是初中未毕业的跨界民族。

如果教育程度差异可以导致跨界民族外出务工者人力资本的差异，那么家庭社会经济地位的差异也可以指向社会资本的差异。收入水平较高、社会关系网络较广能有效地促进就业者的职业阶层提升。数据分析结果显示，中下层家庭的跨界民族中约有25%的人是管理人员，而中等水平家庭的这一比例约为13%，中上层家庭约为

11%（如图4—22所示）。针对云南跨界民族，家庭社会经济地位越高，则他们的职业阶层越低。为什么会出现这种与常态截然相反的趋势呢？原因可能是来自社会阶层较高家庭的跨界民族外出务工者对于职业阶层提升的追求较小，因为他们在家乡的收入水平较高、构建的社会关系网络相对较广，拥有这些先天优势的跨界民族在家乡的生活水平较高，所以他们的迁移是短暂性迁移，这种短暂性的迁移追求的是提高家庭的收入水平而非在迁入地的职业阶层。

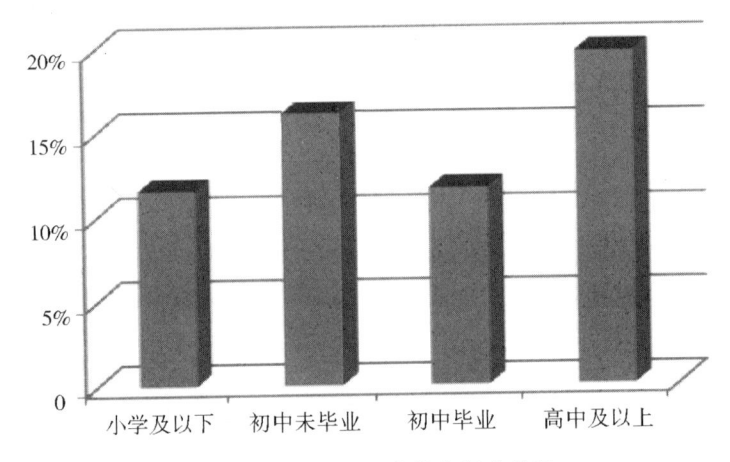

图4—21 管理员工的教育程度差异

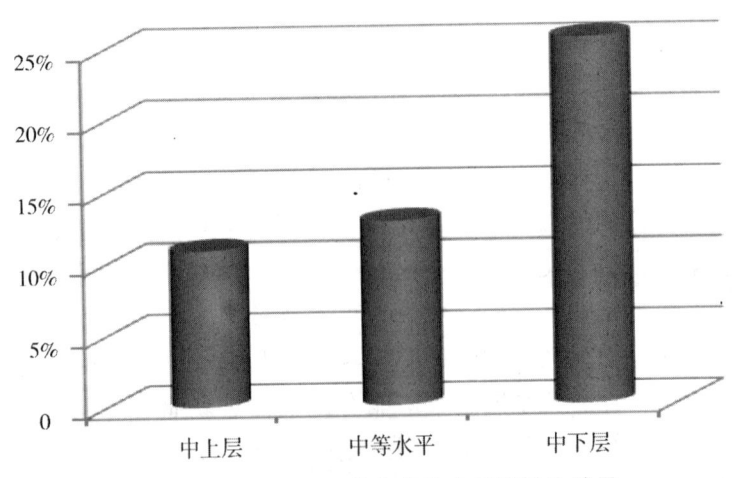

图4—22 管理员工的家庭社会经济地位差异

按地区来看，普洱地区受访者中有管理员工的人数比例为20%，高于西双版纳、临沧和德宏的受访者。临沧和德宏的跨界民族外出务工者的职业阶层状况相差不大，这两个地区的受访者分别有12%和13%的人在迁入地单位是管理人员。但是，西双版纳地区的受访者仅有6%的人是管理人员（如图4—23所示）。

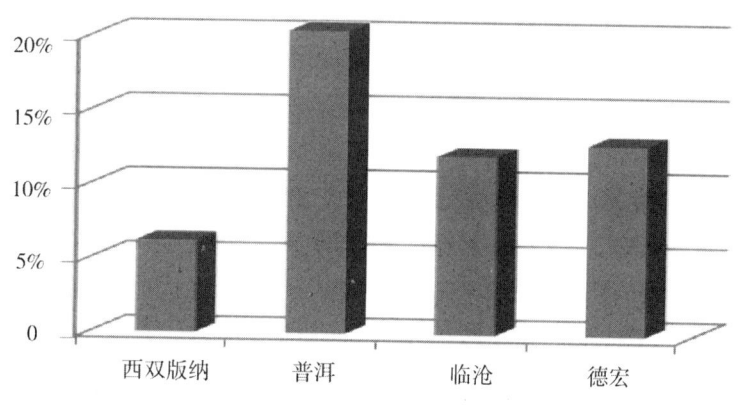

图4—23 管理员工的地区差异

所以，就地区差异来看，普洱地区的跨界民族外出务工者的职业阶层为管理人员的人数比例高于其他所调查地区，而西双版纳地区的跨界民族外出务工者的职业阶层普遍较低。西双版纳州外出务工者首次流动年龄偏小，这可能是其总体外出务工者职业阶层偏低的原因之一。

从民族差别来看，拉祜族外出务工者中是管理人员的人数比例（27%）高于其他民族，而景颇族和布朗族的职业阶层较低，因为他们当中是管理人员的比例（分别是6%和5%）低于其他跨界民族。哈尼族中是管理人员的外出务工者约有10%，傣族和德昂族的这一比例相差不大，分别为15%和13%（如图4—24所示）。所以，云南跨界民族外出务工者中拉祜族的职业阶层较高，而景颇族和布朗族的职业阶层较低。

从是否使用社会资本获取就业途径来看，数据表明没有使用社会关系获取工作的跨界民族外出务工者中约有13%的人是管理者，通过关系网络获取工作的人中约有11%是管理者，说明是否使用社会关系网络在职业阶层上的差异较小（如图4—25所示）。

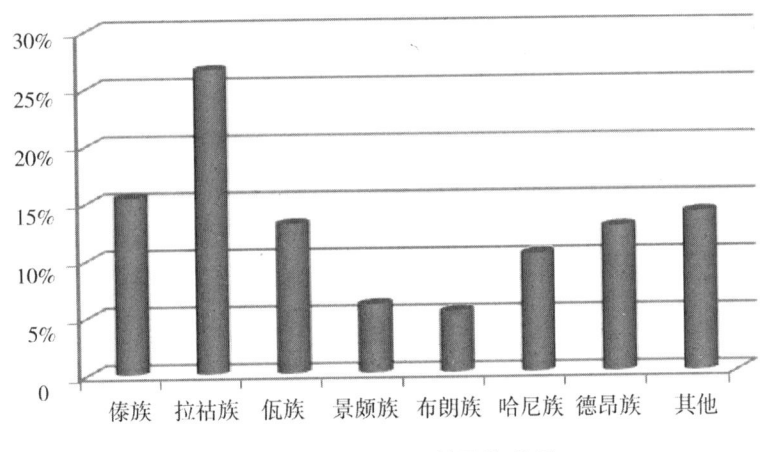

图4—24 管理员工的民族差异

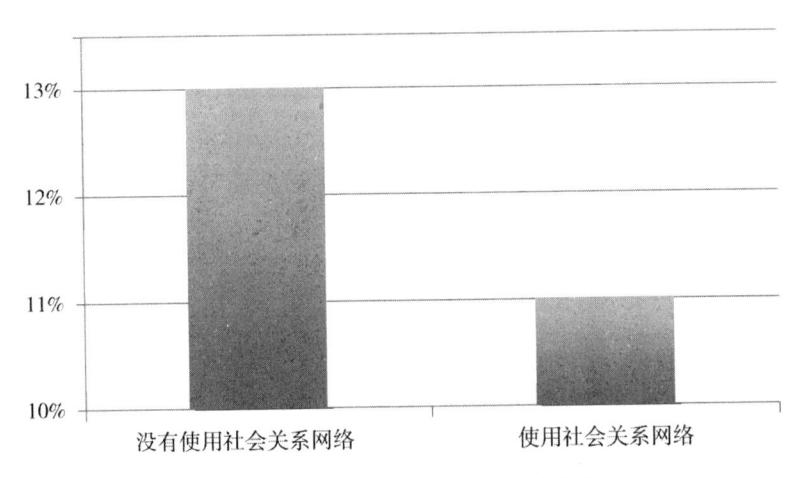

图4—25 使用社会关系网络与管理员工

根据调查数据可以看出，来自云南跨界民族地区外出务工者的样本的平均月工资为1750元（N=2226），而2005年全国1%抽样人口调查中，少数民族流动人口的月平均工资仅约800元。样本数据显示，受访的外出务工者月收入集中在801—1500元之间

（38%），其次有高达20%的受访外出务工者月收入仅在800元及以下，月收入在1501—2000元的受访者占17%，月收入为2001—3000元的受访者占15%，另外还有10%的受访者月收入在3000元及以上（如图4—26所示）。

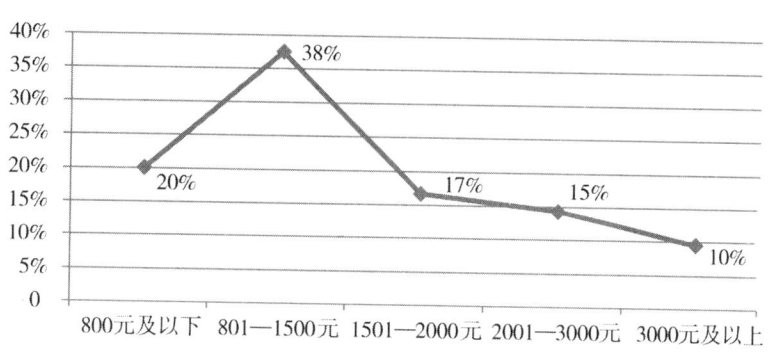

图4—26　跨界民族务工者月收入分布

图4—27反映的是来自不同地州的跨界民族外出务工者异地就业的工资水平。来自西双版纳地区的跨界民族外出务工者中约有一半（54%）的人每月务工收入在801—1500元之间，约有28%的人每月务工收入在800元及以下，这一比例高于其他地区的跨界民族外出务工者。另外，仅有1%的人每月务工收入超过3000元，可以看出，西双版纳的跨界民族外出务工的工资收入水平偏低。普洱地区的跨界民族外出务工者工资收入主要集中在801—1500元之间，工资收入在这一区间的人数比例约为37%。临沧地区的跨界民族外出务工者中约有44%的人工资收入也在801—1500元之间。来自德宏地区的跨界民族外出务工者中有高达21%的人务工收入在3000元以上，这一比例分别高于西双版纳、普洱和临沧约20%、11%和16%。从跨界民族异地就业收入的跨地州比较中可以看出，西双版纳地区的外出务工者工资水平较低，而德宏地区的外出务工者工资水平高于其他地区的人。

值得注意的是，德宏地区的跨界民族外出务工者中约有21%的人工资收入在800元以下，23%的人工资收入在801—1500元之间，较高收入的区间内如 2001—3000 元之间的人数比例约为 22%，3000 元以上的人数比例约为 21%，德宏地区的外出务工者，工资水平呈现出两极分化的趋势。

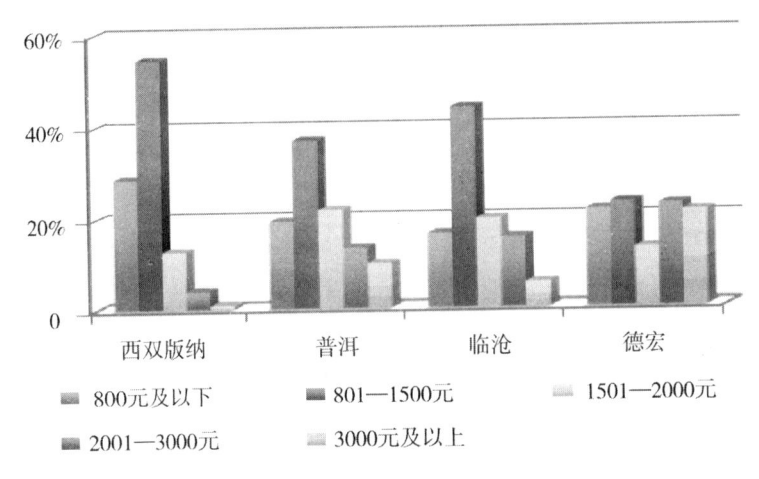

图 4—27 工资收入的地区差异

如图 4—28 所示，德昂族外出务工的工资收入具有特殊性，其外出务工收入总体高于其他跨界民族外出务工者。数据显示，德昂族中约有 25% 的人务工收入在 3000 元以上，这一比例均高于其他跨界民族；约有 23% 的人表示他们的务工收入在 2001—3000 元之间；工资收入在 1501—2000 元之间的人数比例约为 20%；较低收入区间如 801—1500 元之间的人数比例约为 23%，这一比例均低于其他跨界民族；每月务工收入在 800 元及以下的人数比例约为 9%，这一比例也低于其他跨界民族。

景颇族和布朗族每月工资收入偏低，景颇族中约有 43% 的人工资在 800 元及以下，这一比例均高于其他跨界民族；工资收入在 801—1500 元之间的人数比例约为 43%；另外，仅有 1% 的人每月工资超过 3000 元。布朗族中约有 42% 的人工资收入在 801—1500 元之间，约有 39% 的人工资收入不足 800 元，另外仅有 1% 的人工资收入超过 3000 元。傣族和哈尼族中分别有将近一半的人（49% 和 47%）务工收入在 801—1500 元之间。拉祜族和佤族中外出务工者的收入不足800元的人数比例也较高，均约为26%。总体来看，德昂族外出务工所获取的工资收入较高，而景颇族和布朗族外出务工的收入水平相对较低。

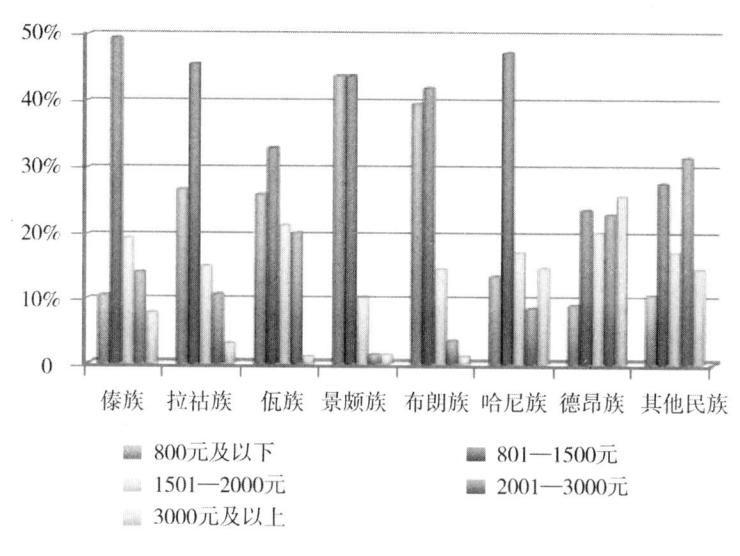

图4—28 工资水平的民族差异

本书对是否使用社会关系网络与工资水平之间的关系进行了逻辑回归分析，本模型中因变量是外出务工的工资水平，工资水平是一个五分类定序变量（五个等级由低到高包括800元及以下、801—1500元、1501—2000元、2001—3000元以及3000元及以上）；自变量包括"是否使用社会关系网络获取工作"、性别、地区、年龄组、民族、教育程度和家庭社会经济地位。

该模型中是否通过社会关系网络获取工作对工资水平具有显著的解释力，其他所有控制变量在工资水平上的差异均具有一定解释力。数据显示，相较于没有使用社会关系网络的人，通过社会关系网络获取工作的跨界民族外出务工者工资水平上升一个等级的比值比低约34%（P<0.001）（如表4—2所示），说明那些通过关系网络获取工作的跨界民族外出务工者工资上涨的可能性比没有使用关系网络获取工作的人低。

表 4—2　　　　　工资水平的有序逻辑模型比值比（OR）

		比值比	标准误
社会资本	使用社会资本	0.660***	0.06
性别	男性	2.368***	0.21
地区	普洱	3.153***	0.66
	临沧	1.743**	0.31
	德宏	8.459***	1.83
年龄组	21—25 岁	2.069***	0.26
	26—35 岁	2.134***	0.28
	36—60 岁	1.263	0.21
民族	拉祜族	0.402***	0.08
	佤族	0.500***	0.09
	景颇族	0.058***	0.01
	布朗族	0.564**	0.12
	哈尼族	0.574*	0.13
	德昂族	1.438*	0.24
	其他民族	1.166	0.23
教育程度	初中未毕业	1.901***	0.27
	初中毕业	1.544***	0.18
	高中及以上	1.742***	0.24
家庭社会经济地位	中等水平	1.211*	0.11
	中下层	1.567**	0.24

注：各自变量的参照组分别为未使用关系网络、女性、西双版纳、13—20 岁、傣族、小学及以下、中上层等。

*$P<0.05$；**$P<0.01$；***$P<0.001$。

控制变量中，相对于女性，男性外出务工工资水平上升一个等级的比值比高约 2.37 倍（$P<0.001$），说明男性的工资水平较高的可能性比女性大。相较于西双版纳地区的跨界民族外出务工者，来自普洱、临沧和德宏地区的人工资水平上升一个等级的比值比高约 3.15 倍（$P<0.001$）、1.74 倍（$P<0.01$）和 8.46 倍（$P<0.001$）。德宏地区跨界民族外出务工者工资水平较高的可能性高于其他地

区，而西双版纳地区的人工资水平较高的可能性最低。相对于13—20岁年龄组的青少年，21—25岁年龄组的青年人和26—35岁年龄组的中青年人工资水平上升一个等级的比值比高约 2.07 倍（P<0.001）和 2.13 倍（P<0.001），36—60 岁年龄组的中老年人与参照组在这一变量上的差异不具有统计显著性。相较于傣族，拉祜族、佤族、景颇族、布朗族和哈尼族工资水平上升一个等级的比值比分别低约 60%（P<0.001）、50%（P<0.001）、94%（P<0.001）、44%（P<0.01）和 43%（P<0.05），而德昂族工资水平上升一个等级的比值比高于傣族约 44%（P<0.05）。可以看出，德昂族工资水平较高的可能性高于其他跨界民族，而景颇族工资水平较低。教育程度对工资水平的影响具有显著性，相较于小学及以下教育程度的跨界民族外出务工者，初中未毕业、初中毕业以及高中及以上学历的人工资水平上升一个等级的比值比分别高约 90%（P<0.001）、54%（P<0.001）和 74%（P<0.001）。教育水平为小学及以下的跨界民族外出务工者工资水平较高的可能性较小。相较于中上层家庭的跨界民族外出务工者，中等水平以及中下层家庭的人工资水平上升一个等级的比值比高约 21%（P<0.05）和 57%（P<0.01）。

综上所述，云南跨界民族地区农村富余劳动力异地就业的工资水平有一些显著的特征：那些使用社会关系网络获取就业机会的跨界民族务工者工资水平上升一个等级的可能性较小；在他们当中，相较于女性，男性的工资水平上升一个等级的可能性大；从地区差异来看，德宏地区的外出务工者工资水平上升一个等级的可能性最高，而西双版纳地区的这一比例最低；从年龄组来看，随着年龄的增长，工资水平上升一个等级的可能性较大；从民族差异来看，外出务工工资水平上升一个等级可能性较大的是德昂族，而景颇族最低；从教育水平的差异来看，小学及以下的跨界民族外出务工者工资水平上升一个等级的可能性最小；最后，从家庭阶层来看，中上层的外出务工者工资水平上升一个等级的可能性小于中等阶层和中下阶层的人。

第四节 劳动强度和工作性质

《劳动法》规定每天劳动时间不能超过 8 小时,本次调查的工作时长以 8 小时和 12 小时为节点来分组。从调查数据中可知,有近一半的受访者(49%)工作时间在正常合理的工作时间内,即 8 小时或 8 小时以下。但是约有 51% 的受访者工作时长超过了 8 小时,其中 44% 的受访者每天工作 8—12 小时,甚至还有 6% 的受访者每天工作 12 小时以上(如图 4—29 所示)。

云南跨界民族地区外出务工人员的工作强度较大,有将近一半的外出务工者每天工作时长都超过了法定的 8 小时。工作强度与工资水平不成比例,表现为工作强度大但是工资水平低。这可能是因为相当一部分外出务工人员在私人或非正规机构就业,加上务工者维权意识和能力不强,所以不得不承受超时工作。

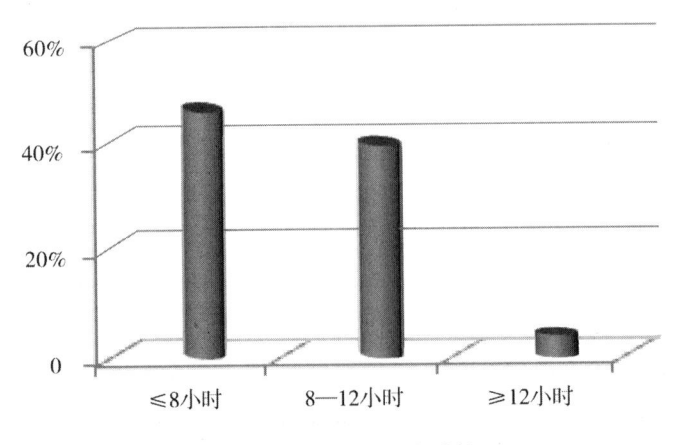

图 4—29 每天工作时长

在第三章中,我们对云南跨界民族外出务工者异地就业工作满意度的调查中,针对是否满意每天工作时间长短进行调查,有 22% 的跨界民族外出务工者认为其每天工作时间过短。由于这一群体在异地就业大多是从事"小时工"等临时工作,在异地找工作难的情况时有发生,每天工作时间长短就意味着他们工资收入的多少。数据显示,约有一半(49%)的跨界民族外出务工者每天工作时间在8小时或8小时以下,每天工作时间过短反映的是他们在异地找不到活干的事实,也是导致他们的工资收入水平降低的原因。

现在再来看工作性质的差异。以往研究表明,农民工由于自身教育程度不高,也缺乏专业技能的培训,更缺乏有助于其职业地位提升的社会资本,所以到了城市或境外只能从事一些当地人不愿意干的工作,即农民工在迁入地始终在次级劳动力市场中徘徊。一份以2834名全国范围内的农民工的调查中显示,农民工主要从事搬运、建筑、加工制造和服务业,其中搬运是纯体力劳动,建筑行业如建筑工地中的泥瓦工、钢筋切割工等,还有农民工多在住宿和餐饮业从事服务工作,以上工种都不具有技术含量,均属于体力劳动。[①] 另外一个关于江苏沿江农民工就业现状的调查结果显示,农民工的工作岗位以操作工为主,也就是生产现场具体实施的劳动者。操作工、临时工这样的工作岗位在生产系列中是低层次的,以体力劳动为主。[②] 黄文芬指出,我国少数民族农村富余劳动力转移的一个阻碍是少数民族农村地区的富余劳动力的综合素质普遍比较低,文化素质、择业观念、技能素质诸多方面都不能适应现代用工企业的需求。[③]

针对云南跨界民族外出务工者的调查数据显示,受访的外出务工人员中体力劳动者占了绝大多数(68%),仅有32%的受访者从事着基于知识和技术的脑力劳动(如图4—30所示)。说明云南跨界民族农村地区的外出务工人员在迁入地多从事非技术劳动,表现为职业阶层较低、劳动强度较大的体力劳动。

[①] 杜毅:《农民工就业现状与对策研究——以2834名农民工为例》,《重庆三峡学院学报》2009年第1期。

[②] 邹农俭:《江苏沿江农民工现状调查报告》,《南京师大学报》(社会科学版)2008年第3期。

[③] 黄文芬:《少数民族地区农村富余劳动力就业现状分析与思考》,《贵州民族研究》2007年第1期。

图 4—30 工作性质

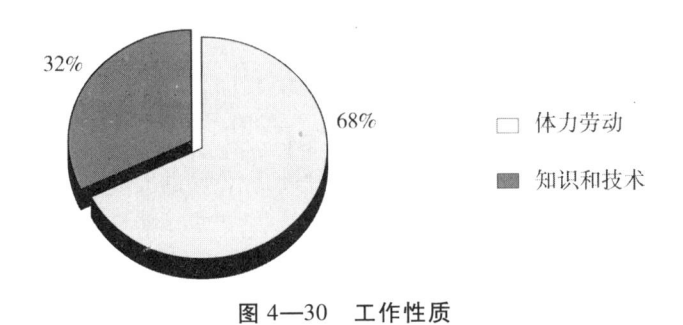

从图 4—31 中我们可以看出,德宏地区的跨界民族中有高达 83% 的人从事体力劳动,仅有 17% 的人从事技术劳动,德宏地区跨界民族中从事体力劳动的人数比例比西双版纳、普洱和临沧地区都高,而从事技术性劳动的人数又均低于其他地区的跨界民族外出务工者。西双版纳、普洱和临沧地区的跨界民族从事体力劳动和脑力劳动的人数比例相差不大。

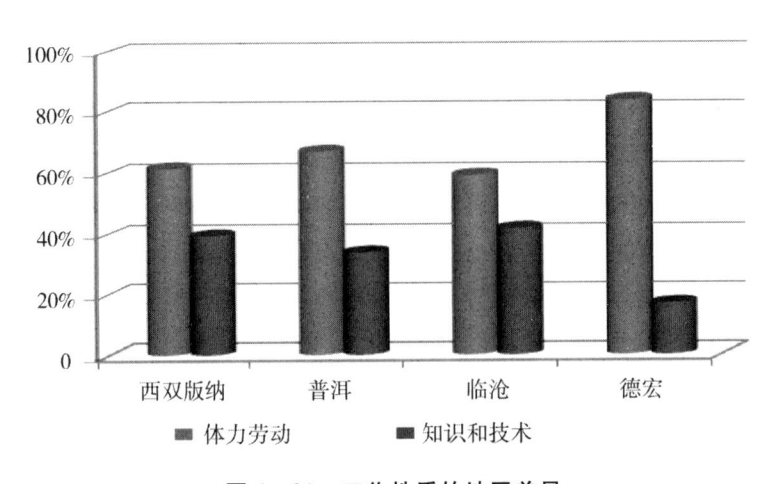

图 4—31 工作性质的地区差异

图 4—32 反映的是各个跨界民族所从事的工作是属于体力劳动还是非体力劳动的情况。首先,景颇族从事体力劳动的人数比例约有 85%,这一比例均高于其他各个跨界民族,相应地,景颇族从事基于知识和技术的工作的人数比例(15%)也低于其他各个跨界民

族。另外，德昂族中约有72%的人从事体力劳动，其余28%的人都是从事非体力劳动的。傣族、拉祜族、佤族、布朗族和哈尼族从事体力劳动和脑力劳动的比例分布相差不大。所调查的跨界民族中，景颇族外出务工者从事体力劳动的人数比例最高，其次是德昂族。

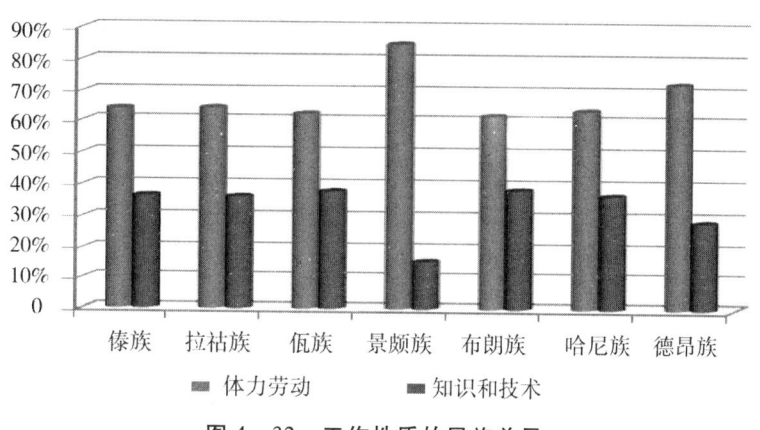

图 4—32　工作性质的民族差异

虽然云南跨界民族外出务工者的教育程度普遍较低，但是也体现出了教育水平越高则越有可能从事脑力劳动的趋势。小学及以下的跨界民族中有高达83%的人从事体力劳动，初中未毕业的这一比例下降为72%，初中毕业中约有69%的人从事体力劳动，高中及以上教育水平的跨界民族就仅有37%的人在从事体力劳动，有超过一半（63%）的人从事着脑力劳动。初中毕业以下文凭的跨界民族务工者工作岗位的属性跳跃不大，但是当教育水平是高中及以上学历时，他们从事脑力工作的比例大幅度地上升（如图4—33所示）。

图4—34中的数据显示，在迁入地是通过关系网络获取工作的跨界民族外出务工者中约有74%的人是从事体力劳动，这一比例比没有使用社会关系网络的人高约15%。另外，通过关系网络获取工作的跨界民族外出务工者中约有26%的人从事知识和技术型工作，这一比例比没有使用社会关系网络的人低约15%。总体来看，在迁入地找工作使用了社会关系网络的跨界民族外出务工者大部分所从事的工作是没有技术含量，处于低级劳动力市场的体力劳动。而通

过劳动力市场等非社会关系网络获取工作的务工人员,可能因为相对受教育程度较高,从事体力劳动的比例较低。

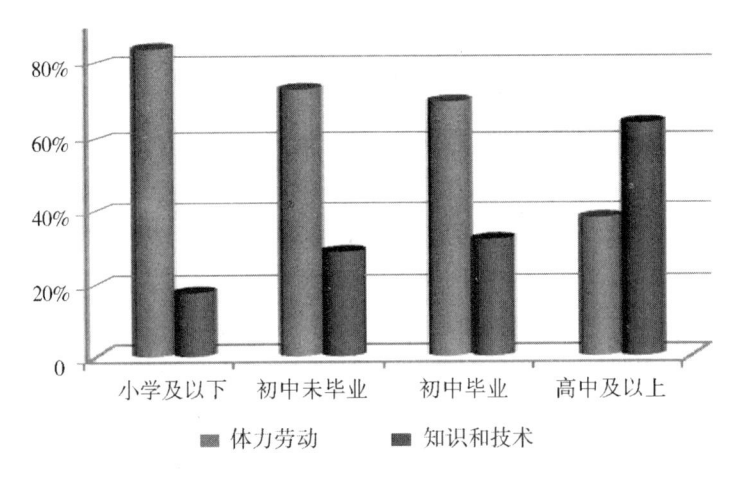

图4—33 工作性质的教育程度差异

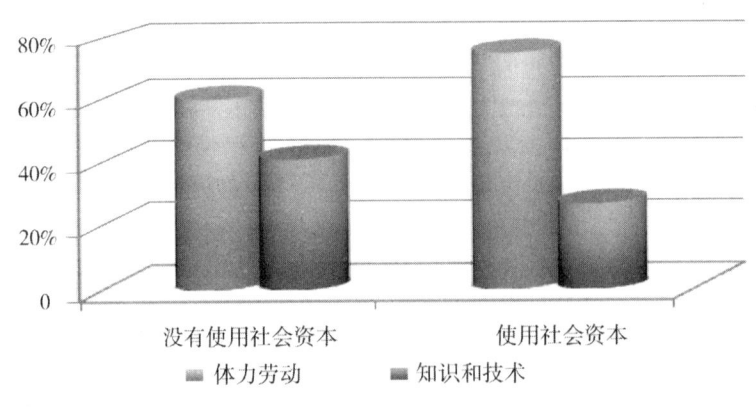

图4—34 使用社会资本与工作性质

第五节 工作待遇和工作满意度

工作待遇或劳动条件在本报告中主要指雇主提供吃住的情况,共分为四种情况,其中45%的受访者表示其雇主是供吃供住的,

11%的受访者的雇主只供吃，16%的受访者的雇主只供住，另外还有28%的受访者的雇主既不供吃也不供住（如图4—35所示）。

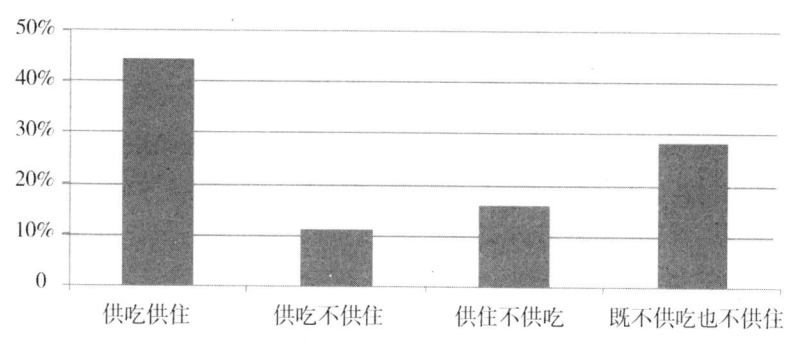

图4—35 雇主供吃供住状况

本次调查通过询问受访者"在做这份工作的地方，老板或雇主是否提供吃住"来测量云南跨界民族外出务工者的待遇状况。问卷中选项分为4项，分别为：（1）供吃供住；（2）供吃不供住；（3）供住不供吃；（4）既不供吃也不供住。由于（2）和（3）之间没有好坏层级的差别，所以本书将（2）和（3）合并，表示"供吃或供住"。最后，有三个维度来描述云南跨界民族外出务工者的待遇，分别为：（1）在工作的地方，老板供吃供住；（2）在工作的地方，老板供吃或供住；（3）在工作的地方老板既不供吃也不供住。以上三种情况分别代表了三种好坏程度不同的待遇状况，具体表示待遇很好、待遇一般和待遇不好。

图4—36反映的是云南跨界民族外出务工者中男性和女性在谋生地待遇的差异。数据显示，女性中有42%的人表示其雇主既供吃也供住，男性雇主既供吃又供住的比例为45%，享受较好待遇的男女差异较小。另外，有24%的女性表示其雇主仅提供住宿或伙食其中一项，有30%的男性表示其雇主提供住宿或伙食；33%的女性表示其雇主既不供吃也不供住，男性表示其雇主既不供吃也不供住的人数比例低于女性约8%，为25%。总体来看，相较于男性，云南跨界民族外出务工者中女性在迁入地所享受的待遇较差。

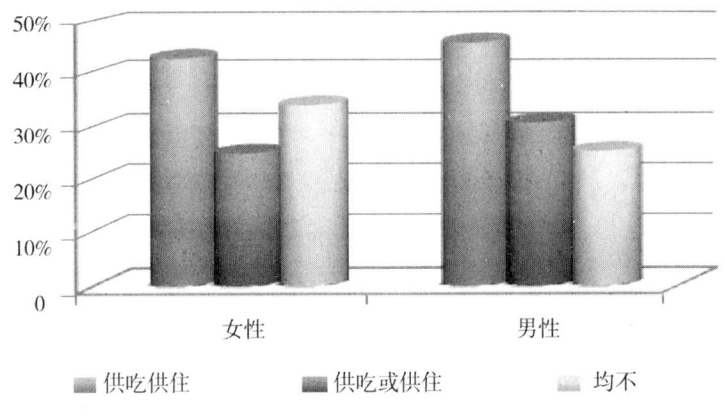

图 4—36　工作待遇状况的性别差异

从图 4—37 中我们可以看出，13—20 岁的青少年中约有一半（52%）的人表示其雇主供吃供住，这一比例均高于其他年龄组的跨界民族外出务工者，21—25 岁年龄组的青年人的这一比例为 42%，26—35 岁年龄组的青壮年的这一比例为 43%，36—60 岁年龄组的中老年人的这一比例为 42%。13—20 岁年龄组的跨界民族外出务工者中有 27% 的人表示其雇主为其提供住宿或伙食，21—25 岁年龄组的这一比例为 34%，26—35 岁年龄组为 23%，36—60 岁年龄组为 15%。其中享受一般待遇，即雇主提供住宿或伙食其中一项的人数比例最高的是 21—25 岁年龄组的青年人。另外，我们发现年龄越大，在谋生地的待遇就越差。数据显示，13—20 岁的青年中约有 21% 的人表示其雇主既不提供住宿也不提供伙食，21—25 岁的这一比例为 24%，26—35 岁为 34%，36—60 岁为 43%。可以看出，随着年龄的增大，跨界民族外出务工者的雇主既不供吃也不供住的人数比例越大，呈线性趋势。总体来看，年龄较大的跨界民族外出务工者在谋生地所能享受到的待遇较差。由于云南跨界民族农村地区的富余劳动力受教育水平普遍较低，在迁入地多从事体力劳动，年龄较大的外出务工者在体力和适应能力上不及年轻人，所以相较于年轻人，雇主为年纪较大的跨界民族外出务工者提供的待遇条件较差。此外，年纪较大的务工者由于有随迁家属，无法享受雇主提供的集体食宿安排，也可能是其中的一个因素。

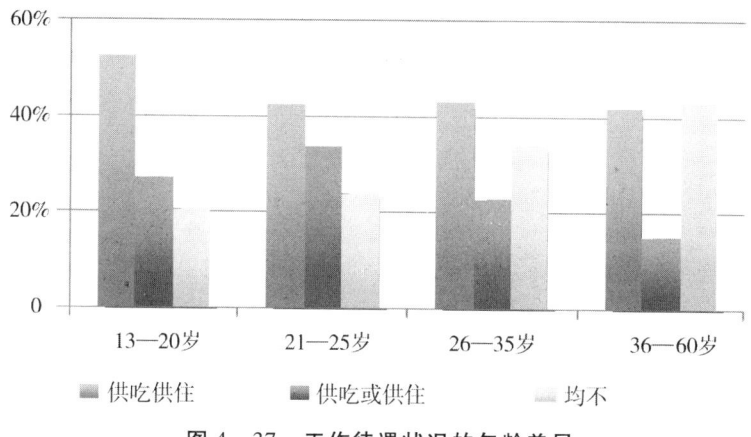

图 4—37 工作待遇状况的年龄差异

图 4—38 反映的是不同教育水平的云南跨界民族外出务工者待遇差异。教育水平方面，小学及以下中有 51% 的人表示其雇主既提供住宿又提供伙食，初中未毕业者的这一比例为 39%，初中毕业者为 47%，高中及以上教育水平的跨界民族外出务工者中有 37% 享受供吃供住的待遇。可以看出，教育水平为高中及以上的云南跨界民族外出务工者在谋生地享受较好待遇的人数比例低于其他教育程度的跨界民族外出务工者。另外，24% 的小学及以下教育水平的跨界民族外出务工者表示能享受免费住宿或免费伙食中的一项，初中未毕业者的这一比例为 36%，初中毕业者为 23%，高中及以上教育水平的跨界民族中有 31% 的人表示其雇主提供住宿或者提供伙食。针对待遇最差的情况，即雇主既不提供吃也不提供住宿的情况下，小学及以下教育程度的跨界民族外出务工者中有 25% 的人没有享受到免费的住宿或伙食待遇，初中未毕业的这一比例也是 25%，初中毕业者为 30%，高中及以上教育水平的跨界民族外出务工者中有 32% 的人表示其雇主既不供吃也不供住。我们发现，教育程度越高的跨界民族外出务工者所能享受到的待遇越差。出现这种情况，可能是因为受教育程度较高的务工者工资待遇较高，相应地对私密性、独立性空间的要求更高，不愿意也不需要依赖雇主提供集体或统一的食宿安排。

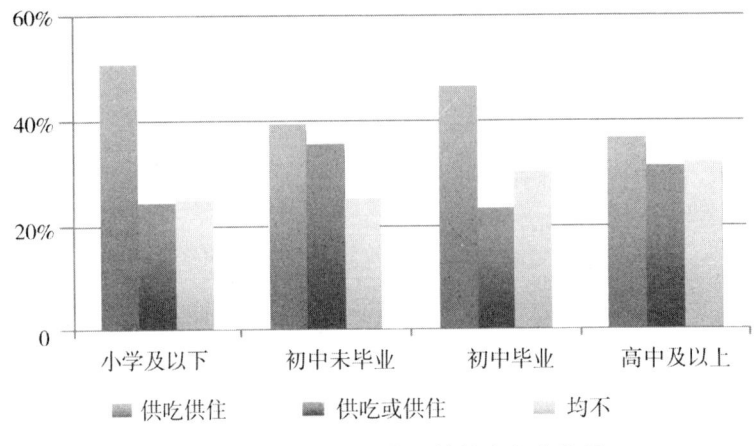

图 4—38 工作待遇状况的教育程度差异

从图 4—39 中我们可以看出，不同社会阶层的家庭在谋生地享受的待遇差异不大，无论哪个阶层，他们的雇主为其提供免费住宿和伙食待遇的人数比例均较高，高于享受较差待遇的人数比例。总体来看，各个家庭社会经济地位的跨界民族外出务工者享受较好待遇的人数比例均较高。

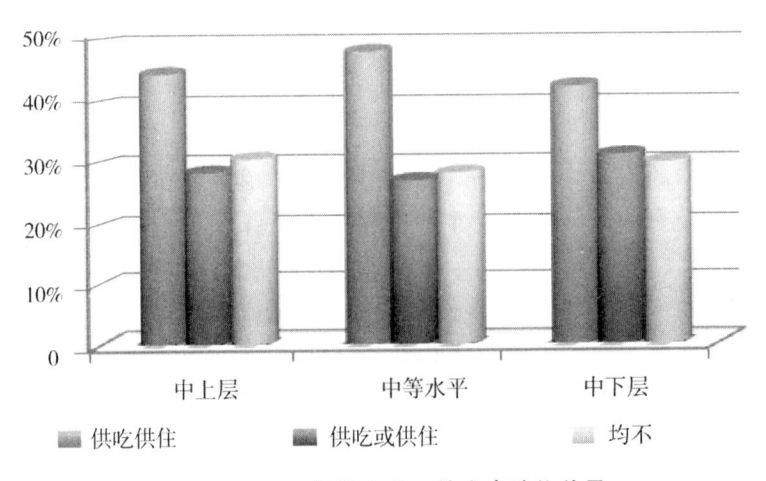

图 4—39 工作待遇状况的家庭地位差异

研究云南跨界民族外出务工者在谋生地待遇状况的地区差异有

助于我们观察跨界民族在迁入地就业时是否受到了地域歧视。图4—40中的数据显示，西双版纳地区的跨界民族外出务工者中约有49%的人在谋生处享受免费的住宿和伙食；普洱的这一比例高于西双版纳，约为54%；从临沧地区外出务工的跨界民族中有41%的人表示其雇主供吃供住；德宏地区的这一比例最低，约为35%。针对待遇一般，即在谋生地享受免费住宿或者免费伙食的情况，西双版纳地区的跨界民族外出务工者中约有25%的人表示享受一般待遇；普洱地区跨界民族的这一比例高于西双版纳，约为32%；临沧地区的跨界民族外出务工者中约有20%的人表示其雇主供吃或者供住；德宏地区跨界民族外出务工者的这一比例为30%。针对待遇较差，即雇主既不提供吃也不提供住宿的情况，从西双版纳地区外出的跨界民族中约有26%的人既没有享受到免费住宿也没有享受到免费伙食；普洱地区的这一比例最低，约为14%；临沧地区的跨界民族的这一比例约为38%；德宏地区的跨界民族的这一比例约为35%。总体来看，从普洱地区外出务工跨界民族在谋生处享受的待遇普遍较好，其次是来自西双版纳地区的跨界民族，但是临沧和德宏地区的跨界民族外出务工者在谋生处享受的待遇较差。

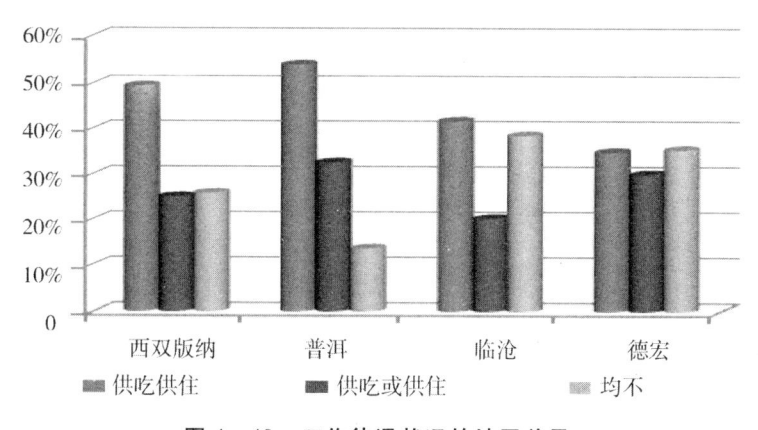

图 4—40 工作待遇状况的地区差异

跨界民族是特殊的少数民族群体，少数民族流动人口一般受到教育程度普遍较低、语言障碍、民族文化特殊性、宗教信仰特殊性的影响,在迁入地往往会受到来自雇主、同事和城市居民的歧视。我们调查了不同跨界民族在谋生处的待遇状况,目的是了解云南跨界民族外出务工者在谋生处的就业过程中是否受到了民族歧视。图4—41中的数据显示,布朗族和拉祜族的外出务工者中约有超过一半(分别约66%和55%)的人表示其雇主既供吃也供住,均高于其他民族。布朗族中有23%的人表示雇主为其提供伙食或者住宿,仅有11%的人表示雇主既不供吃也不供住。拉祜族中有16%的人在谋生处能享受到免费住宿或者免费伙食,有29%的人表示雇主既不供吃也不供住。傣族中约有42%的人表示在谋生处既没有享受免费的住宿也没有享受免费的伙食,37%的人表示雇主供吃供住,另外21%的人表示雇主供吃或者供住。佤族外出务工者中约有44%的人表示雇主供吃供住,29%的人表示供吃或者供住,27%的人表示其雇主既不供吃也不供住。景颇族外出务工者中约有一半(50%)的人表示他们在务工地既没有免费的住宿也没有免费的伙食,说明景颇族享受较差待遇的人数比例高于享受较好待遇的人数比例,约有40%的人表示雇主为其既提供伙食又提供住宿,仅有10%的人表示雇主供吃或者供住。哈尼族的外出务工者中约有48%的人表示雇主供吃供住,另外37%的人表示雇主供吃或者供住,有15%的人表示雇主既不供吃也不供住。最后,德昂族中约有37%的人表示在务工地

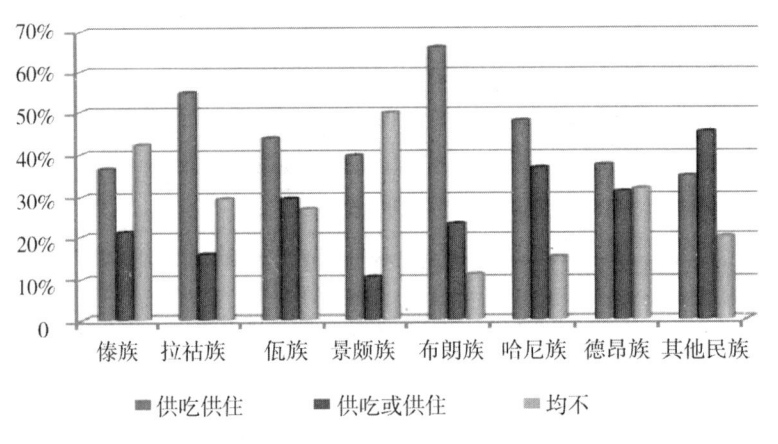

图4—41 工作待遇状况的民族差异

享受供吃供住的待遇，31%的人享受供吃或者供住的待遇，32%的人表示其雇主既不供吃也不供住。总体来看，布朗族和拉祜族的外出务工者在务工地享受的待遇较好，而傣族和景颇族享受的待遇较差。

云南跨界民族外出务工者在异地的工作待遇从侧面反映出了他们的工资水平，工作待遇好能减少外出务工者在吃饭和住宿方面的开支以及生活成本，从而提高了他们外出务工的工资水平。跨界民族外出务工者的社会关系网络是否对提高其工作待遇有所帮助，我们对"是否使用社会关系网络获取工作"与工作待遇等级之间做了逻辑回归分析。

因变量是待遇状况，待遇由差到好分为三个等级：（1）待遇不好（既不供吃也不供住）；（2）待遇一般（供吃或供住）；（3）待遇很好（既供吃也供住）。由于因变量"工作待遇"为有序分类变量，所以我们采取的统计方法是 ologit 模型。自变量包括"是否使用社会关系网络"、性别、地区、年龄组、民族、教育程度和家庭社会经济地位。

从表4—3中可以看出，是否使用社会关系网络获取工作在工作待遇上的差异并不明显，且不具有统计显著性。控制了其他变量后数据显示，相较于没有使用社会关系网络的人，通过关系网络获取工作机会的跨界民族外出务工者的工作待遇提高一个等级的比值比高约10%。

表4—3　　　　　　待遇状况的逻辑模型比值比（OR）

		比值比	标准误
社会资本	使用社会资本	1.101	0.11
性别	男性	1.145	0.11
地区	普洱	5.762***	1.36
	临沧	2.237***	0.45
	德宏	1.662*	0.37
年龄组	21—25岁	0.803	0.10
	26—35岁	0.564***	0.08
	36—60岁	0.557***	0.10

续表

		比值比	标准误
民族	拉祜族	0.805	0.17
	佤族	0.688	0.14
	景颇族	1.215	0.31
	布朗族	7.310***	1.74
	哈尼族	1.206	0.28
	德昂族	1.372	0.25
	其他民族	1.915***	0.39
教育程度	初中未毕业	0.577***	0.08
	初中毕业	0.671***	0.08
	高中及以上	0.592***	0.09
家庭社会经济地位	中等水平	1.230*	0.12
	中下层	1.076	0.17

注：各自变量的参照组分别为未使用关系网络、女性、西双版纳、13—20 岁、傣族、小学及以下、中上层等。

* $P<0.05$；** $P<0.01$；*** $P<0.001$。

控制变量中，相较于女性，男性的工作待遇上升一个等级的比值比高约 15%，但统计显著性不足。相较于西双版纳地区的外出务工者，普洱、临沧和德宏地区的跨界民族外出务工者在异地就业时工作待遇上升一个等级的比值比高达 5.76 倍（$P<0.001$）、2.24 倍（$P<0.001$）和 1.66 倍（$P<0.05$）。就年龄差异来看，相较于 13—20 岁年龄组的青少年，21—25 岁年龄组的青年人、26—35 岁年龄组的中青年以及 36—60 岁年龄组的中老年工作待遇上升一个等级的比值比分别低约 20%、44%（$P<0.001$）和 44%（$P<0.001$）。相较于傣族，拉祜族和佤族工作待遇上升一个等级比值比分别低约 19% 和 31%，但是差异并不具有统计显著性；景颇族、布朗族、哈尼族和德昂族工作待遇上升一个等级的比值比较傣族高约 1.22 倍、7.31 倍（$P<0.001$）、1.21 倍和 1.37 倍。数据显示，教育程度在工作待遇方面的差异具有显著的统计性。相较于小学及以下教育程度的人，初中未毕业、初中毕业和高中及以上教育程度的跨界民族外出务工者工作待遇上升一个等级的比值比分别低约 42%

（P<0.001）、33%（P<0.001）和41%（P<0.001）。相较于中上层家庭的人，中等水平家庭的跨界民族外出务工者的工作待遇上升一个等级的比值比高约23%（P<0.05），而家庭社会阶层为中下层的外出务工者与中上层外出务工者在工作待遇上的差异较小且不具有统计显著性。

由此，云南跨界民族地区农村富余劳动力异地就业的工作待遇状况总结如下：第一，使用社会与关系网络获取工作机会的外出务工者获取更好工作待遇的可能性较大；第二，男性比女性获得更好工作待遇的可能性较大；第三，工作待遇上升一个等级可能性从大到小的地区排序是：普洱、临沧、德宏和西双版纳；第四，年龄越大的跨界民族外出务工者，工作待遇上升的可能性越小；第五，布朗族工作待遇上升一个等级的可能性高于其他跨界民族；第六，小学及以下教育程度的外出务工者工作待遇上升一个等级的可能性高于其他教育程度；第七，社会阶层为中等水平的跨界民族外出务工者工作待遇较高的可能性高于中上层阶层的外出务工者。

人们之所以背井离乡，离开熟悉的居住地迁移到城市等地区务工，一方面固然是因为居住地劳动力过剩、经济欠发达、就业机会不足等原因；但另一方面迁移者也是为了获得更高的收入和更好的生活环境而做出的主动选择，这也是改革开放以来中西部大量劳动力涌向沿海等经济发达地区的重要原因。

农民工外出谋生一个最基本的动机就是希望通过务工来增加个体和家庭的收入，因此，收入是否达到期望显然是影响个体作出一系列抉择的重要因素。本问卷调查了受访者对目前的工资收入的满意度，回答分为三个档次：满意、一般和不满意，结果显示大部分受访者认为目前的工资收入处于可接受范围，其中17%的受访者表示满意，60%的受访者表示一般，但仍有23%的受访者表示对目前的收入不满意（如图4—42所示）。相较于从事农业生产，进城务工获得的收入显然普遍较高，大部分受访者认为付出与收获在合理范围内。但由于城乡二元结构的区隔，以及务工人员的受教育水平、技能水平等普遍不高，加之云南少数民族农民工在宗教信仰、民族风俗、语言交流和生活方式上都与城市人存在很大的差异，这些都对农民工的就业构成障碍，使得大部分务工人员只能从事较低层次的社会职业，相对工资收入低，这可能就是23%的受访者表示对工资收入不满意的原因。

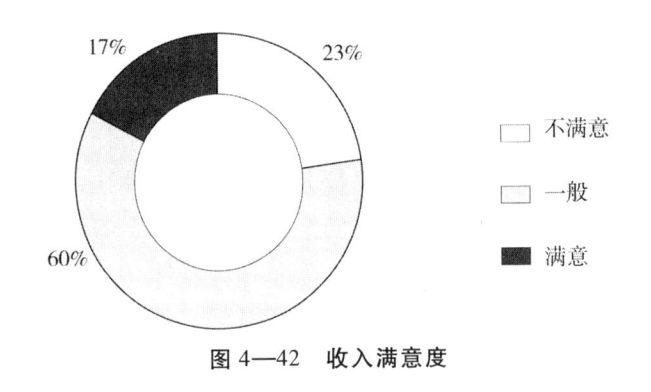

图4—42 收入满意度

除了工资收入低，进城务工人员常常面临的另一个问题就是工作条件恶劣。由于农民工人力资本积累较少，他们只能从事低级的体力劳动，这些工作常常使人暴露在高空、高温、噪声、污染等的威胁下，劳动安全措施因此显得非常关键。本问卷询问了受访者对于雇主提供的工作安全措施的满意度，结果显示绝大部分受访者认为工作安全措施在可接受范围内，其中约30%的受访者表示满意，62%的受访者表示一般，仅有约8%的受访者表示不满意（如图4—43所示），表明随着社会经济发展，城市雇主加强了安全意识，相关保障工作得到较大的改善。

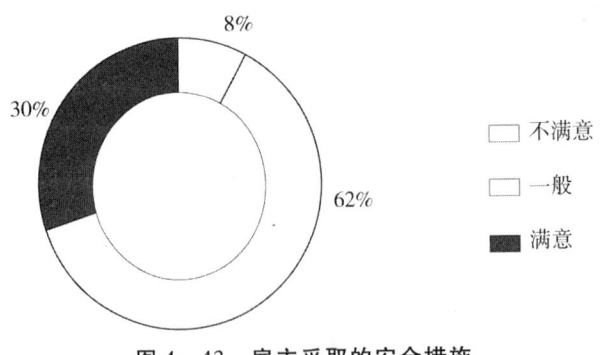

图4—43 雇主采取的安全措施

此外，问卷还分别就工作时长、工作环境和雇主态度三个方面调查了受访者的满意度，总体来看，绝大部分受访者认为这些条件都在可接受范围内（均超过70%）。其中，在工作时长方面，仅有2%的受访者表示工作时间过长，表明高强度超时工作的情况较少，但约有22%的受访者表示工作时间过短（如图4—44所示），这有可能是农民工习惯了在农村的长时间劳作，对城市8小时工作制没有完全适应；也有可能是就业不充分的体现，因问卷没有进一步询问的详细信息，暂时存疑。工作环境方面，17%的受访者表示环境很好，71%的受访者表示环境一般，两项合计即88%的受访者表示工作环境在可接受范围内，仍有12%的受访者表示环境差（如图4—45所示），由于农民工往往从事底层工作，这一反馈在调查者预期内。针对雇主的态度，70%的受访者表示一般，25%的受访者表示很好，两项合计即95%的受访者认为雇主态度在可接受范围内，仅有5%的受访者表示雇主态度恶劣（如图4—46所示）。这与之前问卷中关于是否遭受歧视的调查结果相呼应，绝大多数（均超过70%）受访者表示没有遭受过歧视，表明整体环境较为友好；而95%的受访者认为雇主态度在可接受范围内，进一步表明城市环境总体较好，雇主素质普遍较高。

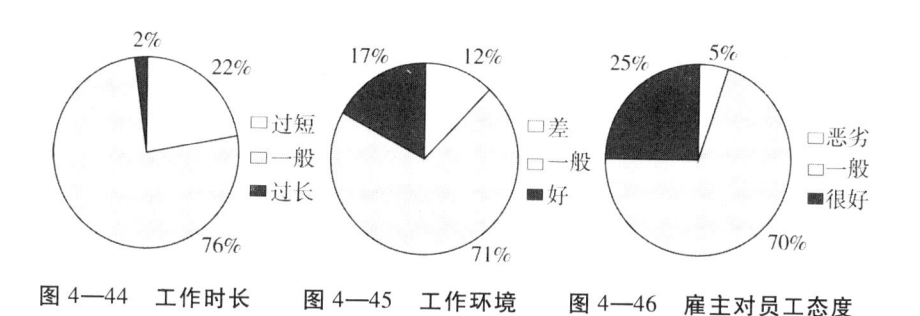

图4—44 工作时长　　图4—45 工作环境　　图4—46 雇主对员工态度

接下来对云南跨界民族农村剩余劳动力异地就业时对工作满意度和社会资本进行逻辑回归分析，统计方法为序次逻辑回归分析。因变量工作满意度由低到高分为三个等级：（1）不满意；（2）一般；（3）满意。自变量包括"是否使用社会关系网络获取工作机会"、性别、地区、年龄组、民族、教育程度和家庭社会经济地位。

模型1是关于跨界民族外出务工者对异地就业的工资收入的满意度的逻辑回归分析。自变量"是否使用社会关系网络获取工作机会"对工资收入满意度上具有差异,但统计显著性不足。控制其他变量不变时,相较于不使用社会关系网络获取工作的人,那些通过关系网络获取工作的跨界民族外出务工者对工资水平满意度上升一个等级的比值比低约14%(如表4—4所示),说明使用社会关系网络获取工作机会的跨界民族外出务工者对工资满意度较低。

其他自变量均对工资水平满意度具有一定解释力。控制其他变量后,相对于女性来说,男性对工资收入满意度上升一个等级的比值比高约24%($P<0.05$)。相对于西双版纳地区的跨界民族外出务工者,普洱和临沧地区的外出务工者对工资满意度上升一个等级的比值比高约2.05倍($P<0.01$)和1.73倍($P<0.01$),而德宏地区的外出务工者对工资满意度上升一个等级的比值比仅约是参照组的一半(低约43%,$P<0.05$)。相较于13—20岁年龄组的青少年来说,26—35岁年龄段的中青年对工资收入满意度上升一个等级的比值比高约43%($P<0.05$)。另外,21—25岁年龄组的青年人和36—60岁年龄组的中老年人对工资收入满意度上升一个等级的比值比低约7%和15%,不具有统计显著性。

表4—4 　　　　跨界民族外出务工者对工作满意度的
有序逻辑模型比值比(OR)

		模型1:工资收入		模型2:工作环境/条件	
		比值比	标准误	比值比	标准误
社会资本	使用社会资本	0.863	0.09	0.876	0.10
性别	男性	1.243*	0.12	0.580***	0.06
地区	普洱	2.048**	0.48	1.220	0.31
	临沧	1.733**	0.34	1.691*	0.36
	德宏	0.569*	0.13	0.681	0.17

续表

		模型 1: 工资收入		模型 2: 工作环境/条件	
		比值比	标准误	比值比	标准误
年龄组	21—25 岁	0.933	0.13	1.394*	0.21
	26—35 岁	1.428*	0.21	1.178	0.19
	36—60 岁	0.852	0.15	0.884	0.17
民族	拉祜族	0.591*	0.12	0.633	0.15
	佤族	0.319***	0.07	0.975	0.22
	景颇族	0.775	0.19	1.724*	0.47
	布朗族	1.481	0.33	1.012	0.25
	哈尼族	0.746	0.18	0.917	0.24
	德昂族	1.248	0.22	0.766	0.15
	其他民族	1.110	0.23	0.988	0.24
教育程度	初中未毕业	1.026	0.15	1.203	0.20
	初中毕业	1.068	0.13	1.044	0.14
	高中及以上	0.639**	0.09	0.981	0.16
家庭社会 经济地位	中等水平	1.230*	0.12	1.527***	0.17
	中下层	1.902***	0.31	1.545*	0.28

注：各自变量的参照组分别为未使用关系网络、女性、西双版纳、13—20 岁、傣族、小学及以下、中上层等。

* P<0.05；** P<0.01；*** P<0.001。

表 4—5　　跨界民族外出务工者对工作满意度的
　　　　　　有序逻辑模型比值比（OR）（续）

		模型 3: 雇主对员工的态度		模型 4: 雇主采取的安全措施	
		比值比	标准误	比值比	标准误
社会资本	使用社会资本	0.583***	0.07	1.114	0.12
性别	男性	0.989	0.11	1.187	0.12

续表

		模型3: 雇主对员工的态度		模型4: 雇主采取的安全措施	
		比值比	标准误	比值比	标准误
地区	普洱	1.078	0.28	1.282	0.32
	临沧	2.288***	0.50	4.605***	0.98
	德宏	1.732*	0.44	1.963**	0.48
年龄组	21—25岁	1.048	0.16	1.514**	0.21
	26—35岁	1.128	0.18	1.383*	0.21
	36—60岁	1.439	0.29	1.514*	0.29
民族	拉祜族	1.636*	0.36	1.622*	0.35
	佤族	0.821	0.19	1.879**	0.40
	景颇族	0.470*	0.14	0.865	0.23
	布朗族	0.983	0.25	0.697	0.17
	哈尼族	2.002**	0.52	2.215**	0.56
	德昂族	0.132***	0.03	0.802	0.15
	其他民族	2.893***	0.68	2.008**	0.45
教育程度	初中未毕业	1.161	0.20	1.013	0.16
	初中毕业	0.872	0.12	1.052	0.14
	高中及以上	0.406***	0.07	0.486***	0.08
家庭社会 经济地位	中等水平	1.129	0.13	0.945	0.10
	中下层	1.451*	0.27	2.030***	0.34

注：各自变量的参照组分别为未使用关系网络、女性、西双版纳、13—20岁、傣族、小学及以下、中上层等。

* $P<0.05$；** $P<0.01$；*** $P<0.001$。

从族群差异来看，相对于傣族来说，拉祜族、佤族、景颇族和哈尼族对工资收入满意度上升一个等级的比值比分别低约41%（$P<0.05$）、68%（$P<0.001$）、22%和25%。另外，布朗族和德昂族对工资收入满意度上升一个等级的比值比高约48%和25%，但不具有统计显著性。相较于教育程度为小学及以下的跨界民族外

出务工者，高中及以上学历的人对工资收入满意度上升一个等级的比值比低约36%（P<0.01），而初中未毕业和初中毕业与参照组在这一变量上差异较小且不具有统计显著性。最后，家庭社会经济地位对工资收入满意度具有显著统计性，数据显示，相较于中上层家庭的外出务工者来说，中等水平和中下层家庭的人对外出务工工资满意度上升一个等级的比值比高约23%（P<0.05）和90%（P<0.001）。

综上所述，云南跨界民族地区农村富余劳动力对异地就业工资水平满意度评价的情况如下：（1）使用社会关系网络获取工作的人对工资收入满意度低于没有通过关系网络获取工作的人；（2）男性对工资收入的满意度高于女性；（3）对工资收入满意度评价由好到坏的地区排序分别为：普洱、临沧、西双版纳和德宏地区；（4）年轻人对工资收入的满意度大于中老年人；（5）佤族和拉祜族对工资收入的满意度低于其他跨界民族；（6）高中及以上教育程度的人对工资满意度较低，究其原因可能是这部分人尽管拥有比其他跨界民族外出务工者更高的学历，但是受到综合素质较差、少数民族身份以及制度阻隔等一系列障碍，他们对异地务工的工资水平满意度依然较低；（7）家庭社会经济地位越低的外出务工者对工资收入的满意度越高。

模型2是关于跨界民族外出务工者对工作环境或条件满意度的逻辑回归分析。自变量"是否使用社会关系网络获取工作机会"对因变量工作环境满意度上具有差异，但统计显著性不足。另外，性别、地区、年龄、民族和家庭社会经济地位对这一变量具有一定解释力，教育程度在这一变量上的差异不具有统计显著性。控制其他变量后，相较于没有使用社会关系网络获取工作的人，通过自己的关系网络获取工作机会的人对工作环境或条件的满意度上升一个等级的比值比低约12%。男性对工作环境的满意度上升一个等级的比值比低于女性约42%（P<0.001）。相较于西双版纳地区，普洱和临沧地区的跨界民族外出务工者对工作环境的满意度上升一个等级的比值比高约22%和69%（P<0.05），而德宏地区的外出务工者对工作环境满意度上升一个等级的比值比低于西双版纳约32%，但不

具有统计显著性。相对于 13—20 岁年龄组的青少年，21—25 岁的青年人和 26—35 岁的中青年对工作环境满意度上升一个等级的比值比高约 39%（P<0.05）和 18%。36—60 岁年龄组的中老年人与参照组在这一变量上的差异不具有统计显著性。相较于傣族，景颇族对工作环境满意度上升一个等级的比值比高约 72%（P<0.05）。另外，拉祜族和德昂族对工作环境满意度上升一个等级的比值比低约 37%和 23%，佤族、布朗族和哈尼族与傣族在这一变量上的差异较小且不具有统计显著性。相对于中上层家庭的跨界民族外出务工者，来自中等水平和中下层家庭的人对工作环境满意度上升一个等级的比值比高约 53%（P<0.001）和 55%（P<0.05）。

综上所述，云南省跨界民族地区农村富余劳动力外出务工时对工作环境及条件的满意度评价总结如下：（1）通过社会关系网络获取工作机会的人对工作环境和条件的满意度低于那些没有通过关系网络找到工作的人；（2）女性对工作环境的满意度高于男性；（3）临沧地区的外出务工者对工作环境条件的满意度高于其他地区的人；（4）年轻人对工作环境的满意度高于中老年人；（5）景颇族对外出工作环境和条件满意度高于其他跨界民族；（6）家庭社会阶层为中上层的跨界民族外出务工者对工作环境的满意度低于中等水平和中下层家庭的人。

模型 3 是关于跨界民族外出务工者对雇主态度评价的逻辑回归分析。自变量"是否使用社会关系网络获取工作"在对雇主态度满意度上的差异具有统计显著性。另外，地区、民族、教育程度和家庭社会经济地位对这一变量具有一定解释力，而性别、年龄和家庭社会经济地位则不具有统计显著性。控制了其他变量后，相较于没有通过关系网络获取工作的人，那些使用社会关系找到工作的外出务工者对雇主态度满意度上升一个等级的比值比低约 42%（P<0.001）（如表 4—5 所示）。相对于女性，男性对雇主态度的满意度上升一个等级的比值比低约 1%，这一变量的性别差异较小且不具有统计显著性。相对于西双版纳地区的跨界民族外出务工者，临沧和德宏地区的人对雇主态度满意度上升一个等级的比值比高约 2.29 倍（P<0.001）和 1.73 倍（P<0.05），而普洱与西双版纳的跨界

民族外出务工者在这一变量上差异较小且不具有统计显著性。

从年龄组差异看,相较于13—20岁年龄段的青少年来说,21—25岁的青年人、26—35岁的中青年以及36—60岁的中老年人对雇主态度满意度上升一个等级的比值比高约5%、13%和44%,不具有统计显著性。相对于傣族来说,拉祜族和哈尼族对雇主态度满意度上升一个等级的比值比高约1.64倍（$P<0.05$）和2倍（$P<0.01$）。另外,佤族、景颇族和德昂族对雇主态度满意度上升一个等级的比值比比傣族分别低约18%、53%（$P<0.05$）和87%（$P<0.001$）。布朗族与傣族在这一变量上差异较小也不具有统计显著性。相较于小学及以下教育程度的跨界民族外出务工者,初中毕业和高中及以上教育程度的人对雇主态度满意度上升一个等级的比值比低约13%和59%（$P<0.001$）,初中未毕业教育程度的人对雇主态度满意度上升一个等级的比值比高约16%。最后,相较于来自中上层家庭的跨界民族外出务工者,来自中等水平和中下层家庭的人对雇主态度满意度上升一个等级的比值比高约13%和45%（$P<0.05$）。

雇主是外出务工者在迁入地接触较多的上层,他们对从跨界民族地区外出务工人员的态度是其实现城市融入的关键,雇主对员工态度较好则有助于跨界民族外出务工者在心理上放下对城市的抵触和恐惧,增加其在城市发展和生活的自信心。根据以上数据描述,云南跨界民族地区农村富余劳动力异地就业时对雇主态度满意度的情况总结如下:（1）那些拥有社会关系的跨界民族外出务工者对雇主态度满意度较低;（2）对雇主态度满意度的评价在性别上的差异较小;（3）临沧和德宏地区的跨界民族外出务工者对雇主态度的满意度较高;（4）中老年人较年轻人对雇主态度的满意度高;（5）各个跨界民族中,哈尼族和拉祜族对雇主态度的满意度较高,而德昂族和景颇族较低;（6）教育程度为高中及以上的人对雇主态度满意度较低;（7）家庭社会经济地位越低的人对雇主态度满意度越高。

模型4是关于跨界民族外出务工者对雇主针对他们工作所采取的安全措施评价的逻辑回归分析。除了"是否使用社会关系网络获取工作"和性别在这一变量上差异的统计显著性不强之外,其他变量均具有一定解释力。控制其他变量后,使用社会关系获取工作机会的人对雇主采取的安全措施的满意度上升一个等级的比值比高于没有使用关系网络的人约11%。男性对雇主采取的安全措施的满意度上升一个等级的比值比高于女性约19%,但不具有统计显著性。相对于西双版纳地区的跨界民族外出务工者,普洱、临沧和德宏地区的人对雇主采取的安全措施满意度上升一个等级的比值比高约1.28倍、4.61倍（P<0.001）和1.96倍（P<0.01）。相较于13—20岁的青少年外出务工者,21—25岁、26—35岁和36—60岁年龄组的人对雇主采取安全措施满意度上升一个等级的比值比高约51%（P<0.01）、38%（P<0.05）和51%（P<0.05）。相较于傣族,拉祜族、佤族和哈尼族对雇主采取的安全措施的满意度上升一个等级的比值比高约62%（P<0.05）、88%（P<0.01）和2.22倍（P<0.01）。另外,景颇族、布朗族和德昂族对雇主采取安全措施的满意度上升一个等级的比值比低约13%、30%和20%。高中及以上教育程度的跨界民族外出务工者对雇主采取的安全措施的满意度上升一个等级的比值比低约51%（P<0.001）。另外,初中未毕业和初中毕业的人与参照组在这一变量上的差异较小且不具有统计显著性。相较于来自中上层家庭的跨界民族外出务工者,来自中下层家庭的人对雇主采取安全措施满意度上升一个等级的比值比高约2.03倍（P<0.001）,来自中等水平家庭的人与参照组在这一变量上的差异较小且不具有统计显著性。

雇主针对务工者工作所采取的安全措施和在工作场地中所做的安全准备是对外出务工者人身安全和工作安全基本权益的保护,云南跨界民族外出务工者对雇主采取安全措施满意度的评价反映了他们在城市和谋生地缺乏安全保护意识以及用人单位对员工的人身安全保护的力度。通过以上数据,云南跨界民族地区农村富余劳动力异地就业时对雇主采取的安全措施满意度的情况如下:（1）那些通过社会关系网络获取工作的人比没有使用关系网络的人对雇主采取的安全措施满意度高;（2）男性对雇主采取的安全措施的满意度高于女性;（3）临沧地区的外出务工者对雇主采取安全措施的满意度高于其他地区的外出务工者；（4）13—20 岁年龄组的青少年对雇主采取安全措施的满意度最低；（5）拉祜族、佤族和哈尼族对雇主采取安全措施的满意度高于其他跨界民族；（6）高中及以上教育程度的外出务工者对雇主采取安全措施的满意度最低；（7）来自中下阶层家庭的外出务工者对雇主采取安全措施的满意度高于其他阶层的人。

小　结

　　本章根据问卷调查和数据样本，重点讨论了云南跨界民族地区外出务工者的就业现状，包括首次流动年龄、工作稳定性、行业分布、工资水平和劳动强度、工作性质、工作待遇以及工作满意度等方面的情况。总体来说，云南跨界民族地区外出务工者在迁入地的就业状况与以往研究中的其他流动人口具有很多相似的地方，如外出务工者以年轻人为主、工作流动性较大、职业阶层低、工资水平低、劳动强度大等。同时，样本数据显示云南跨界民族地区外出务工者的就业现状也具有一些独有的特征，主要表现在以下几个方面：

　　云南跨界民族地区外出务工者样本的首次流动年龄主要集中在 18—20 岁，值得注意的是，首次流动年龄在 10—17 岁之间的受访者也不少，存在相当数量的未成年人流动人口。这一方面说明跨界民族地区义务教育普及率较低，另一方面也说明这些未成年人多通过非正规渠道实现异地就业。教育程度低、非正规渠道就业，都表明这部分务工者的就业状况不会很好。就工作稳定性来说，样本所在地外出务工人员的工作流动性较大，在一个单位的工作周期较短。而在行业分布方面，样本行业分布主要集中在一些非技术劳动岗位，如自雇经营、餐饮服务业、建筑装修业等。值得注意的是，样本所在地的跨界民族外出务工者中从事最多的行业是拥有 10 名以上雇员的雇主（约 20%），由于少数民族的特有民族文化和民族特殊性，很多少数民族外出经商买卖一些具有民族特色的产品，如经营本民族的服饰和饮食或所在地区盛产的食物、药材等。因此，依托民族文化资源，部分少数民族进城务工人员也能获得较好的就业机会。职业阶层方面，受访者中绝大多数（86%）没有管理员工，他们是工作在最底层的一般员工，仅有14%的受访者管理着员工。这表明跨界民族外出务工者绝大多数职业阶层较低，主要从事非技术、非管理性的劳动。就工作待遇和工资收入方面，大部分受访者表示目前的待遇和工资收入处于可接受范围，表明相对小农经营，对跨界民族外出务工者来说外出打工仍具有相对的效益优势。

第 五 章

云南跨界民族务工者的消费与储蓄状况

国内有学者认为中国农民工的消费具有典型的矛盾性，主要表现为他们一方面积极迎合城市居民的消费习惯，试图融入城市实现身份认同；另一方面，又保持着农民淳朴节省的消费观念，尽可能通过储蓄并汇钱回家来增加家庭收入。① 农民工的消费出现矛盾性的原因包括收入水平低、制度阻碍和身份认同问题等。农民工市民化程度是影响农民工消费水平的因素，农民工市民化程度低增加了其收入的不确定性及医疗卫生支出和子女教育支出的不确定性，这些不确定性抑制了农民工在迁入地的消费。所以要提高农民工消费，首先应该增强其市民化程度，保障其在迁入地的收入稳定，减少其在社会保障和子女义务教育等方面支出的不确定性，从而提高农民工的消费。② 孔祥利等认为农民工消费水平受经济、社会以及个人三个条件的制约。③ 具体来看，由于农民工教育程度普遍较低，并且他们在迁入地的工作一般是通过非正规渠道获取的，非正规就业造成农民工的工资收入不稳定、劳动强度大、缺乏社会保障和医疗保险以及较好的工作权益。所以，面对工资收入较低和不稳定的情况，农民工的消费能力普遍较低。其次，由于制度阻碍，农民工在迁入地与城市居民所享受的公共福利被区别开，农民工子女的教育制度、住房保障制度、医疗保障制度等不完善，制度的不完善增

---

① 唐有财：《新生代农民工消费研究》，《学习与实践》2009 年第 12 期。
② 钱文荣、李宝值：《不确定性视角下农民工消费影响因素分析——基于全国 2679 个农民工的调查数据》，《中国农村经济》2013 年第 11 期。
③ 孔祥利、粟娟：《我国农民工消费影响因素分析——基于全国 28 省区 1860 个样本调查数据》，《陕西师范大学学报》（哲学社会科学版）2013 年第 1 期。

加了农民工的预期支出,迫使农民工理性地选择增加预防性储蓄,这样一来农民工的消费水平就会有所降低。最后,农民工的消费习惯会随着婚姻状况、务工地区的变化、工作职位的升迁、工作行业的变化和人力资本的提高而变化。

第一节　在谋生地的开支

调查数据显示,受访者在迁入地平均每月花费864元(N=2217)。说明云南跨界民族地区农村富余劳动力外出务工的目的地消费水平普遍不高,可能的原因是他们的迁入地多分布在省内、西部地区或东南亚国家的边境地区。

具体来看,大部分受访者(60%)在迁入地每月花费在800元或800元以下,29%的受访者每月花费在801—1500元之间,还有11%的受访者每月花费在1500元以上(如图5—1所示)。

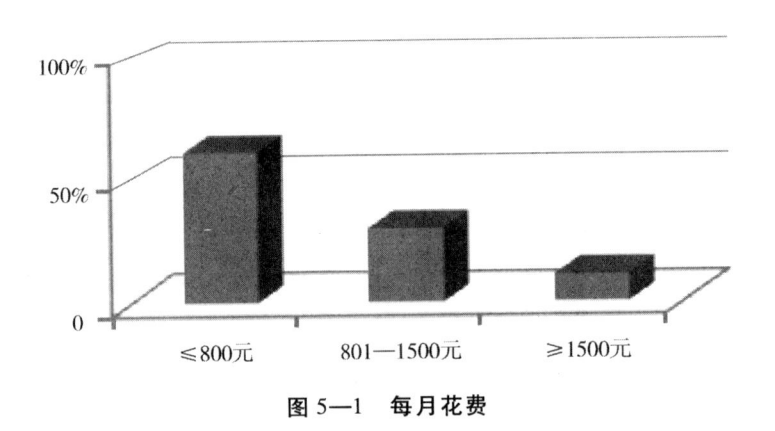

图5—1　每月花费

通过分析受访者在谋生处的开支组成部分以及所占比重,可以知道受访者在迁入地的生活负担主要集中在哪些方面。根据调查数据可以看出,45%的受访者表示最大开支是"生活费",即包括吃穿住行的各项生活必需费用。其次有37%的受访者表示最大开支是"零花钱(含手机话费等)",零花钱是除了生活必需花费以外的娱乐开支、教育开支、社交开支等。另外，仅有6%的受访者的最大开支来源于"房租费"（如图5—2所示），这说明在样本中只有极少数的人需要自己租房。分析其原因可能是自己租房的成本太高，受访者多选择在雇主提供的宿舍居住或是寄住在迁入地的亲戚朋友家。

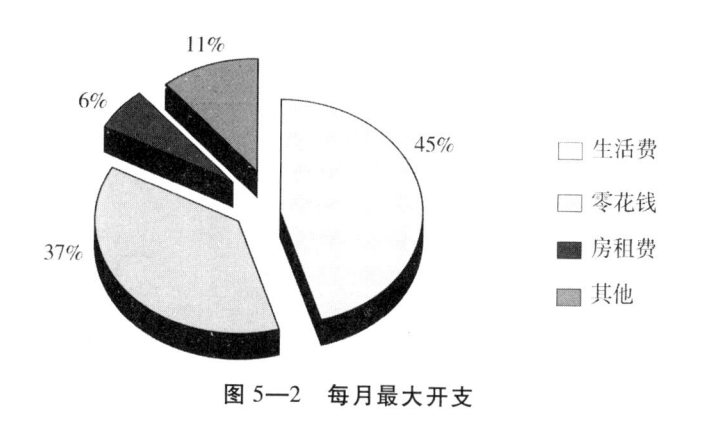

图5—2 每月最大开支

云南跨界民族外出务工者中的女性和男性的每月最大开支都集中在生活费上，数据显示，女性中有47%的人每月最大开支是生活费，男性的这一比例为43%。仅8%的女性表示她们每月最大开支是房租费，男性的这一比例低于女性约3%。女性中有34%的人在迁入地每月最大开支是零花钱，男性的这一比例为42%，高于女性约8%（如图5—3所示）。在每月最大开支方面，男女性别差异并不明显，这可能是由于样本中的跨界民族外出务工者普遍收入水平偏低，在满足基本生活需求的基础上，可以用于多样化个人消费选择的余地较小，消费水平没有明显差距，消费模式趋同。

云南跨界民族外出务工者中年龄较小的人群每月最大开支集中在零花钱上，数据显示，13—20岁的青少年中有47%的人表示最大开销是零花钱，21—25岁年龄组的青年人中有40%的人表示每月最大开支是零花钱。而26—35岁年龄组的中青年和36—60岁年龄组的中老年人每月的最大开支集中在生活费上，26—35岁年龄组的中青年中约有一半（52%）的人每月最大开支是生活费，36—60岁年龄组的中老年人中有68%的表示每月最大开支是生活费（如图5—4所示）。年轻人由于没有家庭负担，有较高比例的开销用于零花钱，而随着年龄的增长，家庭负担加重，用于生活费的开支在每月总花费中的比例逐渐提高，以至于在36—60岁年龄组的务工者中有68%的人表示每月最大开支是生活费，这也显示出跨界民族外出务工者收入水平偏低。

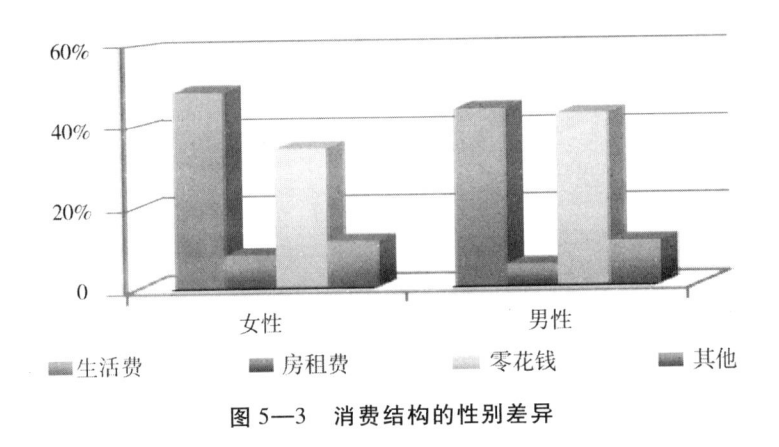

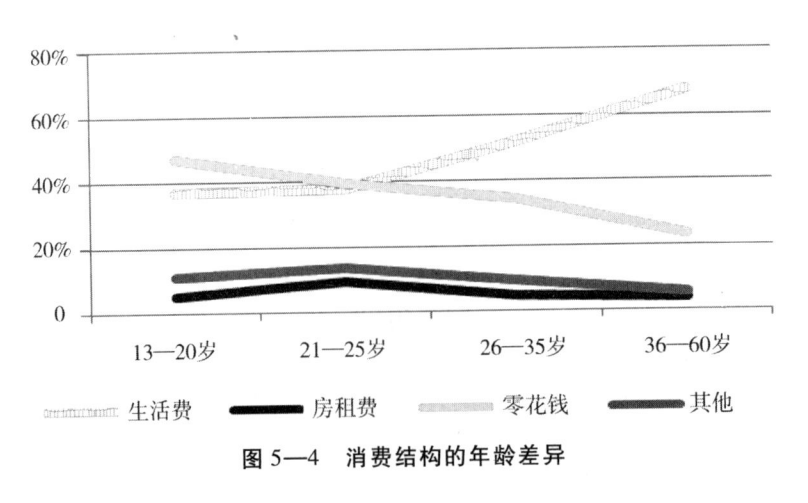

图5—3 消费结构的性别差异

图5—4 消费结构的年龄差异

通过观察云南跨界民族外出务工者的数据可以看出，中上层家庭中约有一半（51%）的人每月最大开支是生活费，其次中等水平家庭中约有45%的人表示在迁入地每月用在生活费上的开支最大，中下层家庭中有30%的人每月最大开支也是生活费。在迁入地每月开支最大的是零花钱的受访者中，中上层家庭中有33%，中等水平家庭中有40%，中下层家庭中有45%。可以看出，云南跨界民族中上层家庭中的外出务工者在迁入地主要的开支集中在生活费上，而中下层家庭中的外出务工者的每月最大开支主要集中在零花钱上（如图5—5所示）。这一数据结果有些出人意料，按理来说家庭条件越差，基本生活费占总花费的比例应该越高。可能的解释是，此处的每月最大开支，是指外出务工者在迁入地的消费，而非家庭总消费。外出务工者在老家的家庭社会经济地位越高，则其家庭的总开支依赖其收入的程度越低。也就是说，外出务工者可用于在迁入地改善其基本生活开支的自由度越高，这部分人可能会为了改善生活水平增加其生活费开支比例。而家庭社会经济地位偏低的外出务工者，则可能通过住集体宿舍、吃食堂等压缩生活费开支，将更多的花费用于支持家庭总花费，包括家庭成员的医疗、教育等费用，而除了生活必需花费以外的娱乐开支、教育开支、社交开支等被归入零花钱，这可能使他们在每月最大开支中的生活费比例降低，而零花钱比例升高。

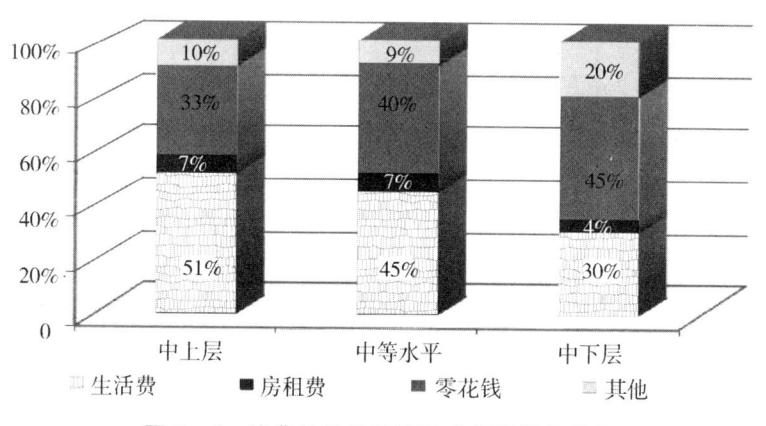

图5—5 消费结构的家庭社会经济地位差异

图5—6反映了云南不同地区的跨界民族外出务工者在迁入地每月最大开支的情况。数据显示，西双版纳地区的跨界民族外出务工

者中有48%的人表示他们在迁入地每月最大开支是零花钱,30%的人表示每月最大开支是生活费,仅有10%的人每月最大开支在房租费上。普洱地区跨界民族中有51%的人表示在迁入地的最大开支是生活费,37%的人表示每月最大开支是零花钱,仅有6%的人表示房租费是他们每月的最大开支。德宏地区跨界民族外出务工者中有超过一半(54%)的人表示其最大开支在生活费上,有25%的人每月最大开支是零花钱,仅有4%的人每月最大开支是房租费。临沧地区的跨界民族中有42%的人表示他们在迁入地每月最大开支是生活费,其次有43%的人表示最大开支是零花钱,仅有8%的人的最大开支是房租费。可以看出,西双版纳地区的跨界民族的每月最大开支主要集中在零花钱上。相反,来自普洱和德宏地区的跨界民族外出务工者的每月最大开支主要集中在生活费上。

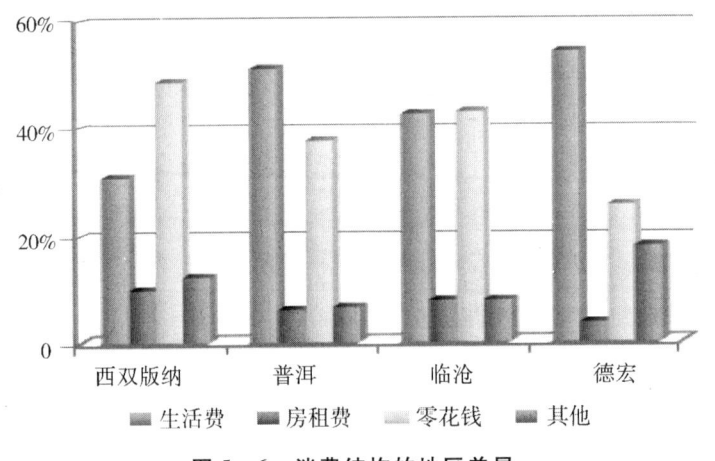

图 5—6 消费结构的地区差异

就地区差异来看,跨界民族外出务工者每月最大开支都集中在生活费和零花钱两项,但在不同地区间两项的排名先后有所差异。虽然迁出地及其务工人员的社会经济状况、民族文化背景对其消费模式有所影响,但外出务工者每月消费模式更多受迁入地社会经济状况和个人工作待遇等因素制约。跨界民族外出务工者的雇主如果为其提供较好的待遇,如为务工人员提供住宿和伙食,那么他们花在生活费和房租费上的开支就会减少,而那些获得工作待遇较差的务工人员,则可能要加大每月生活基本开销。

图 5—7 反映的是不同跨界民族外出务工者在迁入地每月最大开支的情况。由于云南跨界民族外出务工者每月开支的总体情况是最大开支都集中在生活费和零花钱方面,所以我们通过观察受访者的开支主要集中在生活费还是集中在零花钱上来分析各个跨界民族外出务工者的不同消费结构。数据显示,傣族中有 45% 的人表示每月最大开支是生活费,这一比例高于每月最大开支为零花钱的比例约 12%,而仅有 7% 的傣族外出务工者表示每月最大开支用在房租费上。拉祜族中有 57% 的人在迁入地的最大开支为生活费,32% 的人表示最大开支是平时的零花钱,仅有 5% 的人的最大开支用在房租费上。景颇族中有高达 76% 的人的最大开支是生活费,23% 的人表示最大开支花在零花钱上,没有人表示他们在迁入地的最大开支是房租费。哈尼族中有 48% 的人表示在迁入地最大开支是生活费,31% 的人表示最大开支是零花钱,15% 的人表示最大开支是房租费。德昂族中有 39% 的人表示在迁入地最大开支是生活费,有 26% 的人表示最大开支是零花钱,15% 的人表示最大开支是房租费。综上所述,傣族、拉祜族、景颇族、哈尼族和德昂族的外出务工者在迁入地的每月最大开支都集中在生活费上,特别是景颇族。

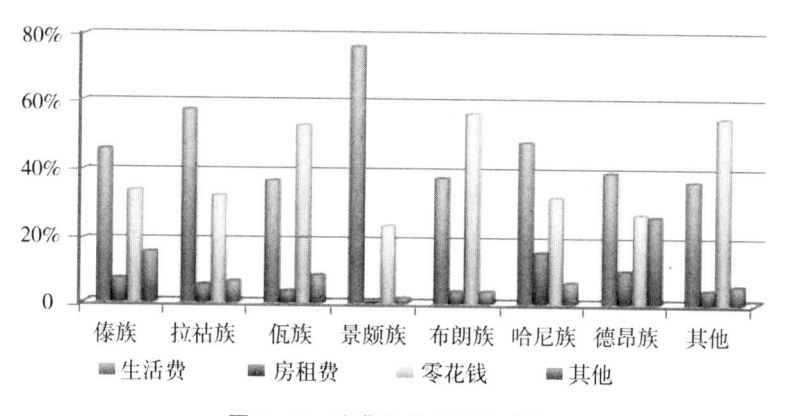

图 5—7 消费结构的民族差异

而佤族和布朗族的情况则相反，他们在迁入地的每月最大开支主要集中在零花钱上。数据显示，佤族外出务工者中约有一半（52%）的人表示每月最大开支是零花钱，其次有36%的人表示最大开支是生活费，仅有3%的人表示最大开支是房租费。布朗族中有56%的人表示在迁入地最大开支用在零花钱上，有37%的人表示在迁入地最大开支是生活费，仅有4%的布朗族外出务工人员表示他们在谋生地最大开支是房租费。

外出务工人员的民族文化背景可能会对其消费模式有所影响，而且由于这些不同民族多数来自特定的聚居区，如傣族主要分布在西双版纳和德宏、佤族主要来自临沧和普洱、哈尼族主要分布在红河等，这些地区的总体社会经济状况和民族文化背景显然会对个体的消费观产生影响，但仅以现有数据还不足以分析不同民族间消费模式的差异。佤族和布朗族相较傣族、拉祜族、景颇族、哈尼族和德昂族的外出务工者，每月最大开支在零花钱上的比例更高。在现有数据中可以找到的解释可能是，布朗族外出务工者中有66%的人表示其雇主既供吃也供住，佤族外出务工者中约有44%的人表示雇主供吃供住，29%的人表示供吃或者供住；表示雇主提供食宿条件的比例相对高于大部分其他民族，这可能是他们在迁入地每月最大开支不是生活费的原因。

第二节　外出务工收入占家庭收入比重

本次调查，我们询问了受访者在迁入地除去平时的生活费用以及其他日常费用后，每月还能积攒多少钱。根据数据可以看出，受访者每月平均积攒788元（N=1968）。受访者虽然省吃俭用，但是由于工资水平不高，加上迁入地消费水平较迁出地高，所以每月能积攒下来的钱较少。

具体来看，大部分受访者（65%）每月只能积攒下800元或800元以下，24%的受访者每月能积攒801—1500元，另外有11%的受访者每月能积攒1500元以上（如图5—8所示）。

图 5—8　每月积蓄

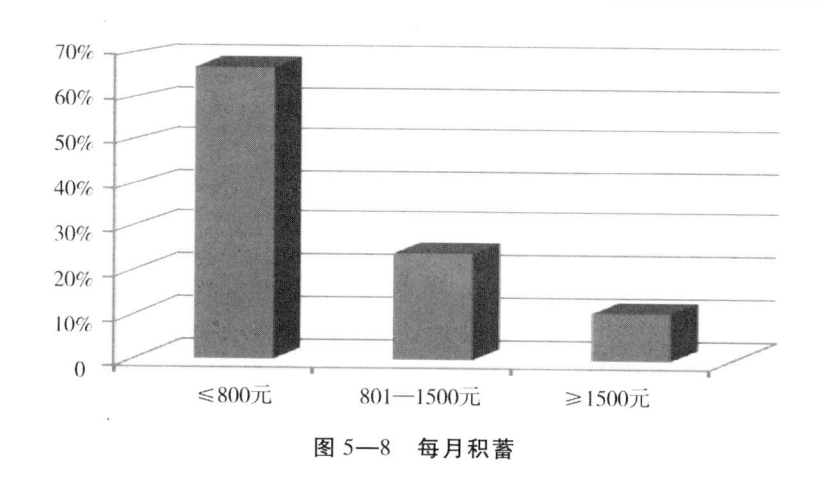

图 5—9 中的数据显示，务工收入占家庭年收入低于 50% 的跨界民族外出务工者约占 71%，其中约有 36% 的人表示他们外出务工收入仅占家庭年收入的 25% 及以下，另外约有 35% 的人表示他们外出务工收入占家庭年收入的 26%—50%。务工收入占家庭总收入一半以上的跨界民族外出务工者约占 29%，其中约有 16% 的人表示务工收入占家庭总收入的 51%—75%，另外约有 13% 的人表示务工收入占家庭总收入的 76%—100%。总体来看，对于大部分云南跨界民族外出务工者来说，家庭总收入中外出务工收入的占比并没有超过一半，他们大部分家庭年收入的主要来源并不是外出务工的工资。究其原因主要有以下几点：（1）由于人力资本、社会资本存量较少以及制度限制，跨界民族外出务工者外出务工工资水平较低；（2）跨界民族外出务工者的迁移模式往往是季度性迁移，他们没有完全迁移到城市或境外，而是在需要农作的时候返乡务农，这种暂时性的迁移就有外出务工时间短的特点，在这期间跨界民族外出务工者能赚取的收入较少；（3）虽然本书样本中九成家庭都有外出务工的家庭成员，但七成以上的家庭中外出务工的成员人数仅为 1—2 人，且家庭的农活仍由本家庭成员完成，表明抽样地区总体来说非农化程度还较低，农业仍是多数家庭的重心和主要经济来源。

接下来我们对跨界民族外出务工者外出务工所获得收入占家庭收入比例进行定序分类变量的逻辑回归分析，通过控制其他变量来看各个自变量在这一因变量上的差异。模型中因变量是外出务工收入占家庭年收入的比例,这一占比分为四个等级,分别是25%以下、26%—50%、51%—75%和76%—100%。自变量包括性别、地区、年龄组、民族、教育程度以及家庭社会经济地位。

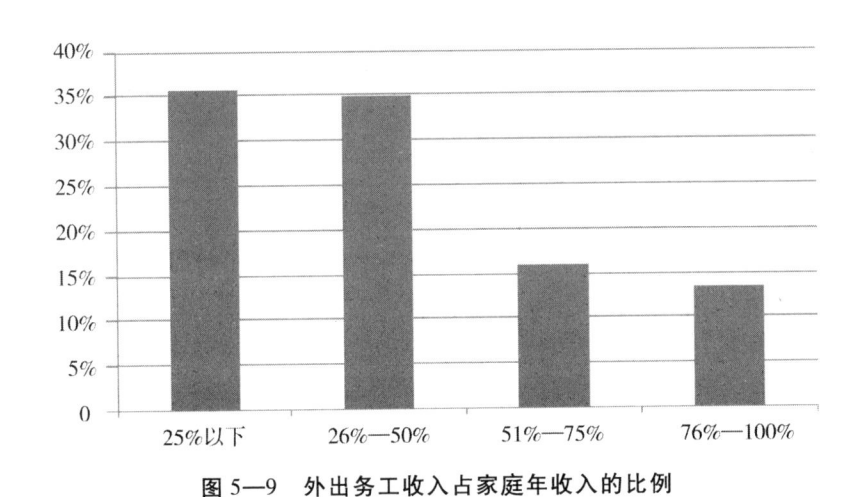

图5—9 外出务工收入占家庭年收入的比例

模型中除了教育程度在外出务工收入占比上的差异不具有显著性以外,其他自变量对外出务工收入占比均具有一定解释力。

相对于女性来说,男性外出务工收入占比上升一个等级的比值比高约22%($P<0.01$)(如表5—1所示)。说明男性外出务工收入占家庭年总收入的占比比女性要大。

从地区差异的数据中可以看出,相较于西双版纳地区的跨界民族外出务工者,普洱地区的人外出务工收入占比上升一个等级的比值比低约27%,临沧高约27%,但不具有统计显著性。需要注意的是,德宏地区与西双版纳地区的跨界民族外出务工者相比,其务工收入占比上升一个等级的比值比高达6.16倍($P<0.001$)。说明德宏地区的跨界民族外出务工者外出务工赚取的收入占家庭总收入的比例远高于其他地区的人。

年龄组在这一变量上的差异较大并且具有明显显著性。相对于13—20岁年龄组的青少年,21—25岁年龄组的青年人、26—35岁年龄组的中青年以及36—60岁年龄组的中老年人外出务工收入占比上升一个等级的比值比分别高约2.02倍（P<0.001）、4.62倍（P<0.001）和5.54倍（P<0.001）。说明年龄越大的跨界民族外出务工者，他们外出务工收入占家庭年总收入的比例越大。

表5—1 外出务工收入占家庭收入比重的逻辑模型比值比（OR）

		比值比	标准误
性别	男性	1.224**	0.11
地区	普洱	0.726	0.16
	临沧	1.268	0.23
	德宏	6.164***	1.34
年龄组	21—25岁	2.024***	0.26
	26—35岁	4.624***	0.65
	36—60岁	5.538***	0.92
民族	拉祜族	0.479***	0.09
	佤族	0.947	0.19
	景颇族	0.085***	0.02
	布朗族	0.585**	0.12
	哈尼族	2.082***	0.47
	德昂族	2.060***	0.35
	其他民族	0.302***	0.06
教育程度	初中未毕业	1.231	0.17
	初中毕业	0.876	0.10
	高中及以上	1.136	0.16
家庭社会经济地位	中等水平	0.769**	0.07
	中下层	0.826	0.13

注：各自变量的参照组分别为女性、西双版纳、13—20岁、傣族、小学及以下、中上层等。

* P<0.05；** P<0.01；*** P<0.001。

就民族差异来看，相对于傣族，拉祜族、景颇族和布朗族外出务工收入占比上升一个等级的比值比分别低约52%（P<0.001）、

91%（P<0.001）和41%（P<0.001）。其中，景颇族与傣族在这一变量上的差异较大，景颇族外出务工收入占家庭总收入的比例远远低于其他民族。哈尼族和德昂族的外出务工收入占比上升一个等级的比值比分别是傣族的2.08倍（P<0.001）和2.06倍（P<0.001）。所以，哈尼族和德昂族外出谋生获取的收入占家庭总收入的比例高于其他跨界民族。佤族与傣族在这一变量上的差异较小且不具有统计显著性。

教育程度的高低是衡量跨界民族外出务工者人力资本存量的指标，教育程度较高的外出务工者获取较高收入的可能性较大，但是针对云南跨界民族外出务工者的数据显示，教育程度在外出务工收入占比变量上的差异较小且不具有统计显著性。数据显示，相对于小学及以下教育程度的跨界民族外出务工者，初中未毕业和高中及以上教育水平的人外出务工收入占比上升一个等级的比值比高约23%和14%。而初中毕业教育水平的人外出务工收入占比上升一个等级的比值比比参照组低约22%。

相较于来自中上层家庭的跨界民族外出务工者，来自中等水平和中下层家庭的人外出务工收入占比上升一个等级的比值比低约23%（P<0.01）和17%。

第三节 外出务工收入的用途

农民工收入的不确定性和子女义务教育、社会保障、医疗保险等支出的不确定性影响着农民工的消费，他们大多数理性地进行预防性储蓄来预防这些不确定支出的发生。所以本次调查还询问了受访者积蓄的主要用途和次要用途，涉及的用途主要是以下几个方面：（1）供子女上学；（2）赡养老人；（3）存入银行；（4）添置家具/房屋修缮；（5）投资经营；（6）其他。云南跨界民族外出务工者这一特殊群体通过务工获得的积蓄的用途情况如下。

根据调查数据可以看出，有23%的受访者的收入主要是存入银行，有18%的受访者的收入主要用于赡养老人（如图5—10所示）。

另外，受访者的收入的次要用途也集中在"赡养老人"（25%）和"存入银行"（23%）上（如图5—11所示）。可以看出，来自云南跨界民族农村地区的外出务工者务工所得的收入主要用于储蓄和赡养老人，体现出了他们对赡养老人的重视。

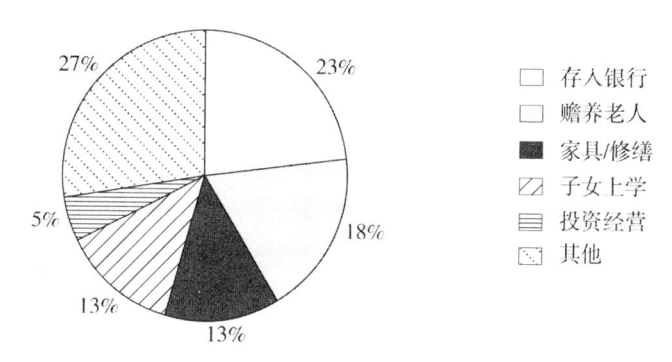

图5—10 外出务工收入的最主要用途

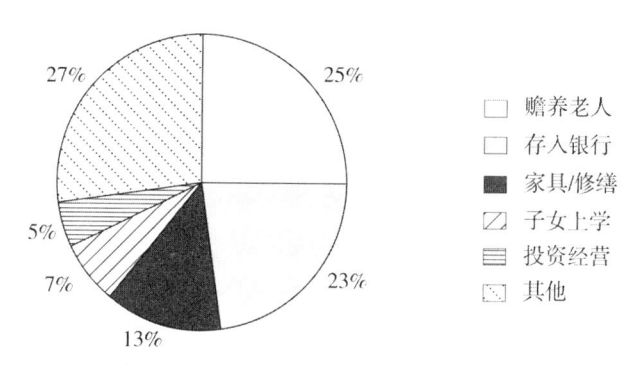

图5—11 外出务工收入的次要用途

另外，13%的受访者的收入主要用于"添置家具/房屋修缮"，13%的受访者的收入主要用于"供子女上学"，另外有5%的受访者表示其收入主要用于投资经营。受访者收入的次要用途有"添置家具/房屋修缮"（13%）、"供子女上学"（7%）和"投资经营"（5%）。云南跨界民族农村地区的外出务工者务工所得的收入主要用于储蓄和赡养老人，一方面说明跨界民族地区外出务工人员家庭经济收入偏低，需要外出务工者通过储蓄汇款等帮扶家庭；另一方面也说明由于农村社会保障、医疗保险等制度还不完善,养老等主要依靠家庭成员负担。

除了"其他"方面的用途外,云南省跨界民族外出务工时的储蓄用途的性别差异不大,跨界民族女性和男性务工攒下的积蓄首要用途主要集中在"存入银行",其中女性将钱存入银行的比例为25%,男性的这一比例为21%(如图5—12所示)。另外,云南跨界民族女性外出务工积蓄的次要用途集中在"存入银行"(25%)和"赡养老人"(23%),男性外出务工积蓄的次要用途集中在"赡养老人"上(27%)(如图5—13所示)。

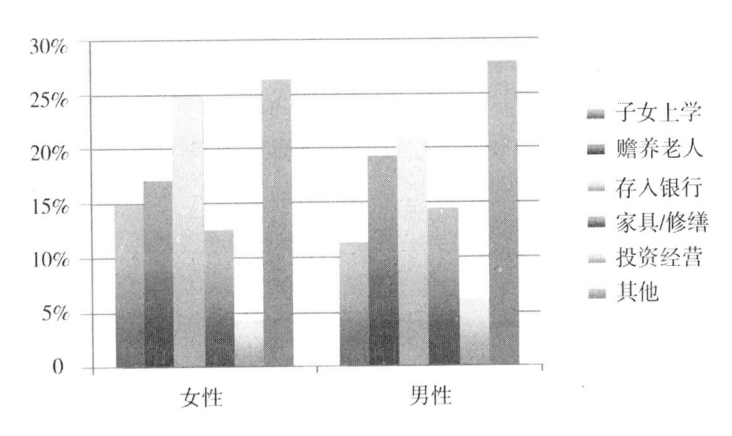

图5—12 外出务工收入主要用途的性别差异

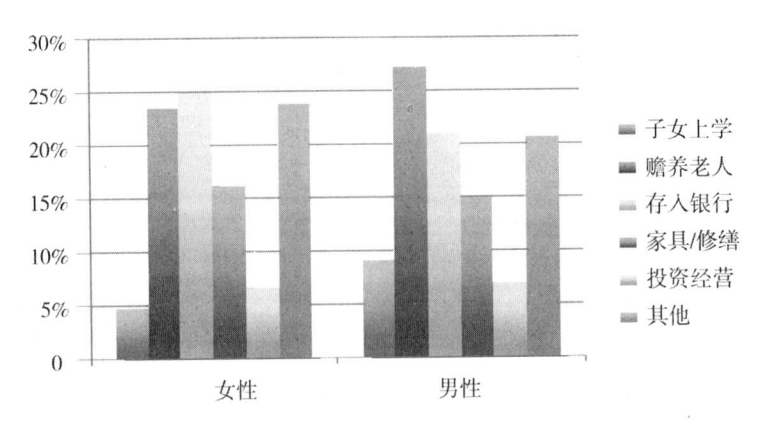

图5—13 外出务工收入次要用途的性别差异

图 5—14 和图 5—15 反映的是云南跨界民族不同年龄段的外出务工者如何使用他们在务工地的积蓄。针对储蓄的首要用途，13—20 岁年龄组的青少年中约有一半（51%）的人将积蓄花在"其他"方面，而仅有 19% 的人表示他们积蓄的主要用途是赡养老人，14% 的人表示主要用途是存入银行作为预防性存款，表示主要用途是为家里增添家具或进行房屋修缮的人数占 7%，仅有 4% 的人需要将积蓄主要用于供子女上学，还有 4% 的人将积蓄主要用于投资经营。21—25 岁年龄组的青年人的积蓄主要用于"其他"方面（30%），27% 的人表示他们在谋生地积攒的钱主要用于预防性储蓄，20% 的人表示他们积蓄的主要用途是供养老人，12% 的人表示主要用途是为家里添置家具或进行房屋修缮，还有 6% 的人进行投资经营，仅有 5% 的人需要将积蓄主要用于供子女上学。可以看出，年龄较小的云南跨界民族外出务工者的积蓄大部分用于"其他"方面，即他们对于赡养老人、供子女上学和储蓄的负担较小。

而 26—35 岁年龄段的中青年大多数婚姻状况为已婚，相对于年龄较小的跨界民族外出务工者来说，他们供子女上学和供养老人的负担较大。数据显示，26—35 岁年龄组的跨界民族外出务工者中有 20% 的人表示积蓄的主要用途是供孩子上学，20% 的人表示主要用途是赡养老人，主要用途是进行预防性储蓄的人数比例为 22%，另外 19% 的人表示在务工地积攒的钱主要用于房屋修缮和添置家具来改善居住环境，仅有 5% 的人表示他们积蓄的主要用途是投资经营。

36—60 岁年龄组的中老年人的负担主要集中在供子女上学和进行预防性存储。数据显示，该年龄段 35% 的人表示他们务工获取的积蓄主要用于供子女上学，28% 的人表示主要用途是存入银行，仅有 6% 的人表示他们积蓄主要用于赡养老人，主要用于投资经营的人仅占 6%。

当被问到储蓄的次要用途时，13—20 岁的青少年中有 30% 的人表示他们务工时的积蓄的次要用途是供养老人，有 27% 的人表示积蓄的次要用途是进行储蓄。21—25 岁年龄组的青年人中有 26% 的人表示他们积攒下来的钱次要用途是供养老人，积蓄次要用途是存入银行的人数比例为 27%。26—35 岁年龄组的青壮年中有 27% 的人表示积蓄的次要用途是供养老人。可以看出，以上三个年龄组的云南跨界民族外出务工者通过务工获取的积蓄的次要用途主要集中在供养老人上。但是36—60岁年龄组的中老年的积蓄的次要用途主要集中在改善居住环境上，即对房屋进行修缮或添置家具。数据显示，这一年龄组中有25%的人表示他们积蓄的次要用途是添置家具或房屋修缮。这可能是由于年纪较大的跨界民族外出务工者虽然暂时还在外地务工，但是一个家庭中有年纪较小的成员一起在外务工而分担了其务工补贴家用的负担。而他们积攒下来的钱主要用来改善居住水平可能也是在为返乡养老做准备。

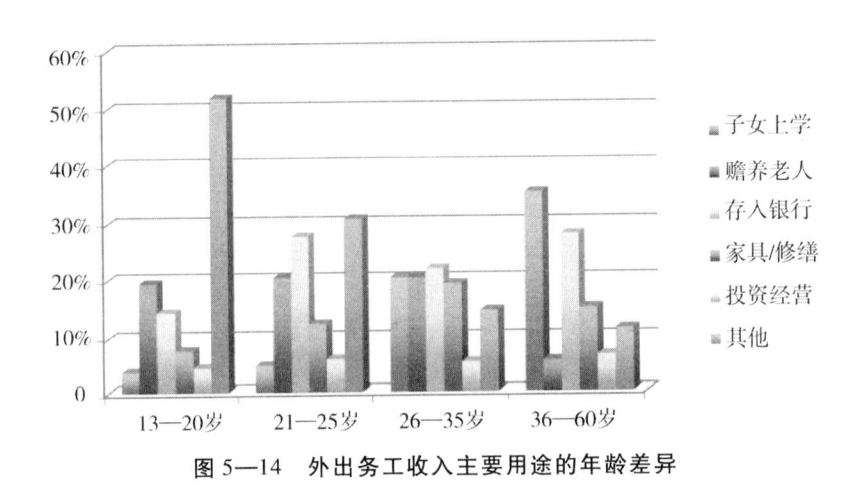

图 5—14　外出务工收入主要用途的年龄差异

图 5—15　外出务工收入次要用途的年龄差异

图5—16反映的是来自不同地区的跨界民族在务工地积攒下来的储蓄的主要用途情况。西双版纳地区的跨界民族外出务工者中有37%的人表示他们的积蓄主要用在"其他"方面，有18%的人表示他们的积蓄主要用于赡养老人，约15%的人的积蓄主要用在存入银行，积蓄主要用于添置家具或房屋修缮的人数比例约为15%，13%的人表示积蓄主要用于供子女上学，仅有2%的人的积蓄主要用于投资经营。除了表示积蓄主要用于"其他"方面的人之外，普洱地区的跨界民族外出务工者的积蓄主要用途集中在赡养老人上，人数比例约为22%，17%的人将靠务工积攒的钱主要用于添置家具和房屋修缮来改善居住环境，13%的人表示他们的积蓄主要存入银行，12%的人表示他们的积蓄主要用于供子女上学，仅有4%的人表示他们的积蓄主要用于投资经营。来自临沧地区的跨界民族外出务工者中约有19%的人表示他们的积蓄主要用途是赡养老人，主要用途是存入银行进行预防性储蓄的人数比例是17%，主要用于供子女上学的人数比例是14%，仅有2%的人表示积蓄的主要用途是投资经营。德宏地区的跨界民族外出务工者的积蓄的主要用途不同于其他地区的跨界民族。德宏地区的跨界民族在务工地的积蓄主要用途集中在存入银行（45%），积蓄的主要用途是供子女上学、赡养老人、改善居住环境和投资经营的人数比例均为13%左右。值得注意的是，来自德宏地区的跨界民族外出务工者的积蓄主要用于投资经营的人数比例高于其他地区的跨界民族。

图5—17反映的是来自不同地区的跨界民族在务工地积攒下来的储蓄的次要用途情况。西双版纳地区的跨界民族外出务工人员积蓄的次要用途集中在存入银行（31%），另外有27%的人表示他们积蓄的次要用途是赡养老人。值得注意的是，只有3%的人表示次要用途是供子女上学。来自普洱地区的跨界民族外出务工者积蓄的次要用途集中在赡养老人（36%）上。来自临沧的跨界民族外出务工者积蓄的次要用途集中在进行银行储蓄（36%），其次有27%的人表示他们积蓄的次要用途是赡养老人。来自德宏州的跨界民族外出务工者积蓄的次要用途集中在"其他"方面。值得注意的是，尽管是积蓄的次要用途，但德宏地区的跨界民族外出务工者有14%的

人表示其积蓄的次要用途是投资经营，这一比例均高于其他地区的跨界民族。

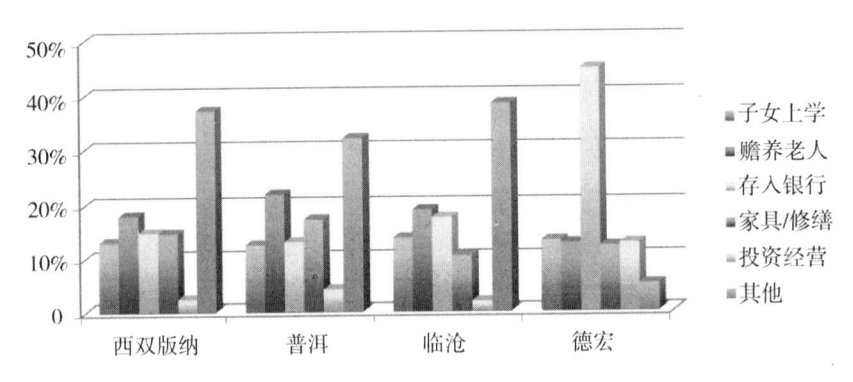

图5—16 外出务工收入主要用途的地区差异

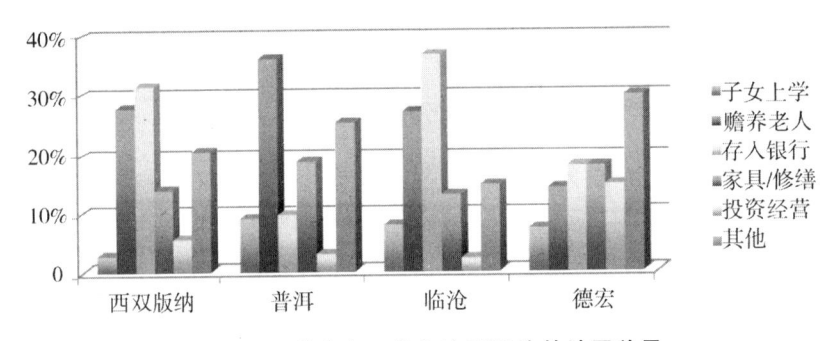

图5—17 外出务工收入次要用途的地区差异

总体来看，来自西双版纳地区的跨界民族外出务工者积蓄的主要用途集中在除了供子女上学、赡养老人、存入银行、改善居住环境和投资经营的"其他"方面，次要用途集中在存入银行上。来自普洱地区的跨界民族外出务工者靠务工获取的积蓄的主要用途与西双版纳地区相近，但其次要用途集中在赡养老人上。来自临沧地区的跨界民族外出务工者积蓄的主要用途也与西双版纳地区相近，次要用途也集中在存入银行。来自德宏地区的跨界民族外出务工者积蓄的主要用途集中在存入银行进行预防性储蓄，他们积攒的钱用于投资经营的比例高于其他地区的跨界民族。

图5—18和图5—19的数据显示,傣族外出务工者积蓄的主要用途集中在除了供子女上学、赡养老人、进行储蓄、改善居住环境和投资经营以外的"其他"方面(41%),其次约有22%的人表示他们积蓄的主要用途是进行储蓄,仅有3%的傣族外出务工者表示他们积蓄的主要用途是投资经营。傣族外出务工者积蓄的次要用途主要集中在存入银行进行预防性储蓄(34%)。拉祜族外出务工者积蓄的主要用途集中在赡养老人(32%)和"其他"(31%)方面,次要用途主要集中在赡养老人方面(32%)。佤族外出务工者在务工地积攒下来的钱的主要用途集中在"其他"(35%)方面和添置家具或进行房屋修缮(30%)上,次要用途主要集中在赡养老人上。景颇族中有超过一半(55%)的外出务工者表示他们的积蓄主要用途是存入银行,有38%的人表示他们储蓄的次要用途是添置家具或进行房屋修缮,有高达15%的人表示他们储蓄的次要用途是投资经营,这一比例高于其他跨界民族。布朗族外出务工者储蓄的主要用途集中在"其他"方面(30%)和赡养老人(26%)以及改善居住环境(24%)上,次要用途集中在赡养老人(28%)上。哈尼族外出务工者储蓄的主要用途集中在"其他"(40%)方面,次要用途主要集中在赡养老人(28%)上、其他(25%)和添置家具和房屋修缮(22%)方面。德昂族外出务工者储蓄的主要用途差距较小,值得注意的是,有高达17%的人表示他们的储蓄主要用于投资经营,这一比例大于其他跨界民族。德昂族在务工地获取的积蓄的次要用途主要集中在存入银行(30%)和"其他"(29%)方面。

总体来看,除了"其他"方面的用途,傣族外出务工者收入的主要用途和次要用途都集中在存入银行。拉祜族外出务工者收入的主要用途和次要用途都集中在赡养老人方面。佤族外出务工者收入的主要用途集中在添置家具和房屋修缮方面,次要用途集中在赡养老人方面。景颇族外出务工者收入的主要用途集中在进行储蓄方面,次要用途集中在改善居住环境方面。另外,次要用途是进行投资经营的景颇族也较多。可以看出,景颇族外出务工者在赡养老人和供子女接受教育方面的压力较小,他们务工获取的积蓄主要用于改善自己的生活水平。布朗族外出务工者收入的主要用途集中在赡养老人和改善居住环境方面，次要用途集中在赡养老人、储蓄和改善居住环境方面。哈尼族在外务工的人员表示他们的收入主要用途集中在储蓄方面，次要用途集中在赡养老人方面。德昂族外出务工者的收入用于进行投资经营的人数比例均高于其他跨界民族。

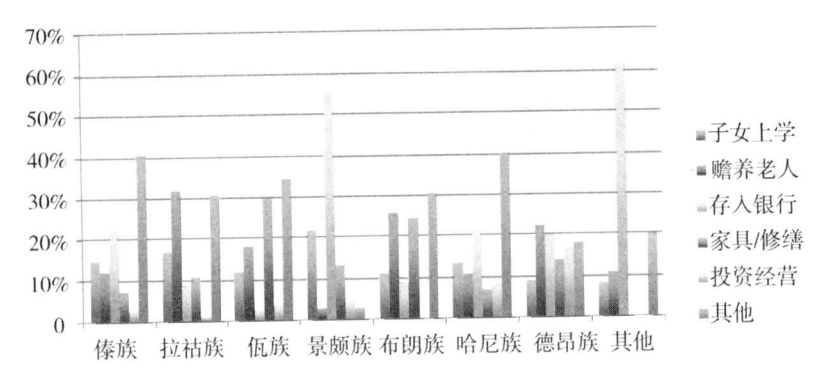

图 5—18　外出务工收入主要用途的民族差异

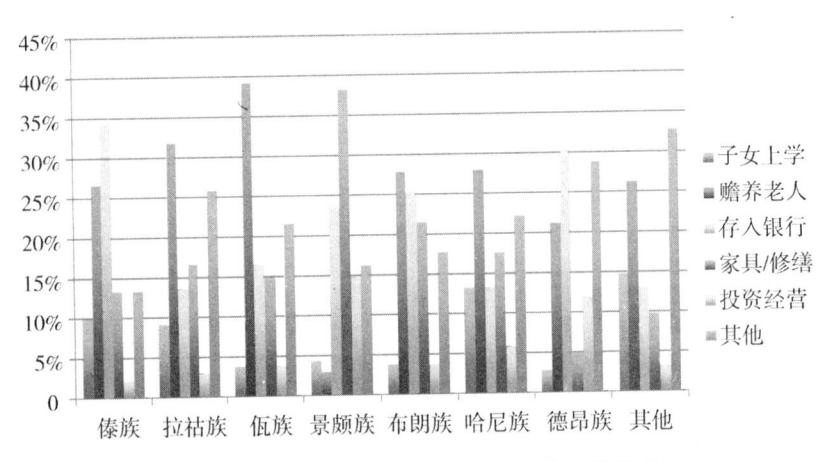

图 5—19　外出务工收入次要用途的民族差异

云南跨界民族地区农村富余劳动力在异地务工所赚取的收入除了在谋生地的生活开支以外，结余下来的钱主要用于供子女接受教育、赡养老人、储蓄、改善居住环境以及投资经营等。由于跨界民族外出务工者将收入结余用于投资经营的人数较少，所以在对收入用途进行逻辑回归分析时将收入结余主要用于投资经营的这部分人去除,处理后的务工收入主要用途这一变量是一个四分类变量,分别是用于供子女上学、赡养老人、存入银行和添置家具或房屋修缮。这里的 mlogit 模型分析中,我们将存入银行即进行预防性储蓄这一项用途作为参照组,因为数据显示跨界民族外出务工者收入结余的最主要用途大多数是进行储蓄,且储蓄也是外出务工者最主要也最普遍的一种处理务工收入结余的方式。模型中的自变量包括性别、地区、年龄组、教育程度和家庭社会经济地位。

表 5—2　务工收入主要用途的多分类逻辑模型相对风险比（rrr）

		供子女上学对比储蓄	赡养老人对比储蓄	房屋修缮对比储蓄
性别	男性	0.719*	1.219	1.221
地区	普洱	1.548	1.055	1.469
	临沧	1.031	1.318	0.877
	德宏	0.212***	0.185***	0.286***
年龄组	21—25 岁	1.555	0.879	1.450
	26—35 岁	7.752***	0.838	2.758***
	36—60 岁	14.158***	0.185***	1.899*
教育程度	初中未毕业	0.999	1.049	0.907
	初中毕业	1.207	0.376***	0.652*
	高中及以上	1.140	0.294***	0.294***
家庭社会经济地位	中等水平	0.873	0.610**	2.953***
	中下层	0.593	0.694	3.331***

注:各自变量的参照组分别为女性、西双版纳、13—20 岁、小学及以下、中上层等。
* $P<0.05$; ** $P<0.01$; *** $P<0.001$。

由表 5—2 可知:第一,供子女上学对比储蓄。控制了其他变量后,相对于女性来说,男性务工收入用于供子女上学而非用于储蓄的相对风险比低约 28%（$P<0.05$）。相对于西双版纳地区的跨界民族外出务工者,来自普洱的外出务工者务工收入用于供子女上学而非储蓄的相对风险比高约 55%,临沧的外出务工者与参照组在这一

变量上的差异较小且不具有统计显著性,来自德宏的外出务工者务工收入用于供子女上学而非储蓄的相对风险比低约79%（$P<0.001$）。相较于13—20岁年龄组的青少年,21—25岁年龄组的青年人、26—35岁年龄组的中青年以及36—60岁年龄组的中老年人外出务工收入用于供子女上学而非储蓄的相对风险比高约1.55倍、7.75倍（$P<0.001$）以及14.16倍（$P<0.001$）。相较于小学及以下教育程度的人,初中毕业和高中及以上教育程度的人将务工收入用于子女上学而非储蓄的相对风险比高约21%和14%,而初中未毕业者与参照组在这一比例上的差异较小且也不具有统计显著性。相较于中上层家庭的外出务工者,中等水平以及中下层家庭的人将务工收入用于子女上学而非储蓄的相对风险比低约13%和41%。

第二,赡养老人对比储蓄。控制其他变量后观察数据可知,相对于女性,男性将务工收入用于赡养老人而非储蓄的相对风险比高约22%。相对于西双版纳地区的外出务工者,临沧地区的外出务工者将务工收入用于赡养老人而非储蓄的相对风险比高于32%,而德宏地区的外出务工者的这一比例低约81%（$P<0.001$）。相较于13—20岁年龄组的青少年,21—25岁年龄组的青年人和26—35岁年龄组的中青年人将务工收入用于赡养老人而非储蓄的相对风险比分别低约12%和16%,而36—60岁年龄组的中老年将务工收入用于赡养老人而非储蓄的相对风险比低约81%（$P<0.001$）。相对于教育程度为小学及以下的人,初中毕业和高中及以上教育程度的人将务工收入用于赡养老人而非储蓄的相对风险比低约62%（$P<0.001$）和71%（$P<0.001$）,初中未毕业者与参照组在这一比例上的差异较小且不具有统计显著性。相对于中上层家庭的外出务工者,中等水平以及中下层家庭的外出务工者将收入用于赡养老人而非储蓄的相对风险比低约39%（$P<0.01$）和31%。

第三,房屋修缮对比储蓄。控制了其他变量后,男性将务工收入用于房屋修缮或装修而非储蓄的相对风险比比女性高约22%。相对于西双版纳的外出务工者,普洱地区的人将务工收入用于房屋修缮而非储蓄的相对风险比高约47%,临沧和德宏地区的外出务工人员的这一比例低约12%和71%（$P<0.001$）。相对于13—20岁年龄

组的青少年,21—25 岁年龄组的青年人、26—35 岁年龄组的中青年以及 36—60 岁年龄组的中老年将务工收入主要用于房屋修缮而非储蓄的相对风险比高约 1.45 倍、2.76 倍（$P<0.001$）和 1.9 倍（$P<0.05$）。相对于教育程度为小学及以下的外出务工者，初中毕业和高中及以上学历的人将务工收入主要用于房屋修缮而非储蓄的相对风险比低约 35%（$P<0.05$）和 71%（$P<0.001$）。相对于来自中上层家庭的跨界民族外出务工者，来自中等水平以及中下层家庭的人将收入主要用于房屋修缮而非储蓄的相对风险比高约 2.95 倍（$P<0.001$）和 3.33 倍（$P<0.001$）。

综上所述，云南跨界民族地区农村富余劳动力外出务工收入的主要用途总结如下：(1) 相对于将务工收入主要用于储蓄，男性更愿意将收入用于供养老人和进行房屋修缮，而女性更愿意将收入用于供子女上学。(2) 德宏地区的外出务工者更愿意将务工收入用于供子女上学、赡养老人以及改善居住环境。也就是说，德宏地区的跨界民族外出务工者将收入用于预防性储蓄的可能性小于其他地区的跨界民族外出务工者。(3) 年轻人更愿意将务工收入用于赡养老人而非储蓄，而中老年人更愿意将务工收入用于供子女上学，他们将务工收入用于赡养老人的可能性小于其他年龄段的人，取而代之的是进行养老性储蓄。中青年以及中老年将务工收入用于房屋修缮而放弃储蓄的可能性高于青少年。(4) 教育程度较高的跨界民族外出务工者更愿意将务工收入用于供子女上学而不是进行储蓄，教育程度越高的人将务工收入用于赡养老人而非储蓄的可能性越低，将务工收入用于房屋修缮而非储蓄的可能性也越低，所以教育程度越高的跨界民族外出务工者将务工收入用于供子女上学和储蓄的可能性越大。(5) 家庭社会阶层较高的外出务工者将务工收入用于子女上学和赡养老人的可能性低于社会阶层较低的人，而他们将收入用于改善居住环境的可能性高于社会阶层较低的人。说明对于家庭社会经济地位较高的外出务工者，他们在供子女上学和赡养老人方面的压力较小，他们更愿意将务工收入用于提高生活质量和居住环境方面。

小　结

　　外出务工人员的消费结构往往受到务工收入水平、迁入地消费水平、个人消费观念、社会环境、制度等因素的影响。通过调查云南跨界民族外出务工人员的消费状况来观察这一特殊群体在迁入地的消费结构，为提高云南跨界民族外出务工人员的消费能力找到可行的措施。另外，通过调查分析这一特殊群体外出务工收入的用途，来观察云南跨界民族外出务工人员所迫切需要解决的问题。研究发现，云南跨界民族外出务工人员在迁入地每月的平均支出约为864元，可以看出他们的消费水平普遍较低，消费结构较为单一，支出大部分用于生活上的吃、穿、住、行等基础消费。调查显示，除了每月的开支外，云南跨界民族外出务工人员每月平均能积攒约788元，但是外出务工收入对家庭总收入的贡献并不大，家庭收入并不主要来源于外出务工收入。云南跨界民族外出务工者将这些积蓄用于补贴家用，主要用途包括进行预防性储蓄和赡养老人。各个跨界民族除了将钱存进银行外，大部分都用于赡养老人，可以看出少数民族尊老敬老的优秀传统美德传承至今，并且被发扬光大。但也不能忽视云南跨界民族在赡养老人方面压力较大的问题。

第 六 章

云南跨界民族务工者的异地就业迁移距离

云南跨界民族农村富余劳动力的就业流动不仅是省内流动、国内流动，甚至存在跨国流动的情况。云南跨界民族农村富余劳动力跨国流动主要基于三个因素：一是由于地缘优势，跨国流动相对容易。云南跨界民族主要分布在德宏、临沧、普洱和西双版纳等州市与东南亚的缅甸、老挝和越南接壤的地区，从地理距离上看，到东南亚国家务工较为容易。二是由于文化互通，对同源同性的民族文化的共同认同，以及生活方式、饮食文化等方面的相似性所带来的亲切感，使跨界民族跨国流动的心理障碍较小。三是长期以来这些地区一直有着边民互市、互相走访的传统，所以，云南跨界民族的就业流动还包括跨国流动。由于跨国就业涉及非法移民、走私、人口贩卖、贩毒等边境地区的非传统安全问题，对此本书也会予以关注。

第一节 境内境外务工描述

我们调查了云南跨界民族地区外出务工者目前谋生的地点，问卷中的答案分为"1.国内"、"2.缅甸"、"3.泰国"、"4.老挝"、"5.其他国家"，由于分析需要我们将缅甸、泰国、老挝和其他国家合并为"国外"。所以，跨界民族目前谋生的地点分为"国内"以及"国外"。接下来我们来观察云南跨界民族在国内和国外谋生的人数比例以及他们选择在国内谋生还是国外谋生的个人基本特征差异、民族差异和地区差异。

就总体来看,样本中绝大部分(93%)跨界民族是在国内务工,仅有7%的人在国外谋生(如图6—1所示)。下面具体来看云南跨界民族外出谋生地点的个人基本特征差异、民族差异和地区差异。

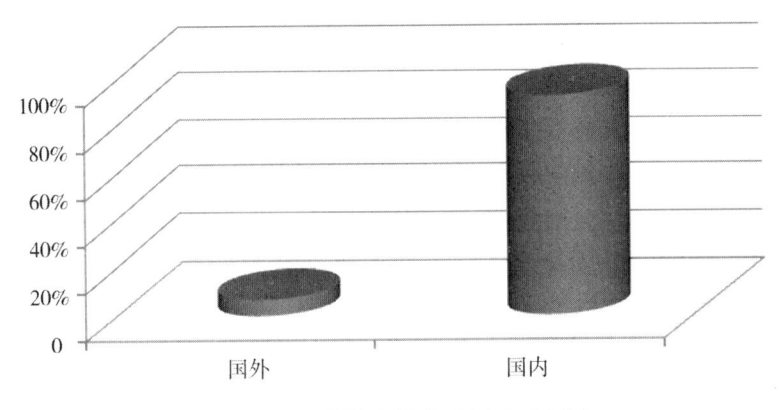

图6—1　目前谋生地点(国内/国外)

图6—2至图6—5反映的是云南跨界民族目前谋生地点是国内还是国外的个人基本特征差异情况。其中约有9%的男性在国外谋生,约有5%的女性在国外谋生,反映出在国外谋生的云南跨界民族中男性多于女性(如图6—2所示)。36—60岁年龄组的中老年人约有14%的人在国外谋生,这一比例高于其他年龄组的云南跨界民族外出务工者,所以在国外谋生的云南跨界民族大多数是36—60岁年龄组的中老年人。究其原因,可能是年纪越大的跨界民族所积累的工作经验和构建的社会关系网络在数量和质量上都优于年纪较小的跨界民族,所以他们有一定的社会资源以及专业技能来完成跨国就业流动。13—20岁年龄组的青少年中约有7%的人在国外务工,这一比例高于21—25岁的年轻人(3%),可能是由于13—20岁年龄组的青少年主要是随着家长迁移到国外,而非凭借自己的能力(如图6—3所示)。

目前谋生地点的教育程度差异不太明显,但是初中未毕业的跨界民族中仅有4%的人在国外谋生,这一比例低于其他教育程度,即初中未毕业的跨界民族在国外谋生的人数比例最少(如图6—4

所示)。中下层家庭中约有12%的人目前在国外务工(如图6—5所示),这一比例高于中上层家庭和中等水平家庭。说明那些社会经济地位较低的家庭中跨境务工的比例更高,原因可能是他们在本地相较富裕家庭社会资本有限,不具有竞争力;也可能是他们的"相对失落感"较高,即相对于较富裕的家庭,那些贫困家庭和低收入家庭存在的一种失落感,相对失落感越大,就越渴望离开既有环境迁移流动,其中部分人选择了跨国就业。[①]

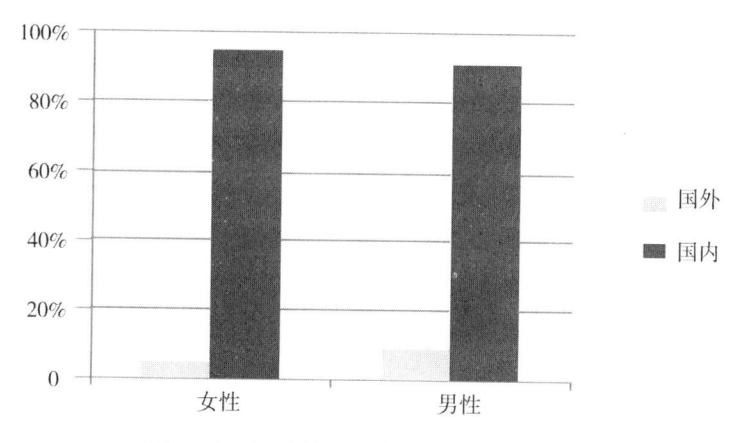

图6—2 谋生地(国内/国外)性别差异

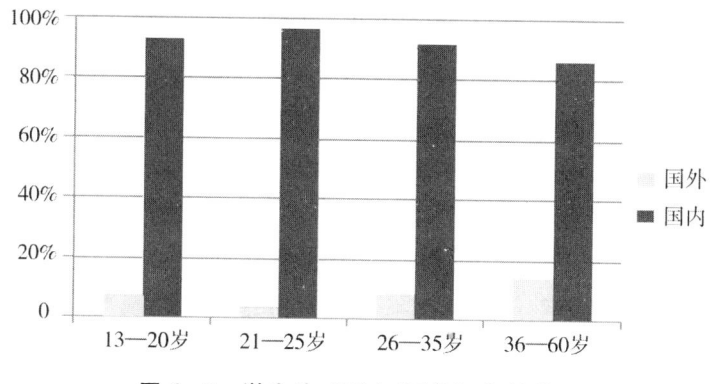

图6—3 谋生地(国内/国外)年龄差异

---

① 盛来运:《中国农村劳动力外出的影响因素分析》,《中国农村观察》2007年第3期。

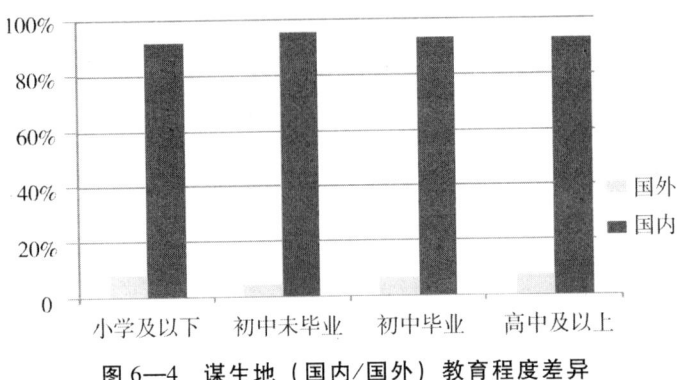

图 6—4 谋生地（国内/国外）教育程度差异

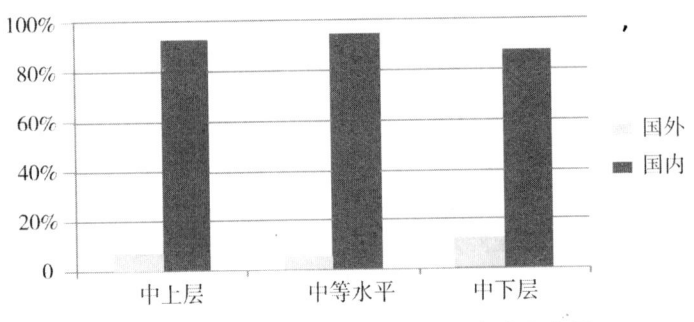

图 6—5 谋生地（国内/国外）家庭地位差异

虽然大部分云南跨界民族的就业流动都是国内流动，但还是存在一部分的跨国就业流动，这部分跨界民族的跨境就业动因、他们在境外的就业状况以及如何维护这一群体的合法利益有待我们去探究。

社区迁移文化是一个很重要的促进跨境就业的因素。具体来说，先遣移民在物质上的成功会对那些潜在的迁移者提供强有力的示范效应，先遣迁移者所表现出来的毅力和坚持不懈的精神对潜在迁移者也有感召作用。[①] 所以，一个社区或一个地区如果形成了迁移文化，那么这个社区或地区就充斥着跨国文化，这种潜移默化的影响会促使潜在迁移者实现跨国就业流动。

具体来看，西双版纳、普洱和临沧地区的跨界民族在国外谋生

---

① 魏亚蕊：《关于农村劳动力跨境就业动因的个案研究》，硕士学位论文，厦门大学，2009 年。

的比例相差不大，分别为8%、8%和9%。而德宏地区的跨界民族中仅有3%的人目前在国外谋生，说明德宏地区的跨界民族社区中的迁移文化并没有其他地区浓厚，跨国文化还没有潜移默化地与当地文化相结合，也缺少一些成功的先遣迁移者，所以德宏地区目前在国外谋生的人数比例较低（如图6—6所示）。

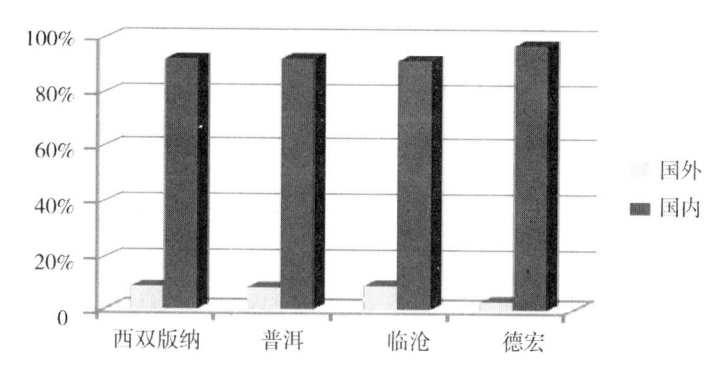

图6—6 谋生地（国内/国外）地区差异

从图6—7中可以看出，傣族、布朗族和哈尼族外出务工者目前在国外谋生的人数比例高于其他跨界民族。其中傣族中约有16%的人在国外务工，布朗族和哈尼族都有13%左右的人在国外务工。拉祜族、景颇族、德昂族在谋生地点是国外的人数比例均没有超过5%（分别为4%、3%和4%）。值得注意的是，我们所调查的佤族

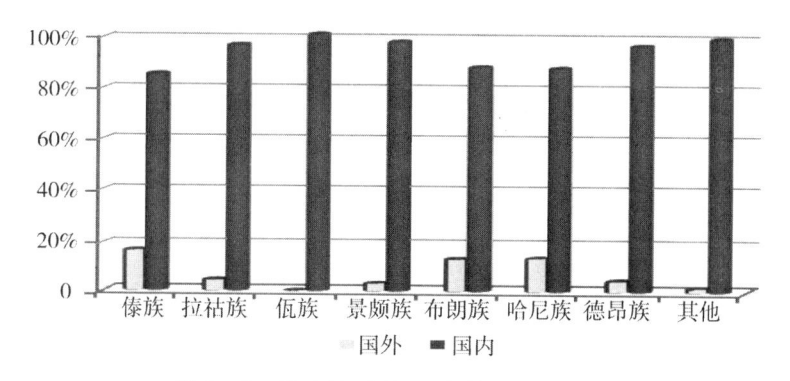

图6—7 谋生地（国内/国外）民族差异

中没有一个人目前是在国外务工的，所有佤族外出务工者都仅是国内就业流动。除了考虑样本的民族构成比例不同所造成的误差外，各个民族的务工者中谋生地点是国外的人数比例差距较大，可能受到各个民族聚居地区及其相邻的境外地区的社会经济发展状况影响。

第二节　国内迁移距离

基于流动成本视角的农民工迁移距离理论认为，首先，迁移会破坏已有的社会关系网络，而且迁移距离越远则原来积累的社会关系网络会越少，而社会资源越少就意味着通过熟人获取就业信息的比值比减少了，随之而来的是迁移风险的增加。其次，国外研究显示，迁移距离越远则迁移成本越大，如果各省之间的收入差距不大，此时迁移的成本就大于迁移的收益。所以，大部分农民工会选择非永久性迁移，这是一种理性的选择。迁移距离越远，迁移的交易成本越高是我国农村劳动力外出务工短距离迁移较多的原因。[①]一项关于沈阳市农民工的实证调查显示，农民工迁移距离与其职业类型显著相关，那些具有某些专长，为了谋求更好的就业和发展机会的人更有可能进行长距离迁移。研究还提到农民工中男性比女性迁移距离更远，有两个孩子的农民工比其他农民工的迁移距离更远。[②]

针对目前在国内谋生的云南跨界民族，我们询问了他们"目前在国内谋生的地点是哪里？"以及"为了谋生而外出最远的地方是哪里？"具体选项如下：（1）本县内；（2）本州/市内；（3）本省（云南）内；（4）广东方向；（5）上海方向；（6）省外其他地方。从这两个问题我们可以看出云南跨界民族外出务工者的迁移距离和最远迁移距离，并观察他们迁移距离和最远迁移距离的个人基本特

---

① 贾晓华、张桂文：《交易成本视角下农民工迁移距离的特征分析》，《理论界》2006年第12期。
② 杨肖丽、景再方：《农民工职业类型与迁移距离的关系研究——基于沈阳市农民工的实证调查》，《农业技术经济》2010年第11期。

征差异、地区差异以及民族差异。

就目前谋生地点来看，大部分云南跨界民族（65%）在省内流动，约有35%的人在省外谋生。其中在本县工作跨界民族的人数比例最高，约为38%。另外，约有11%的跨界民族在本州或本市谋生，16%的跨界民族是离开自己所在的自治州或城市，到云南省其他地区谋生。云南跨界民族外出务工者的省际流动中约有13%的人往广东方向流动，约有6%的人往上海方向流动，还有约15%的人在省外其他地方谋生（如图6—8所示）。云南跨界民族为了谋生去过最远的地方中约有20%的人最远仅在本县范围内务工，18%的人最远谋生地点是本州或本市，约16%的人最远谋生地点是本省。另外，约有13%的人最远去到广州或周围务工，仅有6%的人最远去到上海或周围务工，约有26%的人表示在省外的其他地方打过工。就最远谋生地点来看，一半以上（约54%）的人最远迁移距离在本省范围内，约有46%的人最远迁移距离是省外。所以，无论是目前迁移距离还是最远迁移距离，大部分云南跨界民族外出务工者都在省内迁移。

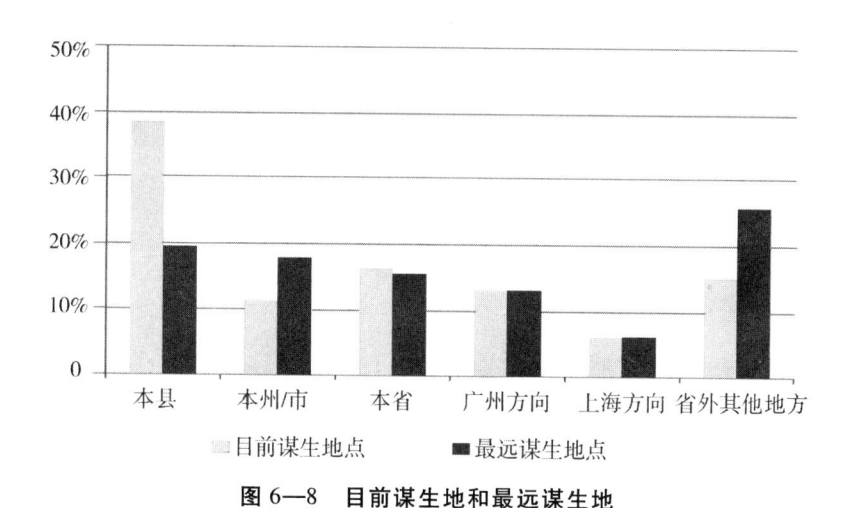

图6—8 目前谋生地和最远谋生地

为了分析需要，我们将目前谋生地点和最远谋生地点归纳为三类，分别是"本州/市内"、"本省"和"外省"。具体操作是将

"本县内"和"本州/市内"合并,赋值为 1 表示为"本州/市内";"本省(云南)内"赋值为 2 表示"本省内";将"广东方向"、"上海方向"和"省外其他地方"合并,赋值为 3 表示为"外省"。新生成的"本州或本市"、"本省"和"省外"表示由近及远的迁移距离。

约有一半(50%)的人目前在本州或本市谋生,在本省务工的人占 16%,目前在外省谋生的云南跨界民族约占 34%。而最远谋生地点中去到外省的云南跨界民族人数比例有所上升,约为 47%。但是,最远谋生地点在本州或本市范围内的跨界民族比例依然较高,约占 37%,最远谋生距离是本省内的人数比例约为 16%(如图 6—9 所示)。

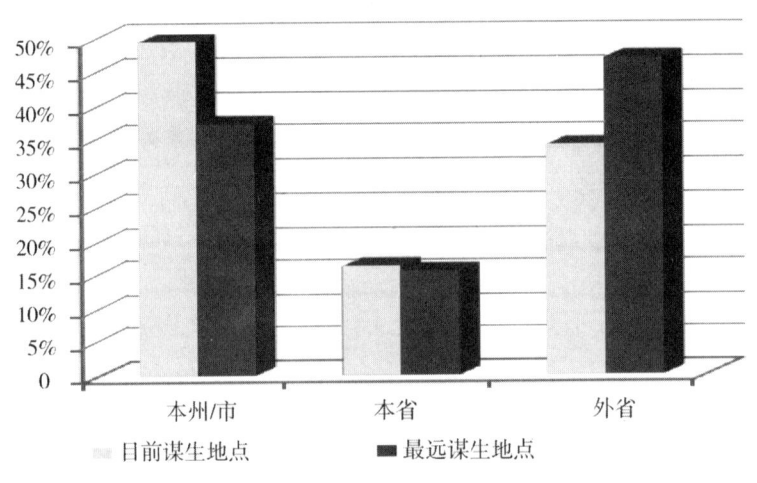

图 6—9 目前迁移距离和最远迁移距离

总体来看,云南跨界民族外出务工者的迁移距离较小,在本县内流动的人数比例最高,到迁移距离最远的"上海方向地区"的云南跨界民族较少。云南跨界民族外出务工者迁移距离短的原因可能有以下几点:(1)云南跨界民族作为特殊的少数民族,在农村富余劳动力转移过程中会遇到诸多问题,如语言障碍、宗教信仰差异、生活习惯差异,这些转移障碍都增加了长距离迁移的成本。(2)云南跨界民族受教育程度普遍较低,他们中具有专业才能和技术的人数非常少,无法到距离自己较远的发达地区寻找更好的就业和发展机会。(3)云南跨界民族外出务工者的职业获取受到基于熟人圈的社会关系网络的影响,迁移距离越远则会破坏已经积累的社会资源。外出务工者在一个人生地不熟的地方,由于缺乏社会资源而增加其迁移的成本也加大了迁移的风险。(4)少数民族家庭本位的文化和农民的土地情结,少数民族多以家庭为其人生最主要的追求,以家庭为重。云南有一个特点就是"家乡宝",他们愿意留在家中而不愿意离开自己熟悉的故土。另外,随着年龄的增长,农民还是希望回归故土,落叶归根。基于以上原因,云南跨界民族选择在离故土较近的地方谋生。

其次,云南跨界民族外出务工者在本省内务工的人数比例均低于在本州或本市以及在外省务工的人数比例。跨界民族选择在本州或本市内务工的原因可能是他们受教育程度普遍较低而需要通过熟人来介绍工作,而他们的社会关系网络往往都是基于亲缘和地缘的强关系,所以大部分云南跨界民族选择在本州或本市工作。而选择到省外谋生的云南跨界民族人数比例也较高,是因为省外的工资水平大大高于省内,当迁移成本小于迁移增长的速度时,他们会理性地选择远距离的迁移。

一 外出务工者国内迁移距离的个人特征差异

男性的迁移距离一般比女性要远。图6—10反映的是云南跨界民族外出务工者目前的迁移距离。其中女性在本州或本市务工的人数比例(56%)高于男性(43%),约有13%的女性在省内务工,约有18%的男性在省内务工。约有31%的女性在外省务工,男性目前在外省务工的人数比例为39%,说明目前在省外务工的云南跨界民族男性多于女性,男性的迁移距离比女性的远。图6—11反映的是云南跨界民族外出务工者最远迁移距离。其中约有45%的女性最远迁移距离就是在本州或本市内务工,而男性的这一比例低于女性约15%。约有12%的女性的最远迁移距离是在本省范围内,男性的这一比例是18%。最远迁移到外省务工的女性占44%,男性高于女性约8%。总体来看,云南跨界民族男性的迁移距离比女性远。

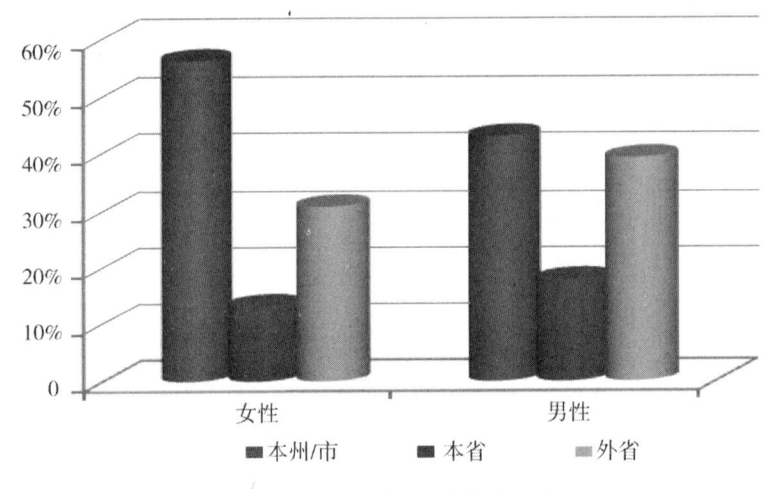

图 6—10 目前迁移距离的性别差异

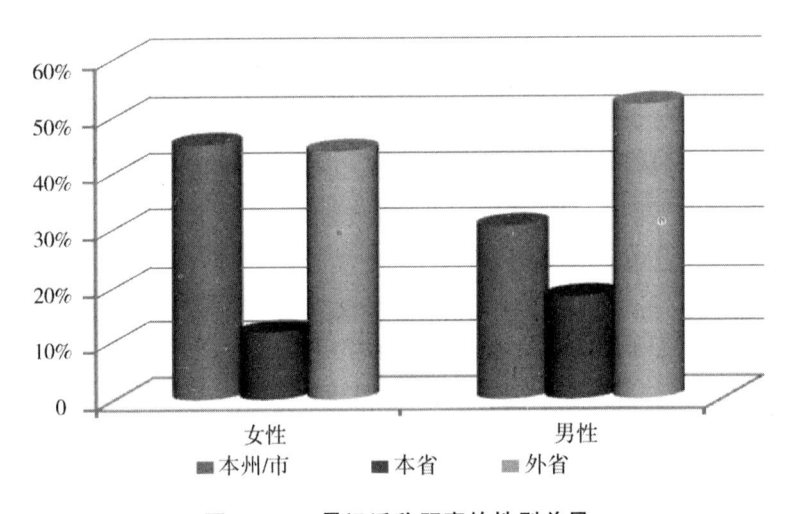

图 6—11 最远迁移距离的性别差异

从图 6—12 中可以看出，大部分（分别为 62% 和 74%）13—20 岁年龄组的青少年和 36—60 岁年龄组的中老年人目前务工地点就在本州或本市范围内，年纪较小的跨界民族由于技能熟练程度较低，没有能力到更远的地方谋生。另外，由于中老年人跨界民族外出务工者有一种落叶归根、返乡养老的观念，所以为了方便返乡，他们选择迁移距离近、迁移时间短的非永久性迁移。21—25 岁年龄组的青壮年当中约有44%的人目前在外省务工，有21%的人在本省内务工，还有35%的人在本州或本市务工。可以看出，21—25岁年龄段的青壮年中在外省务工的人数比例最高。另外，图6—13反映的是云南跨界民族最远迁移距离的年龄差异。同样地，大部分（分别为50%和62%）13—20岁年龄组的青少年和36—60岁年龄组的中老年跨界民族最远的迁移距离在本州或本市范围内，而大部分（分别为55%和53%）21—25岁和26—35岁年龄组的年轻人最远到达过外省务工。

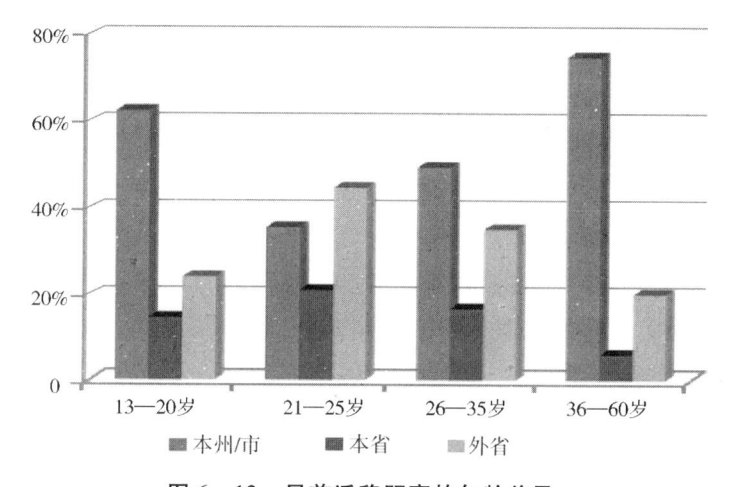

图6—12 目前迁移距离的年龄差异

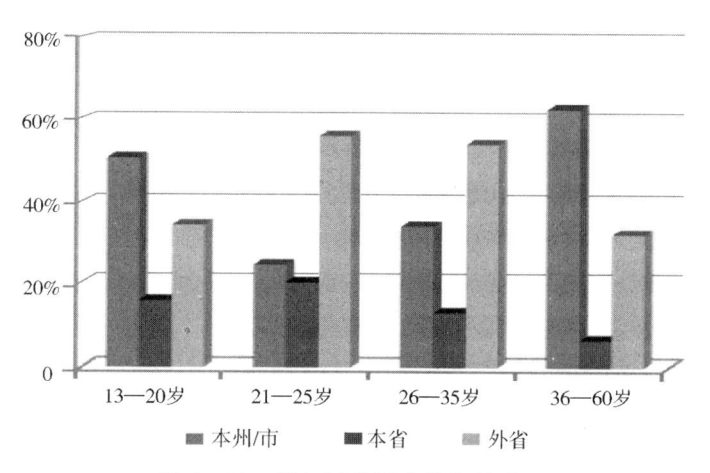

图6—13 最远迁移距离的年龄差异

受教育程度越高则人力资本积累得越多，培养了其综合素质和专业技能，所以受教育程度较高的跨界民族外出务工者在职业阶层上会高于受教育程度较低的跨界民族，这些综合素质较高的跨界民族会选择到有发展机会的地方务工。并且，教育水平较高的跨界民族的思维方式较新、视野较开阔，这些跨界民族希望到工资水平和生活质量都较高的地区来发展自己的事业和证明自己的能力。但是，云南跨界民族外出务工者的情况恰恰相反，教育程度较高的"高中及以上"学历的跨界民族目前在外省谋生和最远到外省谋生的人数比例均低于其他教育水平的跨界民族。具体来看，从图6—14和图6—15中可以看出，"高中及以上"教育水平的跨界民族中仅有12%的人目前在外省务工，有28%的人最远去过外省谋生；初中毕业的跨界民族中约有36%的人目前在外省务工，约有49%的人表示最远去过省外务工；初中未毕业者中有47%的人目前在外省务工，有一半以上（57%）的人最远去过外省务工；小学及以下教育水平的跨界民族中有39%的人目前在外省务工，约有一半（51%）的人表示最远到过省外务工。所以，针对云南跨界民族外出务工者来说，教育程度越高的人的迁移距离越近。其原因可能是云南跨界民族地区民众教育程度普遍偏低，样本中受教育程度属于较高水平的也多数只是高中水平，所以在城市劳动力市场中不具备竞争力。

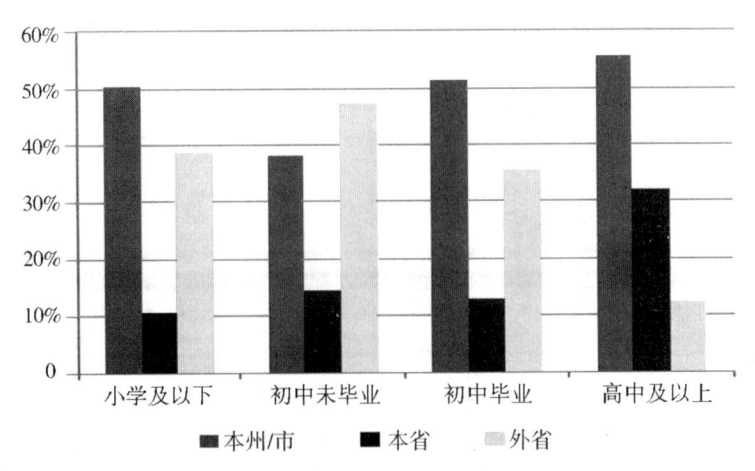

图6—14 目前迁移距离的教育程度差异

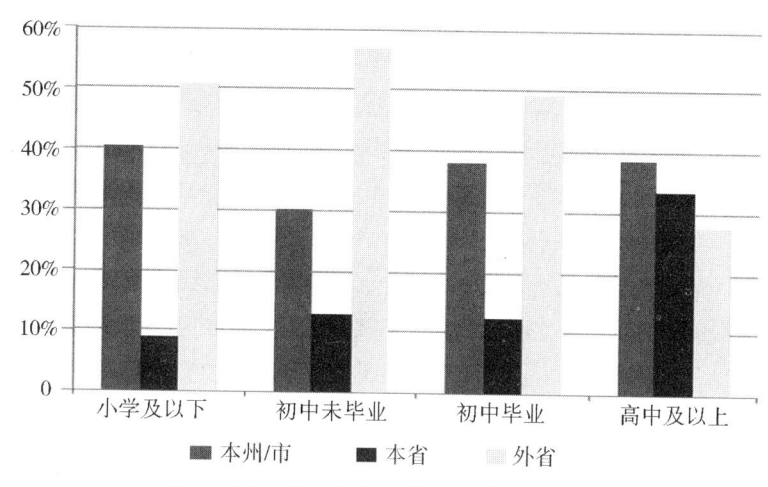

图 6—15 最远迁移距离的教育程度差异

目前迁移距离的家庭社会经济地位差异并不明显，各个社会阶层的跨界民族在本州或本市、本省还是外省务工的人数比例相差不大（如图 6—16 所示）。但是最远迁移距离中的家庭社会经济地位差异较明显，从图 6—17 中可以看出，中下层家庭最远到外省谋生的比例（54%）高于中上层（47%）和中等水平家庭（46%），并且中下层家庭在本省谋生的比例（19%）也高于中上层（13%）和中

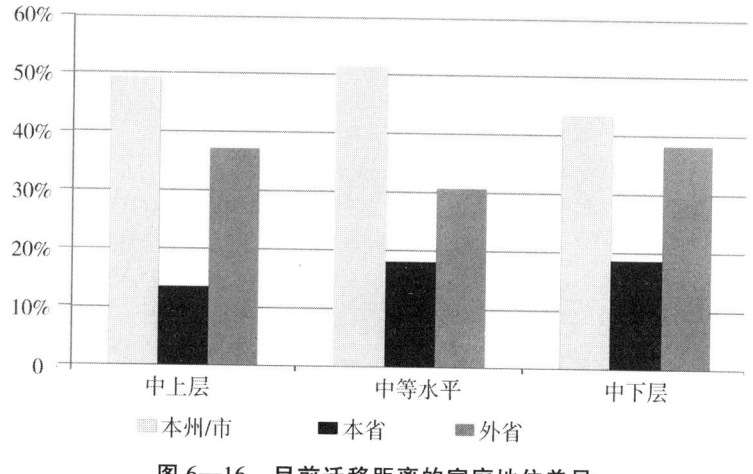

图 6—16 目前迁移距离的家庭地位差异

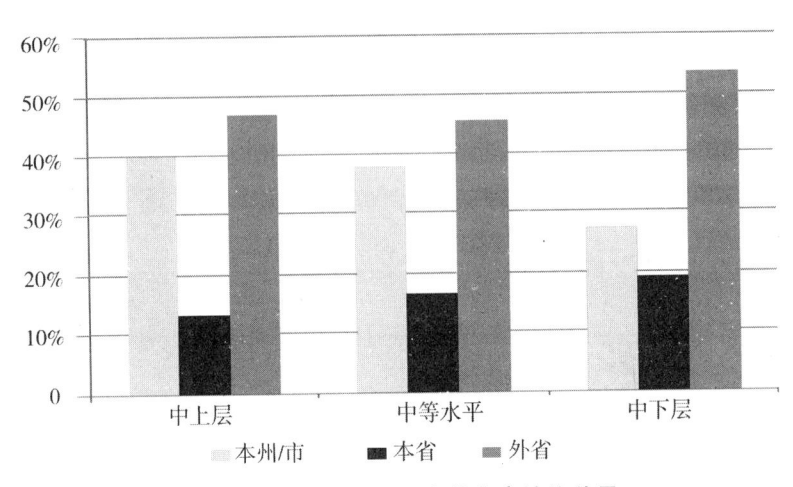

图 6—17 最远迁移距离的家庭地位差异

等水平家庭（16%）。另外，迁移距离较近的本州或本市范围内的人数比例，中下层家庭为27%，均低于中上层家庭（40%）和中等水平家庭（38%）。说明中下层家庭在最远去过务工的人数比例最高，而最远仅在本州或本市范围内务工的人数比例最低。针对云南跨界民族外出务工者，家庭社会经济地位较低的人群的迁移距离越远。

二 外出务工者迁移距离的地区差异和民族差异

就目前迁移距离来看，各个地区的跨界民族外出务工者谋生地点在本州或本市范围内的人数比例最高，其次是在外省务工的人数比例，而在本省务工的人数比例最低。具体来看，临沧地区的跨界民族中有超过一半（57%）的人目前在本州或本市范围内务工，仅有13%的人在本省务工，还有29%的人目前在外省务工；西双版纳地区的跨界民族中，目前在本州或本市务工的人占47%，在本省务工的占15%，另外38%的人在外省务工；普洱地区的跨界民族中约有43%的人在本州或本市务工，26%的人在本省务工，另外31%的人在外省务工；德宏地区的跨界民族中有49%的人在本州或本市范围内务工，仅有11%的人在本省务工，有40%的人在外省工作（如图6—18所示）。总体来看，临沧地区的跨界民族目前迁移距离较近。

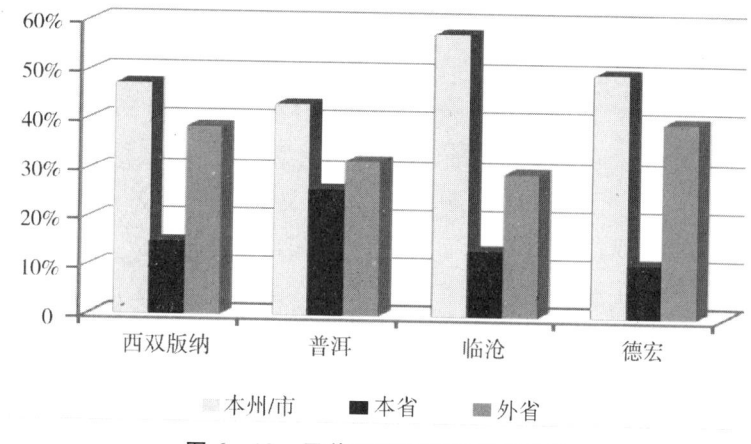

图 6—18 目前迁移距离的地区差异

就最远迁移距离来看，西双版纳、普洱和临沧地区的跨界民族最远谋生地点均表现为在外省务工的人数比例最高，其次是在本州或本市务工，在本省内务工的人数比例最少；而德宏地区的跨界民族在本州或本市务工和在外省务工的人数比例相差不大，分别为44%和43%（如图6—19所示）。

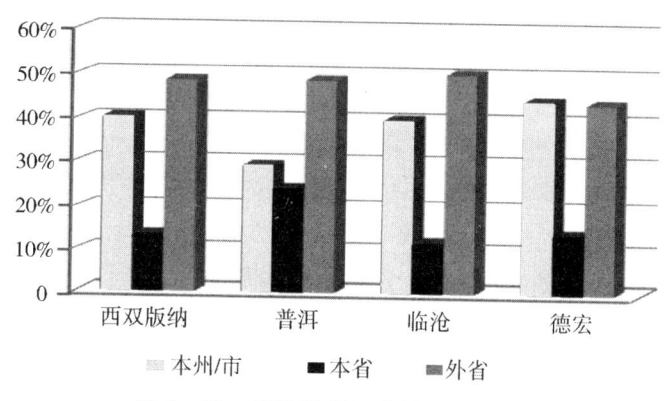

图 6—19 最远迁移距离的地区差异

值得注意的是，无论是目前谋生地点还是最远谋生地点，普洱地区跨界民族在本省范围内务工的比例都较高。具体数据显示，普洱地区跨界民族中约有26%的人在本省务工谋生，约有23%的人最远谋生地点在省内。

从图6—20中可以明显地看出，拉祜族、景颇族和布朗族中的大部分外出务工者目前都在本州或本市务工，其中拉祜族中有68%的人在本州或本市务工，景颇族的这一比例高达87%，布朗族的这一比例为55%。仅有德昂族中约有一半（50%）的人在外省工作，其他各个民族目前在外省务工的人数比例均低于50%，如傣族目前在外省务工的人数占38%，佤族占45%，布朗族占38%，拉祜族仅占14%，景颇族仅占6%。值得注意的是，哈尼族中约有一半（49%）的人在省内务工，这一比例均高于其他跨界民族目前在省内务工的人数比例。

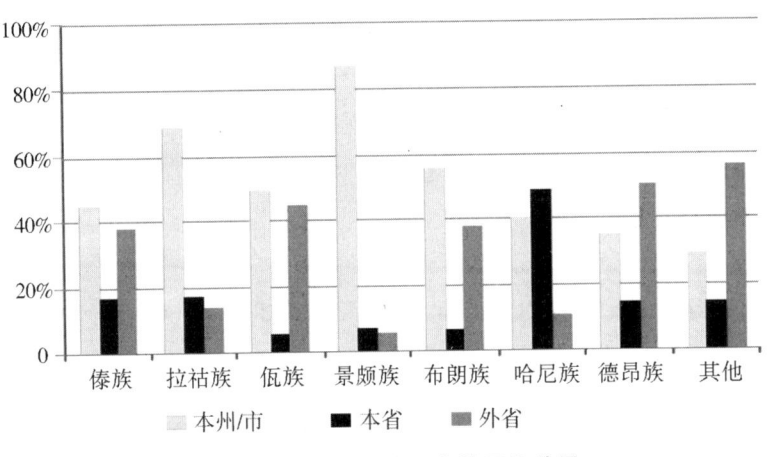

图6—20 目前迁移距离的民族差异

图6—21反映的是云南不同跨界民族的最远迁移距离。其中，拉祜族中有超过一半（55%）的人最远迁移距离仅在本州或本市范围内，景颇族这一比例高达83%，说明大部分景颇族迁移距离较短。而傣族、佤族、布朗族和德昂族中均有超过一半的人最远到达外省务工。数据显示，傣族中约有58%的人最远谋生地点为省外，佤族中有高达67%的人最远迁移距离为省外，布朗族的这一比例为53%，德昂族为56%。

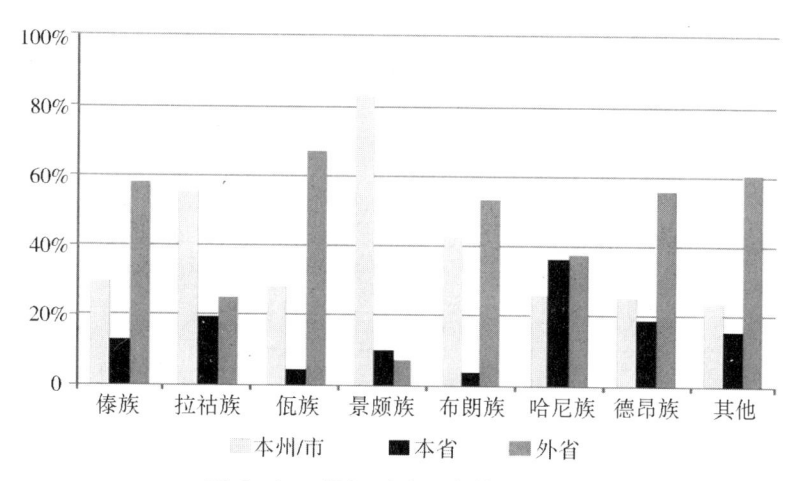

图 6—21 最远迁移距离的民族差异

哈尼族的迁移距离具有特殊性，表现为无论是目前谋生地点还是最远谋生地点，其在本省内务工的人数比例都较高。数据显示，在目前谋生地点中，哈尼族中有49%的人在省内务工，这一比例高于在本州或本市（40%）和省外务工的人数比例（11%）。在最远谋生地点中，哈尼族中有36%的人在省内务工，最远去到省外务工的人数比例仅高出在省内务工的人数比例约2个百分点，为38%；而最远仅在本州或本市范围内务工的人数比例为26%。

三 社会资本与迁移距离

我们根据问题"您目前谋生地点在哪里？"和"您为了谋生而外出最远的地方是哪里？"这两个问题来观察云南跨界民族外出务工者目前迁移距离和最远迁移距离。模型1是关于云南跨界民族目前迁移距离的逻辑回归分析。因变量是目前迁移距离（由近及远包括本州市内、本省内和省外三个等级），自变量包括是否使用社会关系网络获取工作、性别、地区、年龄组、民族、教育程度和家庭社会经济地位。模型2是关于云南跨界民族最远迁移距离的逻辑回归分析。因变量是最远迁移距离（由近及远包括本州市内、本省内和省外三个等级），自变量包括是否通过社会关系网络获取工作、性别、地区、年龄组、民族、教育程度和家庭社会经济地位。

表6—1　　外出务工者迁移距离的逻辑模型比值比（OR）

		模型1：目前谋生地点①		模型2：最远谋生地点②	
		比值比	标准误	比值比	标准误
社会资本	使用社会资本	0.873	0.10	0.880	0.10
性别	男性	1.369**	0.14	1.353**	0.14
地区	普洱	1.660*	0.39	2.076***	0.48
	临沧	0.738	0.15	1.640*	0.32
	德宏	1.409	0.33	2.269***	0.54
年龄组	21—25岁	2.893***	0.41	3.316***	0.45
	26—35岁	1.668***	0.26	2.438***	0.37
	36—60岁	0.726	0.15	1.144	0.21
民族	拉祜族	0.199***	0.05	0.189***	0.04
	佤族	0.631*	0.14	0.918	0.20
	景颇族	0.081***	0.03	0.045***	0.01
	布朗族	0.793	0.18	0.845	0.19
	哈尼族	0.374***	0.09	0.460***	0.11
	德昂族	0.981	0.18	0.516***	0.10
	其他民族	1.866**	0.41	1.087	0.25
教育程度	初中未毕业	1.341	0.22	1.329	0.22
	初中毕业	0.963	0.13	1.010	0.13
	高中及以上	0.627**	0.10	0.647**	0.10
家庭社会经济地位	中等水平	0.767*	0.08	0.875	0.09
	中下层	1.115	0.19	1.035	0.18

注：各自变量的参照组分别为未使用关系网络、女性、西双版纳、13—20岁、傣族、小学及以下、中上层等。

* $P<0.05$；** $P<0.01$；*** $P<0.001$。

---

① 样本量=1845，卡方值=487.53（$P<0.001$）。
② 样本量=1860，卡方值=482.67（$P<0.001$）。

模型1中，除了是否使用社会关系网络外，所有自变量对目前迁移距离这一变量均有一定的解释力。首先，相比于没有通过关系网络获取工作的跨界民族外出务工者，使用社会关系网络的人目前谋生距离上升一个等级的比值比低约13%（如表6—1所示），但不具有统计显著性。就性别差异来看，男性目前迁移距离要大于女性。数据显示，男性迁移距离上升一个等级的比值比高于女性约37%（$P<0.01$）。相较于西双版纳地区的跨界民族外出务工者，普洱地区的外出务工者目前迁移距离上升一个等级的比值比高约66%（$P<0.05$），临沧地区的外出务工者目前迁移距离上升一个等级的比值比低于西双版纳地区约26%，临沧地区与西双版纳地区在这一变量上的差异不具有统计显著性，德宏地区的外出务工者目前迁移距离上升一个等级的比值比高于西双版纳地区约有41%。可以看出，来自普洱和德宏地区的跨界民族外出务工者目前迁移距离更远的比值比高于其他地区。21—25岁年龄组的青年人目前迁移距离上升一个等级的比值比高于13—20岁年龄组的青少年约2.89倍（$P<0.001$），26—35岁年龄组的青壮年的这一比例高出13—20岁年龄组约67%（$P<0.001$），36—60岁年龄组的中老年的这一比例低于13—20岁年龄组约27%。就民族差异来看，相较于傣族外出务工者，拉祜族外出务工者目前迁移距离上升一个等级的比值比低约80%（$P<0.001$），佤族外出务工者目前迁移距离上升一个等级的比值比低约37%（$P<0.05$），景颇族外出务工者目前迁移距离上升一个等级的比值比仅是傣族的8%（$P<0.001$），布朗族外出务工或者目前迁移距离上升一个等级的比值比低于傣族约21%且不具有统计显著性，哈尼族的这一比例低于傣族约63%（$P<0.001$），德昂族在这一变量上与傣族的差异较小且不具有统计显著性。就教育程度的差异来看，初中未毕业者目前迁移距离上升一个等级的比值比高于小学及以下教育水平跨界民族外出务工者34%；初中毕业的跨界民族外出务工者与小学及以下教育程度的跨界民族在这一变量上的差异较小，且不具有统计显著性；高中及以上教育程度的跨界民族外出务工者目前迁移距离上升一个等级的比值比低于小学及以下教育水平约37%（$P<0.01$）。就家庭社会经济地位差异来看，中等水平家庭目前迁移

距离上升一个等级的比值比低于中上层家庭约23%（P<0.05），中下层家庭与中上层家庭在这一变量上的差异较小且不具有统计显著性。

云南跨界民族外出务工者目前迁移距离的逻辑回归分析结果总结如下：（1）使用社会关系网络获取工作的人迁移距离较短。因为迁移的拉长是以社会资本的减少为成本，社会资本的减少意味着迁移风险的增加，大部分人力资本存量较少的跨界民族外出务工者不愿意承担这样的风险。（2）相较于女性，男性目前迁移距离更远。（3）普洱和德宏地区的跨界民族外出务工者目前迁移距离大于西双版纳地区的跨界民族外出务工者。（4）21—25岁年龄组的青年人目前迁移距离最远，其次是26—35岁年龄组的青壮年，36—60岁年龄组的中老年目前迁移距离比13—20岁年龄组的青少年近。说明年龄越大的跨界民族外出务工者的迁移距离越短。（5）傣族外出务工者的目前迁移距离高于其他跨界民族，景颇族外出务工者的目前迁移距离最小。（6）高中及以上教育水平的跨界民族外出务工者的目前迁移距离最短。（7）中上层家庭的跨界民族外出务工者目前迁移距离高于中等水平家庭的跨界民族外出务工者。

模型2中除了是否使用社会关系网络获取工作和家庭社会经济地位在最远迁移距离上的差异不具有统计显著性以外，其他自变量均对最远迁移距离有一定的解释力。从比值比结果中可以看出，相较于没有通过关系网络获取工作的人，使用社会关系的人最远迁移距离上升一个等级的比值比低约12%，不具有统计显著性。另外，男性最远迁移距离上升一个等级的比值比是女性的1.35倍（P<0.01）。就地区差异来看，普洱地区的跨界民族外出务工者最远迁移距离上升一个等级的比值比是西双版纳地区的2.08倍（P<0.001），临沧地区的这一比例高于西双版纳地区约64%（P<0.05），德宏地区的这一比例是西双版纳地区的2.27倍（P<0.001）。就年龄组差异来看，21—25岁年龄组的青年人最远迁移距离上升一个等级的比值比是13—20岁年龄组的青少年的3.32倍（P<0.001），26—35岁年龄组的青壮年的这一比例是13—20岁年龄组的青少年的2.44倍（P<0.001），36—60岁年龄组的中老年与13—20岁年龄组的青少年在这一变量上的差异较小，而且不具有统

计显著性。就民族差异来看，拉祜族、景颇族、哈尼族和德昂族外出务工者最远迁移距离上升一个等级的比值比均低于傣族，其中拉祜族低于傣族约81%（P<0.001），景颇族低于傣族约95%（P<0.001），哈尼族低于傣族约54%（P<0.001），德昂族低于傣族约48%（P<0.001）。佤族和布朗族与傣族在这一变量上的差异不具有统计显著性。就教育程度差异来看，初中未毕业的跨界民族外出务工者最远迁移距离上升一个等级的比值比高于小学及以下教育水平跨界民族外出务工者约33%，初中毕业的跨界民族外出务工者与小学及以下跨界民族外出务工者在这一变量上的差异较小且不具有统计显著性，高中及以上教育程度的跨界民族外出务工者最远迁移距离上升一个等级的比值比低于小学及以下教育水平的外出务工者约35%（P<0.01）。相较于来自中上层家庭的跨界民族外出务工者，中等水平家庭的人最远迁移距离上升一个等级的比值比低约12%，中下层家庭与参照组在这一变量上的差异较小且不具有统计显著性。

云南跨界民族外出务工者最远迁移距离的逻辑回归分析结果总结如下：（1）使用社会关系网络获取工作的人最远迁移距离较短；（2）相较于女性，男性最远迁移距离更远；（3）德宏地区的跨界民族外出务工者最远迁移距离比其他地区的跨界民族外出务工者远，其次是普洱地区的跨界民族外出务工者，再次是临沧地区，西双版纳地区的跨界民族外出务工者最远迁移距离最小；（4）21—25岁年龄组的青年人和26—35岁年龄组的青壮年最远迁移距离大于13—20岁年龄组的青少年和36—60岁年龄组的中老年；（5）傣族外出务工者最远迁移距离较大，景颇族的最远迁移距离最小；（6）高中及以上教育程度的跨界民族外出务工者最远迁移距离低于小学及以下教育程度的跨界民族外出务工者；（7）家庭社会经济地位在这一变量上的差异不具有统计显著性。

小　结

云南跨界民族地区的农村富余劳动力不同于一般的流动人口或

少数民族流动人口，他们具有跨国界流动的特殊性。国家边境线两侧的跨界民族自古以来"边民互市"就是常态，加上交通便利性、语言相似性和文化共同性等有利条件，我们认为云南跨界民族存在着一定数量的跨国界流动。本次调查的结果显示，大部分云南跨界民族外出务工者表现为国内流动，仅有少部分表现为跨境流动，这可能是由我国经济社会发展状况优于邻国造成的，云南跨界民族更加愿意流向能为其增加收入水平和提高生活质量的迁入地。通过进一步分析他们在国内的迁移距离，发现大部分云南跨界民族外出务工人员都在本省和本州市流动，即到省外打工的人数较少，分析认为云南跨界民族外出务工人员迁移距离较短的原因包括少数民族特殊的生活方式、语言障碍、专业技能较差、社会资本存量小且异质性低、"小富即安"和农民对土地的情结等因素。云南跨界民族外出务工人员的迁移距离较短且属于暂时性迁移。

我们将社会资本作为云南跨界民族外出务工人员迁移距离的影响因素进行统计分析后发现，那些通过社会关系网络在迁入地获取工作的人迁移距离较短。云南跨界民族受教育程度普遍较低，加上语言障碍与民族特殊性等阻碍，大部分跨界民族外出务工人员都是通过其亲戚、家人、老乡、同学和朋友了解就业信息，并通过他们的帮助才能在迁入地获取工作，所以出于对这些基于强关系的社会资本的依赖，迁移距离的增大意味着社会资本的减少，在就业市场上对不占优势的流动人口来说，这无疑增加了迁移的风险和成本。

第 七 章

社会资本视角下的跨界民族人口异地就业途径

第一节 云南跨界民族外出务工者的就业途径

以往国内外研究表明社会资本能帮助求职者得到就业信息从而找到工作，社会资本可以提高寻找工作的效率。林楠的社会资本理论将求职者的求职途径归纳为三种：一是个人关系；二是正规渠道；三是直接向雇主申请。他在研究了美国某市的雇员后发现，大部分人获得工作是通过个人关系，所以动用个人关系有利于个人的职业获得。[1] 格兰诺维特和林楠所提出的"弱关系假设"是针对自由的劳动力市场。但是在中国现实的转型社会体制下，边燕杰提出了"强关系假设"。"强关系假设"认为在转型体制下的劳动力市场，职业的获得和流动不是靠社会资本所传递的求职信息，而是人情和影响。中国自古以来就是人情社会，农村居民对亲戚、老乡和朋友的信任，加上他们在迁入地缺少社会资本的原因，大多数外出务工者都是通过亲戚、老乡或朋友来寻找工作。[2]

另外，国际迁移者也具有民族性和地方性的特征。迁移到国外的华人都会聚居在一起，比如很多国家都有"唐人街"，还有很多

---

[1] Lin, Nan, Ensel, Walter M., Vaughn John C., "Social Resources and Strength of Ties: Structural Factors in Occupational Status Attainment", *American Sociological Review*, Vol. 46, No. 4, 1981, pp. 393-405.

[2] Bian, Yanjie, "Bringing Strong Ties back in: Indirect Ties, Network Bridges, and Job Search", *American Sociological Review*, Vol. 62, No. 3, 1997, pp. 366-385.

基于同一地域的"福建帮"、"广东帮"等。① 他们之间共享社会资源，共同拓展事业。巴黎有"温州城"，先遣迁移者成了潜在迁移者在迁入地的社会资本。② 这样的国际迁移中表现出了基于强关系的社会资本在就业获得和就业流动上的主导作用。

本次调查的样本数据分布符合以上社会资本与就业途径的理论基础。问卷中分别询问了外出务工者找工作使用最多的方式和第二多的方式。本调查将求职途径的选项设置为：（1）家人或亲戚介绍；（2）同村人介绍；（3）同学、朋友介绍；（4）政府组织；（5）职业介绍机构；（6）招工应聘。以上找工作的方式中（1）、（2）、（3）都属于动用了社会关系的求职途径。在本次研究中，根据需要将这个问题转化为二分类变量，即对回答（1）、（2）、（3）的受访者赋值为1，表示使用了社会关系找工作；另外对回答（4）、（5）、（6）的受访者赋值为0，表示没有使用社会关系，而是通过正规渠道来寻找工作。调查数据显示，样本中经历最多的求职途径中通过社会关系找工作的受访者占66%，经历第二多的求职途径中通过社会关系找工作的受访者占80%。可以看出，即使是针对云南跨界民族这一特殊群体来说，使用社会资本也依然能提高寻找工作的效率。

具体来看，大部分受访者（32%）使用最多的方式是通过"家人或亲戚介绍"（如图7—1所示），大部分受访者（34%）使用第二多的找工作方式是通过"同村人介绍"（如图7—2所示）。可以看出，大部分外出务工者最主要的求职途径是靠家人或亲戚介绍，其次就是通过同村人介绍。最主要的找工作途径中"招工应聘"所占比重也较大（21%）、"同学、朋友介绍"的受访者占17%、通过"政府组织"找到工作的占10%、通过"职业介绍机构"找到工作的占2%；使用第二多的就业途径中通过"同学、朋友介绍"的受访者占21%、通过"招工应聘"的占15%、"政府组织"占3%、"职业介绍机构"占2%。可以看出，样本中通过政府组织的

---

① 朱国宏：《论中国人口的国际迁移》，《人口学刊》1987年第2期。
② 王春光：《流动中的社会网络：温州人在巴黎和北京的行动方式》，《社会学研究》2000年第3期。

农村富余劳动力转移和职业介绍机构找工作的受访者较少。原因可能是样本所在地区政府在组织和帮助农村富余劳动力转移的工作上还有所欠缺；另外在中国转型体制下，行之有效的职业介绍机构还没有建立起来，劳动力不能得到公开和快速的求职信息。

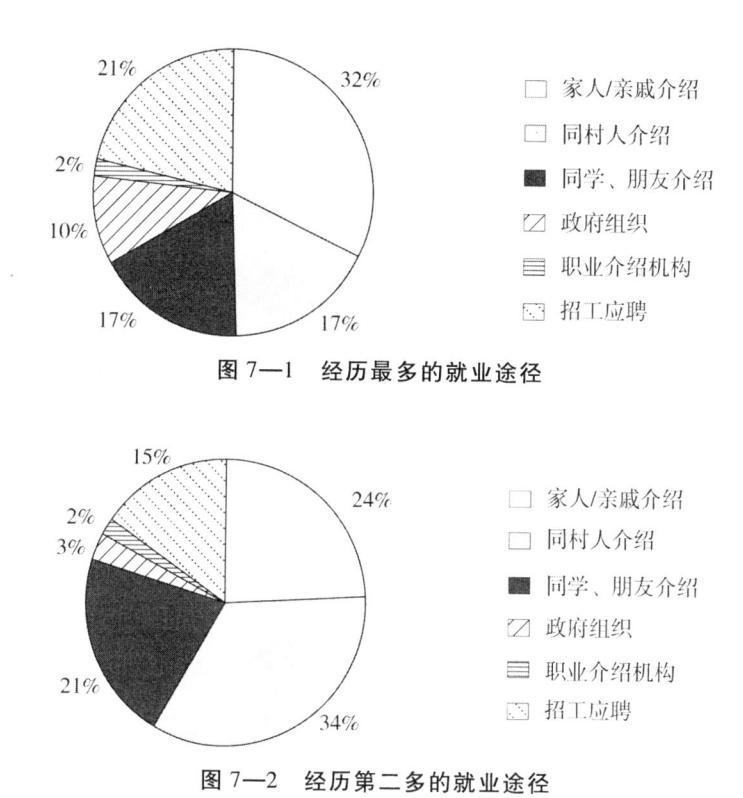

图 7—1　经历最多的就业途径

（家人/亲戚介绍 32%；同村人介绍 17%；同学、朋友介绍 17%；政府组织 10%；职业介绍机构 2%；招工应聘 21%）

图 7—2　经历第二多的就业途径

（家人/亲戚介绍 24%；同村人介绍 34%；同学、朋友介绍 21%；政府组织 3%；职业介绍机构 2%；招工应聘 15%）

本书对是否通过社会关系网络获取职业进行了逻辑回归分析，因变量是关于"是否使用社会关系网络获取职业"的二分变量，自变量包括性别、州市、年龄组、民族、教育程度、家庭社会经济地位。针对这一问题的逻辑分析包括两个模型，模型 1 为"选择最多的就业途径中是否使用了社会关系网络"，模型 2 为"选择第二多的就业途径中是否使用了社会关系网络"。

首先，在没有控制其他变量的情况下，分别将性别、地区、年龄组、民族、教育程度和家庭社会经济地位与"是否使用社会关系网络获取职业"进行两两交互分析,来观察模型中参照组使用社会关系网络寻找工作的状况。然后,通过模型控制其他变量来分析个人基本特征与使用社会关系网络寻找工作的关系。

模型1是关于最主要就业途径是否使用社会关系网络的逻辑回归模型。其中性别和家庭社会经济地位对这一变量的影响不具有统计显著性,而地区、年龄组、民族和教育程度对这一变量都具有一定程度的解释能力。模型2是关于选择第二多的就业途径是否使用社会关系网络的逻辑回归模型。其中性别、年龄组、民族以及教育程度在这一变量上的差异不具有统计显著性,而地区和家庭社会经济地位对这一变量具有一定程度的解释能力。

云南跨界民族地区的数据显示,使用最多的就业途径中,通过非正规渠道寻找工作的女性约占65%,男性约占67%;使用第二多的就业途径中,通过非正规渠道寻找工作的女性约占79%,男性约占80%。可以看出,男性和女性在是否使用社会关系网络获取工作上的差异不大。控制了其他变量后发现,男性最主要就业途径中使用社会关系的人数比例仅高于女性约10%(如表7—1所示)。选择第二多的就业途径中,男性的这一比例高于女性约22%。可以看出,这一变量的性别差异较小,男性使用社会关系网络获取工作的比例稍高于女性,但是均不具有统计显著性。

表7—1　通过社会关系网络获取职业的逻辑回归模型(OR)

		模型1:选择最多的就业途径①		模型2:选择第二多的就业途径②	
		比值比	标准误	比值比	标准误
性别	男性	1.094	0.125	1.222	0.162
地区	普洱	0.405**	0.124	0.326***	0.114
	临沧	0.152***	0.041	0.350***	0.108
	德宏	0.071***	0.021	0.369**	0.121

① 样本量=1956,卡方值=432.61(P<0.001)。
② 样本量=1659,卡方值=84.69(P<0.001)。

续表

		模型1:选择最多的就业途径		模型2:选择第二多的就业途径	
		比值比	标准误	比值比	标准误
年龄组	21—25岁	0.741*	0.113	1.046	0.184
	26—35岁	1.145	0.194	1.394	0.285
	36—60岁	1.468	0.313	1.623	0.424
民族	拉祜族	0.429***	0.096	0.771	0.225
	佤族	0.340***	0.078	0.781	0.237
	景颇族	35.841***	16.878	0.775	0.260
	布朗族	0.707	0.213	0.893	0.328
	哈尼族	0.779	0.223	0.923	0.313
	德昂族	0.667*	0.134	1.065	0.278
	其他民族	0.675	0.169	0.567	0.174
教育程度	初中未毕业	1.243	0.218	0.747	0.149
	初中毕业	0.777	0.115	1.155	0.208
	高中及以上	0.333***	0.058	0.717	0.141
家庭社会经济地位	中等水平	0.964	0.116	0.533***	0.077
	中下层	0.976	0.183	1.227	0.324

注:各自变量的参照组分别为女性、西双版纳、13—20岁、傣族、小学及以下、中上层等。

* $P<0.05$;** $P<0.01$;*** $P<0.001$。

就地区来看,西双版纳地区受访者经历最多和经历第二多的就业途径是使用社会关系的非正规途径的人约占90%。其次,无论是经历最多还是第二多的就业途径,普洱地区、临沧地区和德宏地区均有一半(50%)以上的受访者是通过非正规渠道找到工作的。在控制了其他变量后发现,模型1中普洱地区受访者使用社会关系网络找到工作的人数比例低于西双版纳地区约59%($P<0.01$),临沧地区受访者的这一比例低于西双版纳地区约85%($P<0.001$),德宏地区受访者使用社会关系获取工作的比例仅是西双版纳地区受访者的7%($P<0.001$)。模型2中普洱地区受访者通过非正规渠道获

取工作的人数比例低于西双版纳地区约67%（P<0.001），临沧地区受访者的这一比例低于参照组约65%（P<0.001），德宏地区受访者人数比例小于参照组约63%（P<0.01）。总体来看，西双版纳地区的跨界民族外出务工者中使用社会关系找到工作的人数比例高于其他地区的跨界民族。

针对最主要就业途径中是否使用社会关系网络，13—20岁年龄组的青少年中约有65%的人表示是通过社会关系获取工作的，21—25岁年龄组的青年人的这一比例约为61%，26—35岁年龄组的强壮年中约有69%的人通过社会关系网络获取工作，36—60岁年龄组的中老年人的这一比例为78%。另外，针对次要就业途径中是否使用社会关系网络，13—20岁年龄组的青少年中约有78%的人表示是使用了社会资源来帮助自己获取工作，21—25岁年龄组的这一比例约为77%，26—35岁年龄组的这一比例约为83%，36—60岁年龄组约为85%。通过控制其他变量来观察其比值比，从模型1中可以看出，21—25岁年龄组的人使用社会关系找工作的概率少于13—20岁年龄组约26%（P<0.05），26—35岁和36—60岁年龄组的人分别比13—20岁年龄组的人使用社会关系找工作的比例高约15%和47%。但是26—35岁年龄组的中青年和36—60岁年龄组的中老年与13—20岁组的青少年在这个变量上的差别并不显著。模型2中，21—25岁年龄组的青年人使用社会关系寻找工作的比例是13—20岁年龄的青少年的1.05倍，中青年组是青少年组的1.39倍，中老年组是青少年组的1.62倍。但是模型2中的年龄组对是否使用社会关系寻找工作的影响并不大，解释力并不显著。总体来说，针对云南跨界民族外出务工者首要的就业途径，使用非正规渠道寻找工作的比例并没有随着年龄的增长而升高，即并没有表现出线性特征，而是出现青年组比其他年龄组在使用社会关系找工作的比例都要低，原因可能是13—20岁青少年组的跨界民族外出务工人员由于年龄较小就外出务工，极有可能是在户籍所在地上学困难而没有完成学业就外出务工的人群，外出务工时年龄较小且受教育年限没有21—25岁年龄组的人高，所以他们比21—25岁年龄组的人更需要通过非正规渠道找工作。而且13—20岁年龄组的年轻人

以外，其他民族使用社会关系的比例均低于傣族。但是民族对经历第二多的就业途径中是否使用社会关系寻找工作的影响不显著。总体来看，除了景颇族使用社会关系寻求工作的比例大大高于傣族以外，其他少数民族在使用关系网络寻求工作方面的比例均低于傣族，其中佤族最低。

接下来看不同教育程度的跨界民族外出务工者使用社会关系网络的状况。首先在没有控制其他变量的情况下观察不同教育程度的受访者使用社会关系寻找工作的情况。针对经历最多的就业途径，教育水平为小学及以下的人群中约有71%的人使用社会资源找工作。另外，针对经历第二多的就业途径，教育程度为小学及以下的受访者中约有83%的人使用社会关系网络。控制了性别、地区、年龄组、民族、教育程度和家庭社会经济地位这些变量后，从模型1中的比值比结果中可以看出，初中未毕业的人使用社会资源寻找工作的比例是小学及以下教育水平的1.24倍。另外，教育水平为初中毕业的受访者使用社会关系的比例较小学及以下教育水平的受访者低约22%。具有高中及以上教育水平的少数民族使用社会关系寻找工作的比例只是小学及以下教育水平的33%（$P<0.001$）。但是教育程度为初中未毕业和初中毕业的受访者与小学及以下的受访者在这个变量上的差异不显著。从模型2中的比值比结果中可以看出，针对经历第二多的就业途径属于非正规渠道的比例中除了初中毕业人群高于小学及以下以外，初中未毕业人群与高中及以上人群使用社会关系寻找工作的比例均低于小学及以下。但是就模型2来说，教育程度对是否使用社会关系寻找工作没有显著的解释力。可以得出的结论是，一般来说，教育水平的提高说明了人力资本的提高，随着教育水平的提高，使用社会关系获取工作的比例就会下降。也就是说，当人力资本积累不够的时候，更需要通过非正规渠道使用社会关系网络来得知就业信息，通过人情和影响来获取职业。针对云南跨界民族外出务工人员的调查数据中没有显示出随着教育程度的提高依靠社会关系寻找工作的比例下降的线性变化，可能是因为整体受教育水平偏低，没有形成完整的梯度分布。

由于年纪较小，所以在学习新技能或接受新的工作㊙️方面的能力没有21—25岁年龄组的年轻人强，所㊙️正规渠道来寻找工作。而21—25岁年龄组的外出㊙️本上不仅高于13—20岁年龄组的青少年，而且也高㊙️龄组的中青年和36—60岁年龄组的中老年，在适应㊙️13—20岁年龄组所代表的年轻人强，21—25岁年龄㊙️掌握新技能方面的能力比中青年和中老年强。所以㊙️25岁年龄组的年轻人使用社会关系寻找工作的比例㊙️人要低。虽然针对云南跨界民族外出务工者使用第㊙️的逻辑回归分析数据显示，随着年龄的增长使用社会㊙️的比例也随之提高，但是模型2中的年龄组对是否㊙️找工作不具有显著的解释力。

就民族来看，在没有控制其他变量的情况下，针㊙️最多的就业途径中，参照组傣族中有超过一半（约6㊙️关系网络获得职业。另外，受访者经历第二多的就业㊙️约有84%的人使用社会关系获取工作。在控制了性别㊙️组、教育程度和家庭社会经济地位这些变量后，首先㊙️值比结果可以看出，一个显著的特征就是景颇族使用㊙️寻找工作的概率约是傣族的36倍（P<0.001），而且㊙️释力。另外，拉祜族、佤族、布朗族、哈尼族、德昂㊙️其他民族使用关系网络寻找工作的概率都低于傣族，㊙️用社会关系找到工作的比例只有傣族的42.9%（P<㊙️使用社会关系获取职业的比例只有傣族的34%（P<㊙️族使用关系网络寻找工作的比例比傣族低约30%；哈㊙️规渠道获取工作的比例比傣族低约22%；德昂族与傣㊙️会关系寻找工作的比例低约33%（P<0.05）。数据㊙️族"包括傈僳族、基诺族、阿昌族和瑶族，由于数据㊙️以合并分组为"其他民族"，其他民族整体使用关系㊙️的概率是傣族的67.5%。但是布朗族、哈尼族和其他㊙️这个变量上并没有明显的区别，即没有显著的解释能㊙️除了德昂族在经历第二多的就业途径中使用社会关系㊙️

调查数据中的家庭社会经济地位是受访者对自己所处阶层的自我评价,分为"中上层"、"中等水平"和"中下层"。在没有控制其他变量的情况下可以看出,参照组"中上层"家庭经历最多的就业途径属于使用社会关系的比例约为66%,经历第二多的就业途径是使用社会关系寻找工作的比例约为83%,说明大部分的中上层家庭在寻找工作的过程中都使用了社会关系。控制了性别、地区、年龄段、民族和教育程度这些变量后,模型1中的家庭社会经济地位对是否使用社会关系寻找工作没有显著的解释力,从其比值比结果来看,寻找工作的途径中是否使用社会关系网络的状况在不同家庭社会经济地位之间差别不大,无论是中上层家庭、中等水平家庭还是中下层家庭,大多数人都会通过关系网络来寻找工作。其次,从模型2的比值比结果中可以看出,经历第二多的就业途径中,中等水平家庭使用社会关系的比例远远低于中上层家庭,他们使用社会资源寻找工作的比例仅占中上层家庭的一半左右(53%)($P<0.001$),原因是社会阶层越高的家庭可能积累了更多的社会资源,其社会资本不但集中在强关系中,还拓展了以业缘为主的社会关系网络,中上层家庭所拥有和构建的社会关系网络往往质量较高、关系人权力较大。但是中等水平家庭与中上层水平家庭相比,其社会关系无论在数量还是质量上都较低,所以在使用非正规渠道寻找工作上的能力不足。另外,中下层家庭通过社会关系网络获取职业的比例高于中上层家庭约23%,不具有显著的解释能力。

综上所述,云南省跨界民族外出务工者通过社会关系网络获取职业的状况总结如下:(1)总体来看,男性使用社会关系网络获取工作的概率高于女性;(2)来自西双版纳地区的跨界民族外出务工者使用社会关系网络获取就业机会的情况高于其他地区的跨界民族外出务工者,来自德宏和临沧地区的跨界民族外出务工者使用社会关系网络获取工作的情况较少;(3)年龄较大的跨界民族外出务工者通过关系网络在迁入地获取工作机会的情况多于年龄较小的跨界民族外出务工者;(4)景颇族外出务工者通过网络关系获取就业机会的人数比例远远高于其他跨界民族外出务工者,而拉祜族和佤族外出务工者通过社会关系网络获得工作的人数比例较低;(5)高中及以上教育程度的外出务工者通过社会关系网络获取工作的情况较少；（6）对于家庭社会经济地位在最主要的就业途径中是否通过社会关系网络这一变量上的差异较小且不具有统计显著性，第二多的就业途径中中等水平家庭的跨界民族外出务工者比中上层家庭的人使用社会关系网络的可能性小。

第二节　跨界民族农村富余劳动力异地就业中的网络关系

本调查根据关系强度由强到弱的顺序询问了受访者跟他一起谋生的关系组成，关系由强到弱的顺序是指家人和亲戚、同村人、朋友。根据调查数据可以看出，同受访者在一起谋生的"朋友"和"同村人"较多，即一起谋生的同村人、朋友有5个或5个以上的受访者分别占37%和38%，高于"家人和亲戚"（11%）。同时，没有家人和亲戚与受访者一起谋生的比例为32%，高于一起谋生的同伴中没有"同村人"（27%）和"朋友"（22%）的比例（如图7—3所示）。

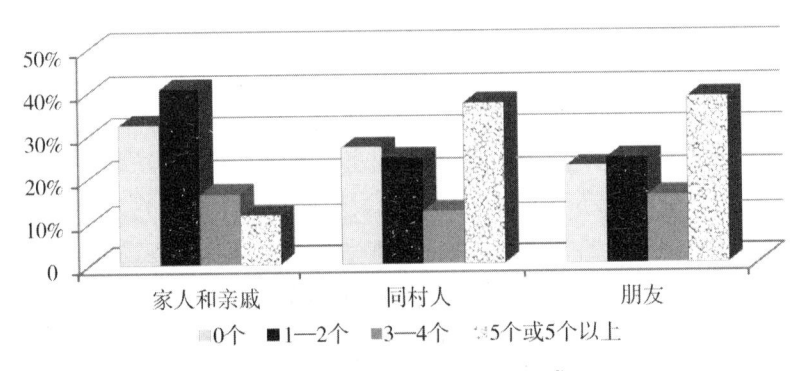

图7—3　在谋生地的关系组成

从调查数据可以看出，与受访者一起谋生的同伴中，同村人和朋友较多，即他们在迁入地的关系组成多是地缘关系和友缘关系，而亲缘关系和血缘关系较少。受访者在迁入地的关系网络是由相对亲缘关系和血缘关系来说，关系强度较弱的地缘关系和友缘关系组成的。

云南跨界民族外出务工者在迁入地的关系网络主要是由家人或亲戚（亲缘关系）、同村人（地缘关系）和同学或朋友（友缘关系）等强关系组成，即云南跨界民族在迁入地无论是在平时生活交流情景中还是在工作情景中都以基于强关系的社会关系网络为主。这种原始的社会关系难以拓展出新型的社会关系，从而抑制了云南跨界民族流动人口的职业流动和职业阶层的提高。

与云南跨界民族外出务工者在同一单位或同一地方务工的关系组成已在上文中做出了描述，这里我们来观察这一变量的地区差异和民族差异。目的是观察云南某些跨界民族地区和某些跨界民族在迁入地的社会关系组成的特殊性。

从图7—4中可以清晰地看出，西双版纳地区的跨界民族外出务工者中有家人或亲戚在一起谋生的人较少，约为56%；而有同村人和同学或朋友一起谋生的人较多，分别约为74%和72%，说明西双版纳地区的跨界民族外出务工者与家人或亲戚在一起谋生的人较少。其次，普洱地区也表现出一起谋生的同伴中有家人或亲戚的比例低于同村人、同学或朋友。临沧地区的跨界民族外出务工人员中约有56%的人和家人或亲戚在同一单位或同一地方务工；和同村人一起务工的比例也是56%；有同学或朋友在一起谋生的比例较高，约为71%。德宏地区的跨界民族外出务工者在迁入地的主要社会关系网络还是与自己有强关系的熟人，其中有家人或亲戚与自己在同一单位或同一地方谋生的占90%，有同村人一起谋生的占93%，有同学或朋友一起谋生的占89%。总体来看，大部分西双版纳地区的跨界民族外出务工者在迁入地与熟人在一起谋生，他们到迁入地以后主要跟熟人圈联系。相较于其他民族，西双版纳地区的跨界民族在迁入地的集聚性更高，他们通过先遣迁移者介绍外出务工，并且在迁入地形成自己的聚集区，无论是工作还是生活都围绕着这个聚集区，这就类似于迁移到境外的"福建帮"或各个国家的"唐人街"，拥有亲缘关系、地缘关系和友缘关系的流动人口聚集在一起共享社会资源，有利于提高他们在迁入地的收入水平和职业阶层。

另外，还可以看出，无论是哪个地区的跨界民族，与亲戚或家人（关系强度最强）一起谋生的外出务工者均较少，说明云南跨界民族外出务工者在迁入地形成的关系网络多以那些关系强度较弱的同村人、同学或朋友为主。

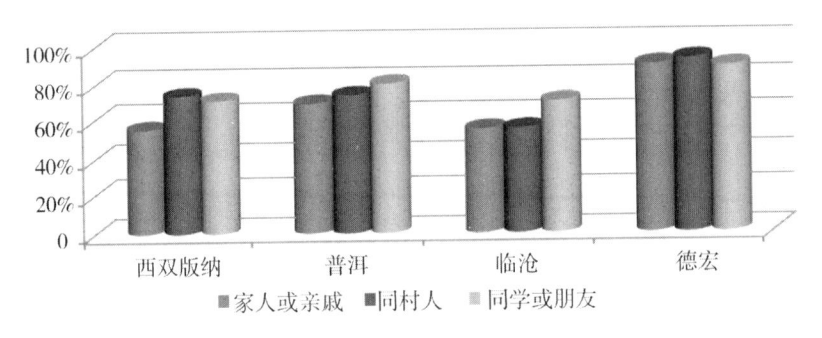

图 7—4　谋生地关系组成的地区差异

从图 7—5 中可以看出，傣族中与家人或亲戚和同学或朋友这两类关系的人在一起谋生的人数比例相同（均约为 65%），在一起谋生的关系中有同村人的约占 58%。有同学或朋友在一起谋生的拉祜族和佤族的人数比例较高（分别约为 81% 和 90%），说明拉祜族和佤族外出务工者大多数跟同学或朋友在同一单位或同一地方务工。相反，景颇族和哈尼族中有家人或亲戚在一起谋生的比例较高（分别约为 96% 和 74%），说明大多数景颇族和哈尼族外出务工者在谋生处一起务工的同伴是家人或亲戚。另外，大部分布朗族都与家人或亲戚（78%）和同村人（71%）在同一单位或同一地方谋生。德昂

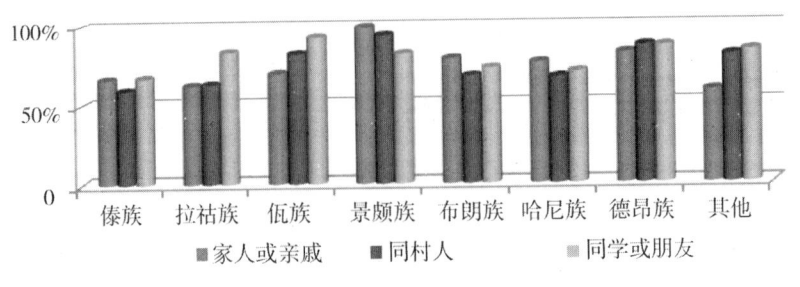

图 7—5　谋生地关系组成的民族差异

族中与家人或亲戚、同村人、同学或朋友一起谋生的比例均高于80%（分别约为80%、85%和85%）。总体来看，拉祜族和佤族与同学或朋友在一起谋生的情况较多，而景颇族和哈尼族与家人或亲戚互相介绍外出务工的情况较多。

图7—4和图7—5反映的是是否有"家人或亲戚"、"同村人"、"同学或朋友"在同一单位或同一地方谋生的地区差异和民族差异。而表7—2则反映了与跨界民族外出务工者在同一单位或同一地方谋生的"家人或亲戚"、"同村人"、"同学或朋友"的数量和规模。

从表7—2具体来看，普洱地区跨界民族外出务工者中与5个或5个以上家人或亲戚在同一单位或同一地方谋生的人数比例约为19%，其次与5个或5个以上的同村人在一起谋生的人数比例约为44%，与5个或5个以上的同学或朋友在一起谋生的人数比例约为56%。可以看出，无论是家人或亲戚、同村人还是同学或朋友，与普洱地区跨界民族外出务工者在一起谋生的这三种关系的规模都大于其他地区的跨界民族外出务工者。值得注意的是，德宏地区的跨界民族中有5个或5个以上在一起谋生的同村人的人数比例约为55%，说明与德宏地区跨界民族在一起务工的同村人数量和规模大于其家人或亲戚、同学或朋友。就民族差异来看，佤族地区外出务工者中与5个或5个以上家人或亲戚、同村人、同学或朋友在同一单位或同一地方谋生的人数比例分别约为23%、64%和69%，说明佤族外出务工者在一起谋生的以上三种关系的数量和规模大于其他民族。值得注意的是，德昂族中与5个或5个以上同村人在一起谋生的人数比例约为57%，这一比例高于与5个或5个以上家人或亲戚、同学或朋友一起谋生的人数比例，说明与德昂族在一起谋生的同村人的规模最大。总体来看，无论是哪个地区或是哪个跨界民族的外出务工者，一起谋生的老乡的数量和规模均大于一起谋生的家人或亲戚、同学或朋友的数量和规模。这说明农村富余劳动力外出务工的主要目的是增加家庭经济收入、改善家庭生活，外出务工不会改变家庭重心，所以除个别家庭成员外出务工外，大部分成员仍然留守家中，没有出现举家迁移到务工地等情况。

表 7—2　　一起谋生的关系组成的地区差异和民族差异　　单位：%

			0 个	1—2 个	3—4 个	5 个或 5 个以上
家人或亲戚	地区	西双版纳	43.8	35.5	14.9	5.8
		普洱	30.3	28.2	22.6	19.0
		临沧	44.3	35.4	13.5	6.8
		德宏	9.9	66.2	12.6	11.3
	民族	傣族	35.2	37.1	21.0	6.7
		拉祜族	39.4	26.6	18.1	16.0
		佤族	32.1	31.0	14.3	22.6
		景颇族	3.7	88.9	7.4	0.0
		布朗族	46.8	36.7	11.4	5.1
		哈尼族	25.6	32.1	29.5	12.8
		德昂族	19.7	63.0	10.2	7.1
		其他	43.1	27.7	13.9	15.4
同村人	地区	西双版纳	25.8	28.3	16.7	29.2
		普洱	25.8	19.5	11.1	43.7
		临沧	43.9	24.8	10.6	20.7
		德宏	7.0	26.8	11.5	54.8
	民族	傣族	42.2	22.9	7.3	27.5
		拉祜族	38.7	19.4	14.0	28.0
		佤族	20.0	5.9	10.6	63.5
		景颇族	8.6	88.6	0.0	2.9
		布朗族	22.5	31.3	22.5	23.8
		哈尼族	34.7	34.7	8.3	22.2
		德昂族	15.2	17.6	10.4	56.8
		其他	21.2	16.7	19.7	42.4
同学或朋友	地区	西双版纳	28.5	26.7	16.4	28.5
		普洱	19.7	15.4	9.0	55.9
		临沧	29.4	25.0	13.0	32.6
		德宏	11.0	32.9	27.0	29.2

续表

		0个	1—2个	3—4个	5个或5个以上
民族	傣族	34.7	14.9	11.9	38.6
	拉祜族	18.7	15.4	18.7	47.3
	佤族	9.6	14.5	7.2	68.7
	景颇族	20.0	80.0	0.0	0.0
	布朗族	29.1	35.4	11.4	24.1
	哈尼族	31.5	23.3	12.3	32.9
	德昂族	15.5	37.4	29.3	17.9
	其他	18.3	11.7	13.3	56.7

根据上一个问题，我们可以看出同受访者在一起谋生的同伴中家人或亲戚较少，现在将家人或亲戚再次细分，来观察与受访者一起谋生的亲戚组成。无论是亲兄弟姐妹、堂兄弟姐妹或表兄弟姐妹还是配偶的亲戚，与受访者一起谋生的以上亲戚为0个的比例最高，分别为58%、60%和53%。可以看出，没有家人和亲戚与其在同一单位或同一地方谋生的受访者均超过一半以上（如图7—6所示）。

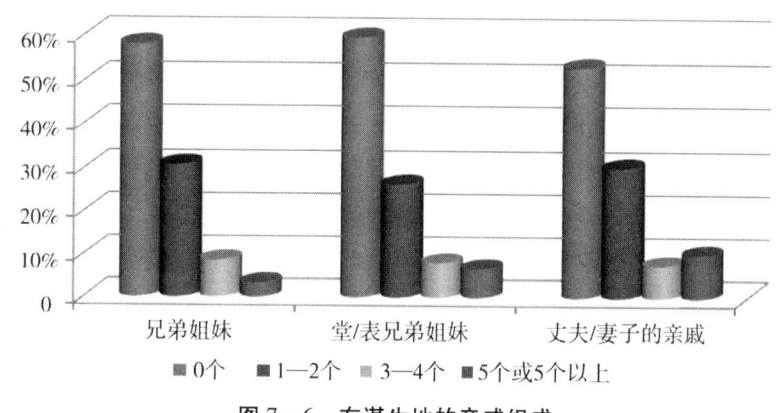

图7—6 在谋生地的亲戚组成

云南跨界民族都是有自己传统文化和民族特殊性的少数民族，在婚姻关系、家庭结构和家庭关系方面的特殊性能从外出务工的关系结构中有所体现。本次调查中，我们询问了受访者"跟你在同一单位或同一地方谋生的亲戚中，您的兄弟姐妹有几个？您的堂或表兄弟姐妹有几个？您丈夫或妻子的亲戚有几个？"通过这一个问题，我们可以得知在云南跨界民族地区的农村富余劳动力在迁入地的交际圈或关系网络是以丈夫一方的亲戚为主还是以妻子一方的亲戚为主，进而可以分析出所调查的云南跨界民族从迁入地社交网络中体现出来的婚姻关系和家庭关系。针对这个问题，我们重点关注其民族区别和地区差异。

根据分析需要，我们将这一连续变量处理为二分变量，即回答为"0人"的受访者赋值为0，表示没有兄弟姐妹、堂或表兄弟姐妹、配偶的兄弟姐妹在同一单位或同一地方谋生；将回答为"大于或等于1人"的受访者赋值为1，表示有兄弟姐妹、堂或表兄弟姐妹、配偶的兄弟姐妹在同一单位或同一地方谋生。

从表7—3中可以看出，西双版纳地区的跨界民族外出务工者中约有34%和39%的女性表示有自己的亲兄弟姐妹和表亲在同一单位或同一地方谋生，而男性的这两个比例均低于女性，说明相较于男性，该地区的跨界民族女性更多地与自己的亲戚在一起谋生。已婚男性中约有41%的人表示跟配偶的亲戚在一起谋生，而已婚女性中约有30%的人表示有配偶的亲戚在一起谋生，说明该地区的跨界民族更倾向于将外出谋生的机会介绍给女方的家人或亲戚。普洱地区的跨界民族外出务工者一起谋生的亲戚组成具有特殊性。具体来看，该地区的跨界民族外出务工者中男性与自己亲戚在一起谋生的人数比例大于女性，即相较于女性，有更多的男性是与自己的亲戚在一起谋生的。针对已婚人群，有高达75%的女性表示在迁入地一起谋生的人中有配偶的亲戚，而男性的这一比例（约为58%）低于女性约17%，说明普洱地区跨界民族如果有外出务工的机会更多地被介绍给男方家的亲戚。临沧地区跨界民族的情况与普洱地区相似，与自己的亲兄弟姐妹在一起谋生的女性约有15%，男性约有30%。与自己的表亲在一起谋生的女性约有26%，男性约有28%。说明该地区的跨界民族中与自己一方的亲戚在一起谋生的男性人数比例高于女性。已婚的女性中约有33%的人表示有配偶的亲戚在同一地方谋生,而男性的这一比例低于女性约6%,即该地区的跨界民族在迁入地一起谋生的亲戚组成中男性一方的亲戚更多,也说明如果有外出谋生机会,临沧地区的跨界民族家庭会首先介绍给男方的亲戚。可以看出,德宏地区的跨界民族外出务工者在迁入地的亲戚组成主要是自己一方的家人,即自己的亲兄弟姐妹,其中约有84%的女性表示与自己的亲兄弟姐妹在一起谋生,男性的这一比例约为71%。另外,表示与自己表亲在一起谋生的德宏地区跨界民族女性约有59%,男性的这一比例略低于女性,约为55%。该地区已婚的跨界民族中约有68%的女性表示与配偶一方的亲戚在一起谋生,男性的这一比例是64%。可以看出,德宏地区的跨界民族在迁入地的亲戚组成中,没有出现明显的女方亲戚多或男方亲戚多的情况。

表7—3　　　　　一起谋生的亲戚组成的地区差异　　　　单位:%

地区	有兄弟姐妹在一起谋生		有堂/表兄弟姐妹在一起谋生		有配偶的亲戚在一起谋生	
	女性	男性	女性	男性	女性	男性
西双版纳	34.3	28.3	38.8	34.1	30.0	40.9
普洱	38.1	49.6	39.7	47.3	75.0	58.2
临沧	15.2	29.7	26.3	28.2	32.9	26.9
德宏	83.9	71.0	59.3	54.9	67.7	64.1
总体	38.2	46.4	38.9	42.6	46.3	48.3

从表7—4中可以看出,一起谋生的亲戚组成中景颇族具有显著特点,景颇族的女性与自己家族一边的亲戚在同一单位或同一地方谋生的比例高于景颇族的男性,当我们询问"是否有兄弟姐妹在一起谋生"时,景颇族女性中约有75%的人回答"有",景颇族男性中约有50%的人回答"有"。另外,所调查的全部景颇族女性(100%)在一起工作的亲戚中都有表亲,景颇族男性中约有75%的人与表亲在一起务工。说明相较于男性,景颇族的女性更多地与自己家族一边的亲戚在一起谋生。针对已婚的景颇族来说,女性中约

有50%的人表示在一起谋生的亲戚中有配偶的亲戚,而男性中约有75%的人表示有配偶的亲戚在一起谋生。已婚的景颇族外出务工者在迁入地的亲戚组成主要是女性家庭一方的亲戚,说明如果有外出务工的机会,景颇族更倾向于介绍给女方一边的亲戚。从中可以看出,景颇族的婚姻观念和家庭关系可能主要以女性为主。

表7—4　　　　　一起谋生的亲戚组成的民族差异　　　　　单位:%

民族	有兄弟姐妹在一起谋生		有堂/表兄弟姐妹在一起谋生		有配偶的亲戚在一起谋生	
	女性	男性	女性	男性	女性	男性
傣族	14.6	26.8	33.3	27.3	54.2	44.4
拉祜族	24.5	61.1	28.9	46.9	44.1	73.3
佤族	21.1	34.8	36.1	45.7	33.3	39.1
景颇族	75.0	50.0	100.0	75.0	50.0	75.0
布朗族	34.0	33.3	34.0	35.0	13.0	27.3
哈尼族	58.3	56.8	36.8	48.8	80.0	56.7
德昂族	73.7	67.2	50.9	57.1	61.3	57.1
其他	33.3	39.5	38.9	31.0	41.7	23.5
总体	38.2	46.4	38.9	42.6	46.3	48.3

哈尼族在一起谋生的亲戚组成中也具有特殊性。首先女性和男性在是否有自己的亲兄弟姐妹在一起谋生的人数比例上差别不大(分别约为58%和57%)。哈尼族男性中约有49%的人表示与自己的表亲在一起谋生,而女性的这一比例低于男性,约为37%,说明相较于哈尼族女性,更多的男性与自己的表亲在一起谋生。而针对已婚的哈尼族外出务工者来说,约有80%的女性表示有配偶的亲戚在同一单位或同一地方一起谋生,但是仅约有57%的男性表示与其配偶一方的亲戚一起谋生。说明对于哈尼族来说,他们更倾向于将外出务工的机会介绍给男方的亲戚。可以看出,哈尼族在婚姻中的夫妻关系是以男性为主,这与景颇族的家庭观念截然相反。

大部分（39%）的受访者在遇到好的工作机会时，选择介绍给自己的亲戚；另外有36%的受访者选择介绍给自己的兄弟姐妹，仅有8%的受访者最先考虑介绍给配偶的兄弟姐妹，其余11%的受访者选择介绍给同村人，7%的受访者选择介绍给非同村的同学、朋友（如图7—7所示）。

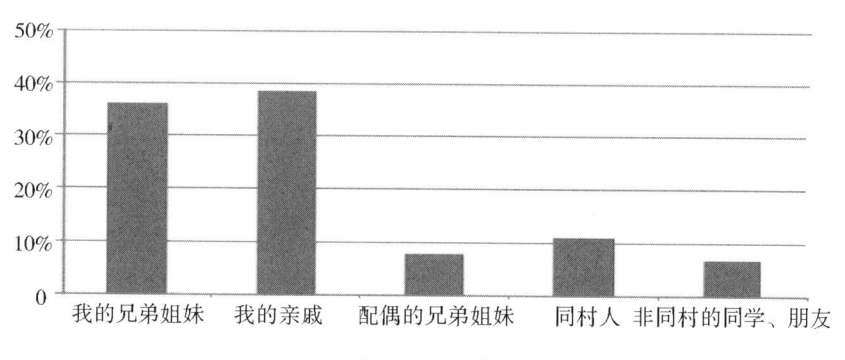

图7—7 优先介绍工作的对象

第三节 社会资本与就业途径

一 基本情况

一般来说，个人获得工作的途径可以分为正式渠道和非正式渠道。正式渠道如职业介绍所、招聘广告和公会等，非正式渠道主要是通过个人关系，如亲戚、朋友、同事以及父亲的朋友或朋友的朋友等。对于受教育程度普遍较低、缺乏专业技能的农民工来说，由于缺乏人力资本，通过非正式渠道来寻找工作是主要的途径。一项在湖北省四县市对450名返乡过年农民工所做的"春节拜年网"调查显示，农民工对社会关系网络途径的使用者占86.7%，这充分表明了社会资本是农民工求职的主要途径，亲缘、血缘和地缘关系是农民工求职的主要途径。[①] 何明通过个案研究发现，中国西南与东

---

① 刘传江、周玲：《社会资本与农民工的城市融合》，《人口研究》2004年第5期，第12—18页。

南亚国家边民跨国务工多由亲戚介绍，该地区的跨国流动是基于亲缘、族缘和地缘的文化认同。[①] 孔建勋、张顺针对云南跨界民族农村富余劳动力的研究结果显示，社会资本对云南跨界民族农村富余劳动力获取非农化工作具有积极的效用。[②]

在本次针对云南跨界民族外出务工者的调查中，从是否给家人/亲戚（亲缘、血缘）、同村人（地缘）及同学或朋友介绍过工作机会到外面谋生，以及本人是否接受过这些人的介绍到外面谋生两个维度进行调查。图7—8和图7—9的结果显示，对两个问题的回答非常接近，将近一半的受访者表示最近几年既没有介绍过别人出去谋生也没有被介绍到外面谋生；另外一半的受访人中，有40%左右的人表示偶尔有此类情况，仅有7%—10%的人表示常有此类情况。其中，无论是介绍给别人工作机会还是受别人的介绍，对象的排序从高到低都是家人或亲戚、同村人、同学或朋友，显示出云南跨界民族外出务工主要依靠亲缘、血缘和地缘纽带的强关系，随着相对关系强度减弱，就业信息共享的情况也随之减少。

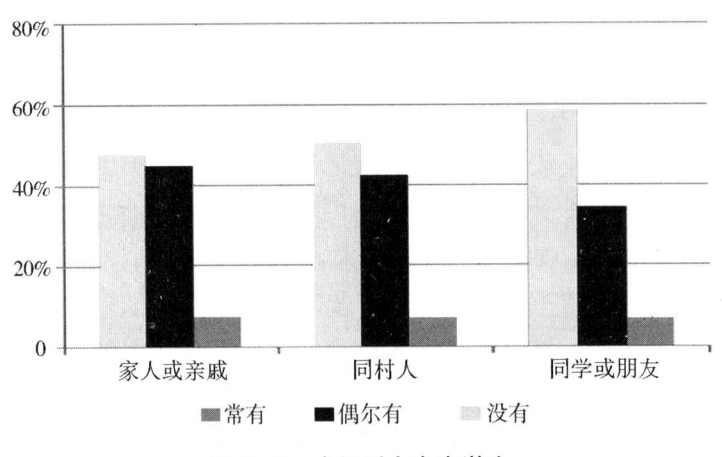

图7—8 介绍别人出来谋生

---

① 何明：《开放、和谐与族群跨国互动——以中国西南与东南亚国家边民跨国流动为中心的讨论》，《广西民族大学学报》（哲学社会科学版）2012年第1期，第2—7页。

② 孔建勋、张顺：《社会资本与职业地位获得：基于云南跨界民族农民工的实证研究》，《云南社会科学》2013年第3期，第119—122页。

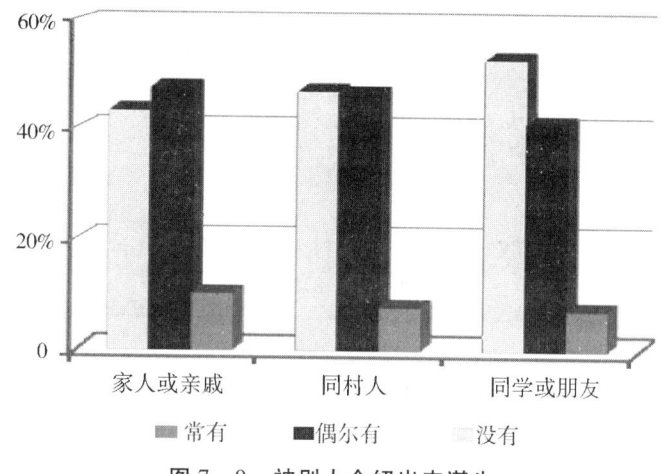

图 7—9　被别人介绍出来谋生

二　介绍别人外出谋生的逻辑回归分析

本次调查中关于介绍外出谋生机会的对象进行了问卷调查，问题分为三个部分，即"您有没有介绍过家人或亲戚出来谋生"、"您有没有介绍过同村人出来谋生"和"您有没有介绍过同学或朋友出来谋生"。由于研究需要，我们对这三个因变量进行了如下处理，将回答（1）"没有"的受访者赋值为0，表示没有介绍过家人或亲戚、同村人、同学或朋友外出谋生；将回答（2）"偶尔有"和（3）"常有"的受访者赋值为1，表示介绍过家人或亲戚、同村人、同学或朋友外出谋生。自变量包括性别、州市、年龄组、民族、教育程度、家庭社会经济地位。针对这一问题的逻辑回归分析分为三个模型，分别是"介绍家人或亲戚出来谋生"、"介绍同村人出来谋生"和"介绍同学或朋友出来谋生"。

模型1是关于是否介绍过外出谋生机会给家人或亲戚的逻辑回归分析。家人或亲戚与受访者之间关系最亲近，是相较于同村人和同学或朋友关系强度更高的一种联系。该模型中性别、地区、年龄组、民族、教育程度和家庭社会经济地位对"是否介绍过家人或亲戚外出谋生"这一变量均具有不同程度的解释力。

就性别差异来看，云南跨界民族地区的外出务工人员的数据显示，约有55%的女性介绍家人或亲戚外出谋生，约有50%的男性介绍家人或亲戚外出谋生。控制了地区、年龄组、民族、教育程度和家庭社会经济地位这些变量后，其比值比结果显示，在介绍过家人或亲戚外出谋生的比例上女性高于男性，男性介绍家人或亲戚外出谋生的比例低于女性约23%（P<0.01）（如表7—5所示）。

表7—5　　介绍亲戚或家人、同村人以及同学或朋友外出谋生的逻辑模型（OR）

		模型1：介绍家人或亲戚出来谋生①	模型2：介绍同村人出来谋生②	模型3：介绍同学或朋友出来谋生③
性别	男性	0.770**	1.146	0.778*
地区	普洱	1.704*	1.336	1.425
	临沧	1.531*	0.907	0.925
	德宏	2.332***	1.392	0.605*
年龄组	21—25岁	2.154***	1.490**	1.386*
	26—35岁	3.226***	2.100***	1.764***
	36—60岁	3.428***	1.825***	1.752***
民族	拉祜族	0.852	0.769	0.763
	佤族	0.604*	0.435***	0.492***
	景颇族	1.999**	2.847***	0.834
	布朗族	1.291	1.644*	1.579*
	哈尼族	2.077**	1.711*	1.143
	德昂族	4.012***	5.435***	3.754***
	其他	0.628*	0.838	1.084
教育程度	初中未毕业	1.919***	1.174	1.364*
	初中毕业	1.637***	1.731***	1.806***
	高中及以上	1.718***	1.641***	2.462***

① 样本量=2148，卡方值=388.68（P<0.001）。
② 样本量=2145，卡方值=370.55（P<0.001）。
③ 样本量=2148，卡方值=236.07（P<0.001）。

续表

		模型1：介绍家人或亲戚出来谋生	模型2：介绍同村人出来谋生	模型3：介绍同学或朋友出来谋生
家庭社会经济地位	中等水平	1.262*	1.376**	1.558***
	中下层	1.440*	2.122***	1.768***

注：各自变量的参照组分别为女性、西双版纳、13—20岁、傣族、小学及以下、中上层等。

* $P<0.05$；** $P<0.01$；*** $P<0.001$。

我们调查的数据显示，西双版纳地区约有37%的人介绍过家人或亲戚外出谋生。通过控制其他变量来观察是否介绍家人或亲戚外出谋生的地区差异，比值比的结果显示，这一变量的地区差异均显著，其中德宏地区受访者与西双版纳地区受访者在这个变量上的差异最显著。数据说明来自普洱、临沧和德宏地区的受访者介绍外出谋生机会给家人或亲戚的比例均高于西双版纳地区的受访者，他们介绍给家人或亲戚外出谋生机会的比例分别是西双版纳受访者的1.7倍（$P<0.05$）、1.53倍（$P<0.05$）和2.33倍（$P<0.001$），其中德宏地区的受访者与其他地区的受访者在这一变量上具有明显的差异，德宏地区的受访者介绍给家人或亲戚外出谋生机会的比例最高。

就年龄差异来看，数据显示，13—20岁年龄段的受访者约有31%的人介绍过外出谋生机会给自己的家人或亲戚。另外，21—25岁年龄组的受访者约有55%的人介绍过家人或亲戚外出谋生，26—35岁年龄段和36—60岁年龄段的受访者分别约有58%和61%的人介绍过其家人或亲戚外出谋生。说明在没有控制其他变量的情况下，随着年龄的增长介绍其家人或亲戚外出谋生的比例随之增长。控制了性别、地区、民族、教育程度和家庭社会经济地位这些变量后，从其比值比结果中可以看出，21—25岁、26—35岁、36—60岁年龄段的跨界民族外出务工者介绍过家人或亲戚外出务工的比例分别是13—20岁年龄组的2.15倍（$P<0.001$）、3.23倍（$P<0.001$）和3.43倍（$P<0.001$），而且年龄组这个变量在是否介绍过家人或亲戚外出谋生方面具有显著的解释力。控制了其他变量

后，随着年龄的增长介绍其家人或亲戚外出谋生的比例也随之增长。以往研究表明，基于强关系的社会关系网络是流动人口的主要就业途径，年龄较大的先遣迁移者在谋生地构建了社会关系网络、积累了社会资本，为潜在迁移者的迁移行动降低了成本。随着年龄的增长，他们所积累的社会资源也随之增长，介绍家人或亲戚外出谋生的能力也随之增强。

本次调查涉及的主要跨界民族包括傣族、拉祜族、佤族、景颇族、布朗族、哈尼族和德昂族等，各个跨界民族有其不同的民族特色、传统文化、风俗习惯、家庭观念和宗教信仰，在农村富余劳动力转移上也会出现不同的情况，本调查将对介绍外出谋生机会的对象的民族差别进行研究。就民族差异来看，傣族受访者中约有45%的人介绍过其家人或亲戚外出谋生。另外，可以看出德昂族受访者中有高达79%的人介绍过其家人或亲戚外出谋生，德昂族介绍过家人或亲戚外出谋生的比例高于其他跨界民族。在控制了其他变量的情况下，观察比值比可以看出，拉祜族介绍家人或亲戚外出谋生的比例小于傣族约15%，但是拉祜族与傣族在这个变量上的差别不具显著性；佤族介绍家人或亲戚外出谋生的比例仅是傣族的60%（$P<0.05$）；景颇族介绍工作机会给家人或亲戚的比例比傣族高出约2倍（$P<0.01$）；布朗族介绍其家人或亲戚外出谋生的比例比傣族高出约29%，但是布朗族与傣族在这一变量上的差异不显著；哈尼族介绍其家人或亲戚外出谋生的比例约是傣族的2.08倍（$P<0.01$）；最后，德昂族介绍其家人或亲戚外出谋生的比例高出傣族约4倍（$P<0.001$）。总体来看，德昂族介绍过其家人或亲戚外出谋生的比例高于其他跨界民族，而且具有较显著解释力。相反，佤族介绍过家人或亲戚外出谋生的比例最低。

教育程度较低的农民工在迁入地获取工作的能力不强，所以他们介绍给别人就业机会的能力也不强。但是受教育程度较高的农民工自身获取工作和进行职业流动的能力较强，他们通过自身的人力资本积累获取工作，以先遣迁移者的身份在迁入地构建基于业缘的社会关系网络，从而介绍其他人外出谋生的能力较强。我们的调查数据显示，小学及以下教育程度的受访者约有48%的人介绍过家人或亲戚外出谋生,初中未毕业、初中毕业以及高中及以上教育水平的受访者均有超过一半(50%)的人介绍过家人或亲戚外出谋生。控制了其他变量后,可以看出教育程度对介绍家人或亲戚外出谋生的影响非常显著,其比值比系数显示,初中未毕业的受访者介绍给家人或亲戚外出谋生机会的比例是小学及以下文凭受访者的1.92倍($P<0.001$),初中毕业的受访者是小学及以下文凭受访者的1.64倍($P<0.001$),高中及以上学历的受访者是小学及以下学历受访者的1.72倍($P<0.001$)。可以看出,教育水平为小学及以下的跨界民族介绍过家人或亲戚外出谋生的比例最低。但是教育程度对是否介绍过家人或亲戚外出谋生的影响出现了非线性的变化,即并没有表现为教育程度越高介绍给家人或亲戚外出谋生机会的比例越高的趋势,而是出现了初中未毕业的受访者介绍过家人或亲戚外出谋生的比例最高的情况。可能的原因有以下几种:一是整体受教育水平偏低,没有形成完整的梯度分布;二是受访者中初中未毕业群体平均年龄较大,积累了更多的社会资本,也更关注家庭和亲戚的利益。年青一代普遍受教育程度偏高,社会关系网络中也更多地通过同学、朋友获得相关信息。

家庭社会经济地位越高的人拥有规模较大、异质性较大和结构较合理的关系网络,他们更有能力作为求职者和实权掌握者之间的桥梁,帮助求职者获取就业机会。首先在没有控制其他变量的情况下观察到中上层家庭中约有51%的人介绍过其家人或亲戚外出务工。另外,中等水平与中下层家庭介绍过家人或亲戚外出谋生的比例均高于中上层家庭,但差距不大。随后,在控制了其他变量后观察其比值比结果可以得知,家庭社会经济地位对是否介绍过外出谋生机会给家人或亲戚具有一定的解释力。数据说明在介绍过家人或亲戚外出谋生的比例方面,中等水平家庭高出中上层家庭约26%($P<0.05$),中下层家庭则高出中上层家庭约44%($P<0.05$)。可以看出,针对云南跨界民族外出务工者是否介绍过家人或亲戚外出谋生这一变量,并没有表现出社会阶层越高的家庭介绍家人或亲戚外出的比例就越高的情况,而是家庭社会经济地位越低的家庭向家人或亲戚提供就业信息和就业帮助的比例越大。

模型2是关于是否介绍过同村人外出谋生的逻辑回归分析。该模型中年龄组、民族、教育程度和家庭社会经济地位对这一变量均具有一定程度的解释能力，但是性别和地区对这一变量不具有解释力。

就性别差异来看，在没有控制其他变量的情况下，约有一半的女性（49%）和男性（50%）都介绍过同村人外出谋生。随后，通过控制地区、年龄组、民族、教育程度和家庭社会经济地位这些变量后观察性别对是否介绍过同村人外出谋生的影响进行逻辑回归分析，从其比值比结果中可以看出，男性与女性相比更多地将工作机会介绍给同村人，男性介绍给同村人外出谋生机会的比例约是女性的1.15倍，但不具有统计显著性。

就地区差异来看，西双版纳地区的受访者中约有44%的人介绍过老乡外出务工，普洱地区和临沧地区的受访者与西双版纳地区的受访者介绍过老乡外出谋生的比例相差较小，但是德宏地区受访者有超过一半（约67%）的人介绍过老乡外出务工。控制了其他变量后可以从其比值比结果中看出，来自临沧的受访者给同村人提供过外出就业信息的比例占西双版纳地区受访者的90%，来自普洱和德宏的受访者介绍给同村人外出谋生机会的比例分别高出西双版纳地区的受访者34%和39%。可以看出，临沧地区的跨界民族与西双版纳地区的跨界民族在介绍同村人外出谋生的比例上相差较小，普洱和德宏地区的跨界民族介绍同村人外出谋生的比例均高于西双版纳地区的受访者。需要指出的是，地区差异对是否介绍过外出谋生机会给同村人并不具有显著的解释力。

就年龄组来看，数据显示，13—20岁年龄段的受访者中约有35%的人介绍过外出谋生机会给自己的老乡，21—25岁、26—35岁和36—60岁年龄组的受访者介绍过同村人外出谋生的比例均高于13—20岁年龄组的受访者，比例分别约为52%、54%和51%。控制了其他变量后可以看出，年龄组对是否介绍过同村人外出谋生具有显著的解释力。从其比值比结果中可以看出，就介绍过同村人外出谋生的人数比例来看，21—25岁、26—35岁和36—60岁年龄段的受访者分别是13—20岁年龄段受访者的1.49倍（$P<0.01$）、2.1倍（$P<0.001$）和1.83倍（$P<0.001$），针对介绍外出谋生机会的对象是老

乡时，年龄与是否介绍其外出谋生的影响不是线性变化的，而表现为26—35岁年龄段的受访者介绍同村人外出谋生的比例最高。

就民族差异来看，傣族受访者中约有40%的人介绍过老乡外出谋生；需要指出的是，景颇族中有高达71%的受访者介绍过同村人外出谋生；德昂族介绍同村人外出谋生的比例则是最高的，约为76%。通过控制其他变量后从其比值比结果中可以看出，拉祜族介绍同村人外出谋生的比例低于傣族约23%，但是差异不具有显著性；傣族与佤族的差异非常显著，佤族介绍过同村人外出务工的比例仅是傣族的44%（$P<0.001$）；傣族与景颇族的差异也非常显著，景颇族为同村人介绍过工作机会的比例是傣族的2.85倍（$P<0.001$）；傣族与布朗族的差异较显著，布朗族在这一问题上的比例是傣族的1.64倍（$P<0.05$）；傣族与哈尼族之间在这一变量上的差异较显著，哈尼族介绍过同村人外出谋生的比例是傣族的1.71倍（$P<0.05$）；德昂族介绍过同村人外出谋生的比例超过傣族高达5.44倍（$P<0.001$）。总体来看，同"介绍过家人或亲戚外出谋生"的情况大致相同，德昂族介绍过其同村人外出谋生的比例最高，而佤族的这一比例最低。

就教育程度来看，小学及以下教育程度的受访者中约有45%的人介绍过同村人外出谋生，初中未毕业和初中毕业的受访者均有一半左右（分别为50%和51%）的人介绍过老乡外出谋生，约有55%的高中及以上教育水平的受访者介绍过同村人外出谋生。通过控制其他变量来观察介绍过同村人外出谋生的教育程度差异，从其比值比结果中可以看出，教育水平为小学及以下的跨界民族介绍过外出谋生机会给老乡的比例最低，教育水平为初中未毕业、初中毕业和高中及以上的跨界民族介绍老乡到其迁入地谋生的比例分别高于教育水平为小学及以下的跨界民族约17%、73%（$P<0.001$）和64%（$P<0.001$），其中初中未毕业与小学及以下教育程度在这一变量上的差异不具有显著性。教育水平为小学及以下的跨界民族介绍老乡到其谋生地工作的比例最小，而教育程度为初中毕业的跨界民族介绍其老乡外出谋生的比例最大。

就家庭社会经济地位来看，中上层家庭中有46%的人介绍过同村人外出谋生,有超过一半(分别是52%和53%)的中等水平家庭和中下层家庭介绍过同村人外出谋生。控制其他变量后,从其比值比结果中可以看出,中等水平家庭和中下层家庭介绍过老乡外出谋生的比例分别是中上层家庭的1.38倍($P<0.01$)和2.12倍($P<0.001$)。家庭社会经济地位越低则介绍同村人外出谋生的比例就最高。

模型3是关于是否介绍过同学或朋友外出谋生的逻辑回归分析。该模型中性别、地区、年龄组、民族、教育程度和家庭社会经济地位均对这一变量具有一定程度的解释力。

就性别差异来看,约有45%的女性会介绍同学或朋友外出谋生,另外约有38%的男性介绍过同学或朋友外出谋生。控制了地区、年龄组、民族、教育程度和家庭社会经济地位这些变量后,观察"是否介绍过同学或朋友外出谋生"这一变量的性别差异,从其比值比结果中可以看出,女性为同学和朋友介绍外出谋生机会的比例高出男性约22%($P<0.05$)。

就地区差异来看,约有48%的西双版纳地区的受访者介绍过外出谋生机会给同学或朋友,普洱、临沧和德宏地区分别约有40%、43%和38%的受访者介绍过外出谋生机会给同学或朋友。控制了其他变量后通过观察比值比可以得知,普洱地区的跨界民族介绍过其同学或朋友外出务工的比例是西双版纳的1.43倍,但是不具有显著的解释力。临沧的跨界民族与西双版纳的跨界民族在是否介绍过同学或朋友外出务工方面,临沧仅低于西双版纳7.5%,不具有明显的差别。德宏跨界民族介绍过其同学或朋友外出谋生的比例仅占西双版纳跨界民族的61%($P<0.05$)。可以看出,针对介绍外出谋生的对象为同学或朋友的情况,西双版纳和临沧地区的受访者在这一变量上的差异不大,普洱地区的受访者介绍同学或朋友外出谋生的比例最高,而德宏地区的受访者最低,这与介绍外出谋生机会给家人或亲戚和同村人的情况是相反的。

就年龄组来看,13—20岁年龄组中约有35%的人介绍过同学或朋友外出谋生,21—25岁年龄组中约有46%的人介绍过同学或朋友外出谋生,26—35岁和36—60岁年龄组的受访者的这一比例分别是43%和34%。可以看出,13—20岁年龄组的青少年与36—60岁年龄组的中老年在介绍同学或朋友外出谋生的比例上相差较小,21—25

岁年龄组的青年和 26—35 岁年龄组的中青年在这一问题上的比例也相差较小。控制其他变量后，从比值比结果中可以看出，21—25 岁、26—35 岁和 36—60 岁年龄组的跨界民族外出务工者介绍过同学或朋友外出谋生机会的比例分别比 13—20 岁年龄组高 39%（$P<0.05$）、76%（$P<0.001$）和 75%（$P<0.001$）。可以看出，针对同学或朋友，年龄越大则介绍过同学或朋友的比例越大，26—35 岁年龄组的青年人和 36—60 岁年龄组的中老年在这个问题上的比例相差不大。

就民族差异来看，约有 39% 的傣族受访者介绍过外出谋生机会给同学或朋友。另外，可以看出在所调查的民族中，德昂族介绍过同学或朋友外出谋生的比例高于其他民族，该比例约为 59%。这一比例最低的是佤族，仅约有 26% 的佤族受访者介绍过外出谋生机会给同学或朋友。控制了其他变量后来观察是否介绍过同学或朋友外出谋生这一变量的民族差异，从比值比结果中可以看出，拉祜族、佤族和景颇族介绍其同学或朋友外出务工的比例均低于傣族，分别低于傣族约 24%、51%（$P<0.001$）和 17%，但是其中拉祜族、景颇族与傣族在这一变量上的差异不具有显著性。另外，布朗族、哈尼族和德昂族介绍其同学或朋友外出谋生的比例均高于傣族，分别是傣族的 1.58 倍（$P<0.05$）、1.14 倍和 3.75 倍（$P<0.001$）。可以看出，德昂族为其同学或朋友提供就业信息并且帮助在谋生地寻找工作的比例高于其他跨界民族，而佤族的这一比例依然是最低的，且佤族、德昂族与傣族在这一变量上的差异具有非常显著的解释力。

就教育程度来看，小学或以下教育水平的受访者中约有 31% 的人介绍过同学或朋友外出谋生，初中未毕业、初中毕业和高中及以上教育水平的受访者在这一问题上的比例分别约为 42%、45% 和 51%，在没有控制其他变量的情况下，教育程度越高，则介绍其同学或朋友外出谋生的比例就越高。通过控制其他变量后发现，介绍过同学或朋友外出谋生的比例依然表现为随着教育程度的提高而升高。具体从其比值比结果来看，教育水平为初中未毕业的受访者介绍其同学或朋友到迁入地谋生的比例高出教育水平为小学及以下受访者 36%（$P<0.05$）。另外，初中毕业的受访者介绍其同学或朋友外出谋生的比例是小学及以下教育程度受访者的 1.81 倍（$P<0.001$）。最

后，教育水平为高中及以上受访者介绍过其同学或朋友外出谋生的比例是教育程度为小学及以下受访者的 2.46 倍（P<0.001）。可以看出，教育程度越高则介绍过同学或朋友外出谋生的比例就越高。

就家庭社会经济地位来看，中上层家庭介绍同学或朋友外出谋生的比例约为 33%，中等水平和中下层家庭的这一比例分别约为 47% 和 46%，中等水平和中下层家庭介绍同学或朋友外出谋生的比例相差较小。控制其他变量后从比值比结果中可以看出，介绍过同学或朋友外出的比例方面，中等水平家庭比中上层家庭高约 56%（P<0.001），中下层家庭比中上层家庭高约 77%（P<0.001）。表现出家庭社会经济地位越低，介绍给同学或朋友外出谋生机会的比例就越高。

总体来看，云南跨界民族外出务工者介绍家人或亲戚、同村人、同学或朋友外出谋生的情况总结如下：（1）相较于女性，男性更愿意将外出谋生的机会介绍给老乡，而女性更愿意将工作机会介绍给家人或亲戚以及同学或朋友。（2）德宏地区的跨界民族介绍外出谋生机会给家人或亲戚以及老乡的比例高于其他地区，但是介绍外出谋生机会的对象是同学或朋友时，德宏地区的跨界民族向其介绍外出工作机会的比例却小于其他地区的跨界民族。说明德宏地区的跨界民族更多地将外出谋生机会介绍给与自己关系较紧密的家人或亲戚以及老乡。（3）年龄越大则介绍过家人或亲戚外出谋生的比例就越高。但是介绍同村人外出谋生时，26—35 岁年龄组的中青年介绍其外出谋生的比例高于其他年龄组的跨界民族，介绍对象为同学或朋友时，也表现为年龄越大，则介绍给他们外出谋生机会的比例也越大，26—35 岁年龄组的中青年与 36—60 岁年龄组的中老年的这一比例差别较小。（4）就民族差别来看，主要居住在德宏地区的德昂族介绍外出谋生机会给家人或亲戚、同村人和同学或朋友的比例均高于其他民族，但是佤族介绍给别人外出机会的比例均低于其他民族。（5）无论是家人或亲戚、同村人还是同学或朋友，教育水平最低的即小学及以下的跨界民族向其介绍外出谋生机会的比例都是最低的。由于受到教育程度低的限制，缺少人力资本的积累和知识技能的培养，这部分人在谋生地很难找到工作，也很难脱离以亲缘和地缘为基础的"原生社会关系"而构建基于业缘的社会关系网络,在谋生地缺少社会资本的积累,向别人提供就业信息和帮助其获取工作的能力不足,所以教育水平越低的人群越没有能力为别人提供就业信息和职业获得的帮助。但是也并不是教育程度越高则介绍别人外出谋生的比例就越高,云南跨界民族的数据显示,介绍给家人或亲戚外出谋生机会的比例中,初中未毕业的跨界民族最高;介绍给同村人外出谋生机会的比例中,初中毕业的跨界民族最高;而针对外出工作机会介绍给同学或朋友的比例最高的是高中及以上教育程度的跨界民族。(6)云南跨界民族的家庭社会经济地位越低,则介绍别人外出谋生的比例越高。

三 求职过程中使用的社会关系网络

以往研究表明,流动人口的社会关系网络具有规模较小、异质性低、关系网络结构不合理等特征。流动人口的社会关系网络主要是由亲缘关系、地缘关系和友缘关系等强关系构成,少数民族流动人口主要通过熟人取得工作。[1]

以往研究表明,社会资本对农民工获得经济地位的作用已经超过了人力资本的作用。[2] 中国实情表现为强关系比弱关系更可能充当帮助者和求职者之间的桥梁。边燕杰强调强关系对于职业地位较低的工人提高其职业地位的作用。[3] 亲缘关系、地缘关系和友缘关系等强关系是流动人口在迁入地最主要的就业途径,对强关系的运用能有效地提高流动人口获取职业的效率。本书按关系强度由强到弱将云南跨界民族外出务工者的关系网络分为家人或亲戚(血缘关系或亲缘关系)、同村人(地缘关系)、同学或朋友(友缘关系)。

图7—10中的数据显示,女性中约有55%的人是通过家人或亲

---

[1] 边燕杰、张文宏:《经济体制、社会网络与职业流动》,《中国社会科学》2001年第2期;林竹:《农民工就业:人力资本、社会资本与心理资本的协同》,《农村经济》2011年第12期;刘传江、周玲:《社会资本与农民工的城市融合》,《人口研究》2004年第5期。

[2] 赵延东、王奋宇:《城乡流动人口的经济地位获得及决定因素》,《中国人口科学》2002年第4期。

[3] Bian, Yanjie, "Bringing Strong Ties back in: Indirect Ties, Network Bridges, and Job Search", *American Sociological Review*, Vol. 62, No. 3, 1997, pp. 366-385.

戚获取工作机会，男性的这一比例约为59%。女性中约有一半（50%）的人通过同村人获得工作，男性的这一比例约为57%。女性中约有49%的人表示通过同学或朋友获得过就业机会，男性的这一比例约为47%。男性和女性使用不同社会关系获取职业的差异较小，其中通过家人或亲戚介绍外出谋生的情况最多，其次是同村人介绍，同学或朋友介绍工作机会的情况少于以上两种情况。对于云南跨界民族外出务工者来说，无论是男性还是女性，他们的社会关系网络多是基于关系强度较大的亲缘或血缘关系，并且通过这些关系网络来帮助其了解就业信息和获取就业机会。

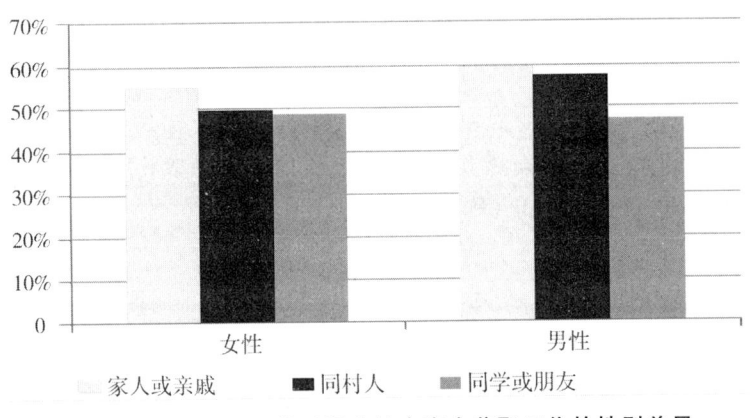

图7—10 使用不同关系强度社会资本获取工作的性别差异

从图7—11中可以看出，云南跨界民族外出务工者中21—25岁年龄组的青年人、26—35岁年龄组的青壮年和36—60岁年龄组的中老年找工作的途径主要是通过家人或亲戚，其次是通过同村人，通过同学或朋友找到工作机会的情况较少。而13—20岁年龄组的青少年中有超过一半（55%）的人表示通过家人或亲戚介绍外出谋生，差不多一半（52%）的人通过同学或朋友介绍获得工作机会，而有48%的人是通过同村人获得工作机会的，所以13—20岁年龄组的青少年通过同村人介绍工作机会的情况少于通过家人或亲戚以及同学或朋友介绍的情况。大部分年龄组的人还是主要通过关系强度最大的亲缘关系或血缘关系来获取工作机会。

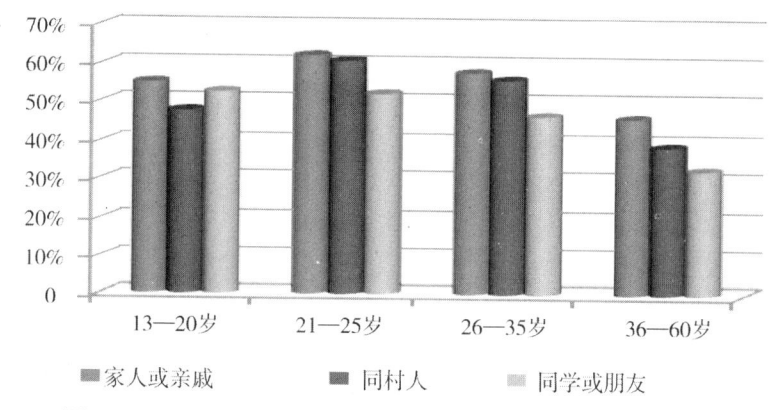

图 7—11　使用不同关系强度社会资本获取工作的年龄组差异

图 7—12 中的数据显示，西双版纳地区的跨界民族外出务工者中约有 55% 的人通过家人或亲戚介绍外出谋生，约有 57% 的人通过同村人获取工作，有高达 63% 的人通过同学或朋友获取工作。西双版纳地区跨界民族外出务工者通过同学或朋友介绍外出谋生的人数比例高于普洱地区约 15%，高于临沧地区约 13%，高于德宏地区约 27%。不同于其他地区，西双版纳地区跨界民族外出务工者在使用社会关系网络获取职业方面具有地方特色，他们通过同学或朋友获取就业机会的情况最多，其次是通过同村人介绍，通过家人或亲戚获得工作机会的情况少于以上两种情况。而普洱、临沧和德宏地区的跨界民族外出务工者都表现为通过家人或亲戚获取工作机会的情况

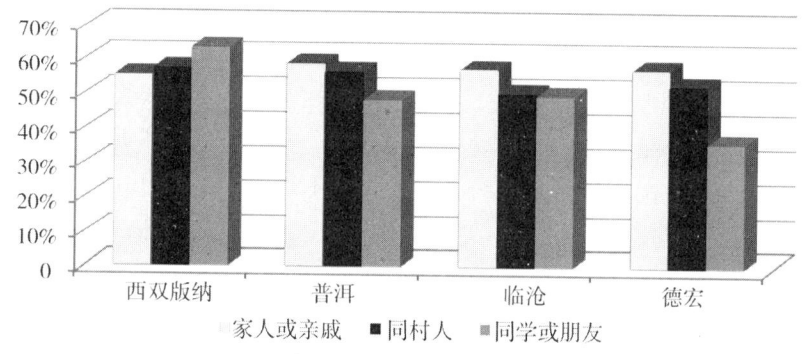

图 7—12　使用不同关系强度社会资本获取工作的地区差异

最多，其次是通过同村人，最少的情况是通过同学或朋友介绍，特别是德宏地区的跨界民族外出务工者，仅有36%的人通过同学或朋友介绍外出谋生过。总体来看，西双版纳地区的跨界民族外出务工者更多地通过关系强度较弱的社会关系来获取就业机会，而普洱、临沧和德宏地区更多地通过关系强度较强的社会关系来获取就业机会。

图7—13反映的是不同跨界民族使用不同关系强度社会资本获取职业的情况。可以看出，傣族中通过家人或亲戚、同村人、同学或朋友介绍外出谋生的人数比例分别约为54%、49%和51%。佤族的这三个比例分别为56%、51%和53%，布朗族的这三个比例分别为59%、64%和60%。傣族、佤族和布朗族外出务工者使用三种不同关系强度的社会关系获取工作的人数比例相差不大，说明傣族、佤族和布朗族使用这三种社会关系的频率差不多。另外，拉祜族中通过家人或亲戚、同村人、同学或朋友介绍外出谋生的人数比例分为约为41%、30%和31%，通过家人或亲戚获取工作机会的人数比例最高，通过同村人和同学或朋友介绍的人数比例相差不大。景颇族使用社会关系获取工作机会的比例普遍较低，通过家人或亲戚、同村人、同学或朋友获取工作的人数比例分别约为29%、22%和15%，哈尼族的这三个比例分别为74%、68%和53%。德昂族中有高达80%的人通过家人或亲戚获取工作机会，有高达72%的人通过同村人介绍外出谋生，有56%的人通过同学或朋友介绍外出谋生。可以看出，拉祜族、景颇族、哈尼族和德昂族都表现出在获取就业信息和获取工作机会方面，主要依靠的是基于关系强度较大的亲缘关系或血缘关系组成的社会关系网络。

从图7—14中可以看出，小学及以下和初中毕业教育水平的跨界民族外出务工者中通过家人或亲戚、同村人、同学或朋友介绍外出务工的人数比例分别约为53%、48%、38%和60%、56%、50%，即随着关系强度减弱，通过其获取工作机会的概率就降低。另外，初中未毕业的跨界民族外出务工者通过家人或亲戚、同村人、同学或朋友获取工作机会的比例分别约为61%、61%和52%，说明初中未毕业的跨界民族外出务工者通过家人或亲戚以及同村人介绍外出谋生的情况多于同学或朋友介绍的情况，通过关系强度较小的友缘关系获取工作的情况较少。高中及以上跨界民族外出务工者中约有57%的人通过家人或亲戚外出谋生，约有51%的人通过同村人介绍外出谋生，约有56%的人通过同学或朋友介绍获取工作机会。总体来看，各个教育水平的跨界民族外出务工者在谋生地获取工作机会的途径主要是依靠基于关系强度较大的亲缘关系或血缘关系的社会关系网络。

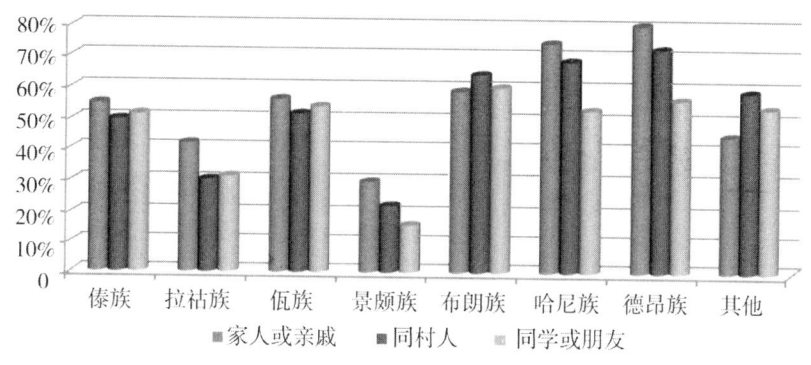

图7—13 使用不同关系强度社会资本获取工作的民族差异

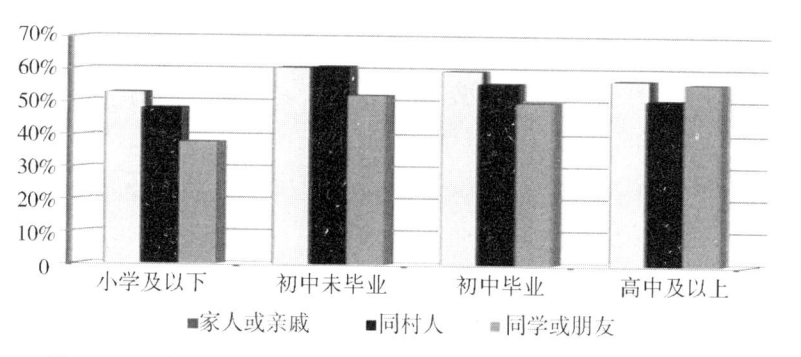

图7—14 使用不同关系强度社会资本获取工作的教育程度差异

图7—15中的数据显示，来自中上层家庭的跨界民族外出务工者通过家人或亲戚、同村人、同学或朋友获取工作的比例分别约为60%、56%和43%，中等水平家庭的跨界民族外出务工者的这三个比例分别约为57%、53%和52%。表现为关系强度降低，则通过其获取工作机会的概率就降低。而中下层家庭的跨界民族外出务工者

中通过同村人介绍外出谋生的比例（47%）低于其他两种途径，通过家人或亲戚介绍获得工作的人数比例约为51%，通过同学或朋友介绍获得工作的人数比例约为49%。

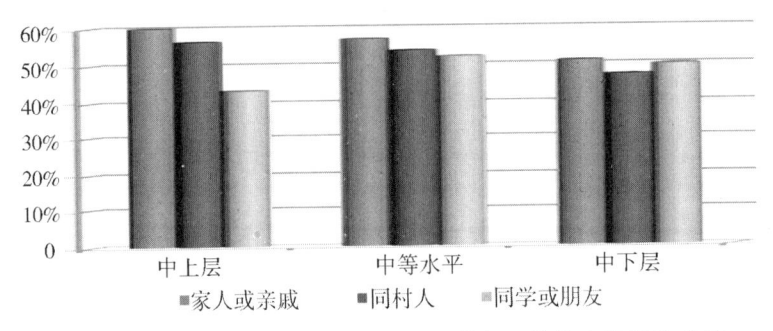

图7—15 使用不同关系强度社会资本获取工作的家庭地位差异

本书调查了帮助云南跨界民族外出务工人员职业获得的社会关系网络构成，表7—6中的数据即通过控制个人特征变量，对获取工作的社会关系网络构成分别进行逻辑回归分析的结果。目的在于观察三种关系强度不同的社会资本在帮助其获取职业上的个人基本特征差异。

模型的因变量是跨界民族外出务工者在求职中使用的社会网络资源，关系强度由强变弱分为"家人或亲戚"、"同村人"和"同学或朋友"。本次调查中关于介绍外出谋生机会的对象进行了问卷调查，问题分为三个部分，即"这些年有没有家人或亲戚介绍您出来谋生"、"这些年有没有同村人介绍您出来谋生"和"这些年有没有同学或朋友介绍您出来谋生"。由于研究需要，我们对这三个因变量进行了如下处理，将回答（1）"没有"的受访者赋值为0，表示没有家人或亲戚、同村人、同学或朋友介绍外出谋生过；将回答（2）"偶尔有"和（3）"常有"的受访者赋值为1，表示被家人或亲戚、同村人、同学或朋友介绍外出谋生过。自变量包括性别、地区、年龄组、民族、教育程度和家庭社会经济地位。模型1为"家人或亲戚介绍出来谋生"，模型2为"同村人介绍出来谋生"，模型3为"同学或朋友介绍出来谋生"。

表 7—6　　　　　跨界民族外出务工者在求职中使用的
社会网络逻辑回归模型（OR）

		模型1：家人或亲戚介绍出来谋生①	模型2：同村人介绍出来谋生②	模型3：同学或朋友介绍出来谋生③
性别	男性	1.212	1.208	0.955
地区	普洱	1.111	2.579***	0.817
	临沧	0.974	1.334	0.595**
	德宏	1.599*	1.609*	0.385***
年龄组	21—25岁	1.248	1.609***	0.946
	26—35岁	1.247	1.511**	0.917
	36—60岁	0.981	0.992	0.798
民族	拉祜族	0.637*	0.319***	0.388***
	佤族	1.121	0.780	1.035
	景颇族	0.243***	0.204***	0.290***
	布朗族	1.353	2.363***	1.030
	哈尼族	2.213***	1.267	0.651
	德昂族	2.847***	2.375***	1.849***
	其他	0.502***	1.468	1.495
教育程度	初中未毕业	1.114	1.527**	1.382*
	初中毕业	1.429**	1.622**	1.464**
	高中及以上	1.285	1.366*	2.364***
家庭社会经济地位	中等水平	0.744**	0.732**	1.148
	中下层	0.701*	0.547***	0.932

注：各自变量的参照组分别为女性、西双版纳、13—20岁、傣族、小学及以下、中上层等。

* P<0.05；** P<0.01；*** P<0.001。

---

① 样本量=2142，卡方值=261.78（P<0.001）。
② 样本量=2148，卡方值=331.95（P<0.001）。
③ 样本量=2133，卡方值=227.95（P<0.001）。

模型1是关于云南跨界民族外出务工者是否通过家人或亲戚获取工作的逻辑回归分析。其中地区、民族、教育程度和家庭社会经济地位对这一变量均具有一定程度的解释力，但是性别和年龄在这一变量上的差异不显著。

就性别差异来看，在没有控制其他变量的情况下，约有55%的女性是通过家人或亲戚找到工作的，约有59%的男性也是通过家人或亲戚找到工作的，女性和男性均有一半以上的人接受过家人或亲戚在寻找工作方面的帮助。控制了其他自变量后发现男性通过家人或亲戚寻找工作的比例高于女性约21%，但是差异并不具有显著性。

西双版纳地区的受访者通过家人或亲戚获取职业的比例约为55%，普洱、临沧和德宏地区的受访者通过家人或亲戚寻找工作的比例分别约为59%、57%和57%。所调查的云南跨界民族所在地区的受访者均有一半以上的人通过家人或亲戚介绍外出谋生机会。通过控制其他变量后可以看出，普洱地区受访者通过家人或亲戚寻找工作的比例高于西双版纳地区受访者约11%，但是不具有显著性。另外，临沧地区受访者在这一问题上的比例与西双版纳地区受访者相差较小，但也不具有显著性。而德宏地区与西双版纳地区在这一变量上的差异显著，德宏地区受访者通过家人或亲戚获取工作的比例高于西双版纳地区受访者约60%（$P<0.05$）。

理论上，不同的年龄阶段在获取工作机会的途径方面应该有较大的差异，相对来说，年轻人因为受教育程度比年长的民工更高，他们应该更倾向于利用后致性的人力资本来获得就业途径，而年龄偏大的农民工因教育程度较低，人力资本匮乏，理应更多地依赖关系网络的社会资本。我们调查的数据显示，13—20岁的青少年中超过一半（约55%）的人是通过家人或亲戚获得工作的。21—25岁的青年人约有62%的人是通过家人或亲戚寻找工作，26—35岁的中青年中约有58%的人也是通过家人或亲戚找到工作，但是36—60岁的中老年中通过家人或亲戚找到工作的比例低于50%（约46%）。控制其他自变量后发现，21—25岁的年轻人通过家人或亲戚获得工作的比例高于13—20岁青少年约25%，26—35岁年龄组的中青年同样高于青少年25%，而36—60岁的中老年在这一变量上与13—20岁的青少年之间的差异较小。所以针对云南跨界民族外出务工者，21—25岁的青年人和26—35岁的青壮年通过家人或亲戚在迁入地获取工作的人数比例稍高于13—20岁年龄组的青少年以及36—60岁的中老年。但是年龄组在是否通过家人或亲戚获得工作方面的差异不具有统计显著性。

云南跨界民族的民族文化、居住环境、居住地的交通状况、教育程度以及潜移默化的生活观念都影响着他们的就业和社会关系网络的构建。数据显示，傣族中通过家人或亲戚介绍外出谋生的人约占54%，需要指出的是，所调查的云南跨界民族中，德昂族通过家人或亲戚获取工作的比例最高（约80%），景颇族的这一比例最低（约29%）。控制其他变量后可以看出，拉祜族和景颇族通过家人或亲戚找到工作的比例均低于傣族，拉祜族低于傣族约36%（$P<0.05$），景颇族低于傣族约76%（$P<0.001$），且拉祜族、景颇族与傣族在这一变量上的差异具有显著性。另外，佤族、布朗族、哈尼族和德昂族寻找工作是通过家人或亲戚的比例均高于傣族，其中佤族高于傣族约12%，布朗族高于傣族约35%，哈尼族约是傣族的2.21倍（$P<0.001$），德昂族约是傣族的2.85倍（$P<0.001$）。总体来看，云南景颇族农村富余劳动力通过家人或亲戚找到工作的比例低于其他跨界民族，而哈尼族和德昂族使用家人或亲戚关系获取工作的比例较高。

帮助获取职业和进行职业流动的两个主要要素就是人力资本和社会资本。但农民工受教育程度普遍较低，特别是云南跨界民族地区的农村富余劳动力。如果农民工受教育程度较高则说明他们的人力资本较高，那么对社会资本的依赖程度就会降低；农民工受教育程度越低则使用社会关系网络获取工作的可能性越大。由于样本整体受教育水平偏低没有形成梯度分布，本项调查数据结果与预设并不一致。我们所调查的数据显示，小学及以下教育程度的受访者中约有53%的人是通过家人或亲戚找到工作的，教育程度为初中未毕业、初中毕业和高中及以上的受访者中通过家人或亲戚找到工作的比例分别约为61%、60%和57%。可以看出，在没有控制其他变量的情况下，教育程度最低的小学及以下受访者通过家人或亲戚找到工作的比例是最低的。控制了其他自变量后，这一情况仍然存在，从其比值比的结果中可以看出，初中未毕业的受访者获取工作的途径是通过家人或亲戚的比例高于教育程度为小学及以下的受访者约11%，初中毕业的受访者高于小学及以下受访者约43%（$P<0.01$），而且教育程度中初中毕业与小学及以下的受访者在这一变量上的差异较显著。高中及以上的受访者高于小学及以下受访者约29%，但不具有显著性。可以看出，小学及以下教育程度的受访者通过家人或亲戚找到工作的比例最低，但是教育程度为初中毕业的受访者的这一比例最高，且差异具有显著性。

家庭社会经济地位这一变量是测量社会资本的重要因素，相较于社会阶层较低的家庭，社会阶层高的家庭所拥有和继承的社会关系网络具有关系网络规模大、异质性高、结构合理等特点。所以社会阶层较高的家庭所积累的社会关系网络能更有效地提高获取职业的效率。我们的调查数据显示，中上层家庭中约有60%的人是通过家人或亲戚找到工作的，中等水平和中下层家庭中分别约有57%和51%的人是通过家人或亲戚获取职业的。在没有控制其他变量的情况下，家庭社会经济地位越高，则通过家人或亲戚获取职业的比例就越高。控制其他变量后，这种变化仍然存在。从其比值比结果中可以看出，中等水平家庭通过家人或亲戚找到工作的比例低于中上层家庭约26%，而中下层家庭低于中上层家庭约30%。所以家庭社会经济地位越高，则通过家人或亲戚获取职业的比例就越高。

模型2是关于云南跨界民族外出务工者是否通过同村人获取工作的逻辑回归分析。从结果可以看出，模型2中的性别差异不具有统计显著性，而地区、年龄组、民族、教育程度和家庭社会经济地位对这一变量均有不同程度的解释力。

就性别差异来看，约有一半（约50%）的女性是通过同村人介绍外出谋生的，而男性中约有57%的人是通过同村人获取工作的。控制了其他变量后发现，男性通过同村人获得工作的比例高于女性约21%，但是这一差异不具有显著性。

地区差异对是否通过同村人介绍获取工作的影响如下，西双版纳地区的受访者中约有57%的人通过同村人获取职业，普洱、临沧和德宏地区的受访者中通过同村人获取职业的比例分别约为56%、50%和53%。可以看出，在没有控制其他变量的情况下，所调查地区在这一变量上的比例相差不大。通过控制其他变量后，从其比值比结果中可以看出，普洱地区受访者通过同村人找到工作的比例是西双版纳地区的2.6倍（$P<0.001$），临沧地区比西双版纳地区高约33%，德宏地区比西双版纳地区高约61%（$P<0.05$）。总体来看，西双版纳地区的跨界民族外出务工者通过同村人获取职业的比例最低，而普洱地区的跨界民族外出务工者的这一比例最高。

数据显示，13—20岁的青少年中约有48%的人通过同村人获得工作，21—25岁的年轻人中约有61%的人通过同村人获得工作，26—35岁的青年的这一比例为56%。值得注意的是，36—60岁的中老年通过同村人获得工作的比例最低，约为39%。控制其他变量后发现，21—25岁的年轻人的就业途径来源于同村人的社会资源的比例高于13—20岁年龄组的61%（$P<0.001$），26—35岁中青年高于13—20岁年龄组约51%（$P<0.01$），且21—25岁年龄组、26—35岁年龄组与13—20岁年龄组的差异均显著。另外，36—60岁的中老年与13—20岁的青少年通过同村人找到工作的比例相差不大，且这一差异不具有显著性。

就民族差异来看，傣族中约有49%的人是通过同村人找到工作的。值得注意的是，景颇族中仅有22%的人是通过同村人介绍外出谋生的。另外，拉祜族的这一比例也较低，约为30%。但是德昂族中有高达72%的人是通过同村人获取工作的，哈尼族的这一比例也较高，为68%，布朗族为64%，而佤族为51%。通过控制其他变量后，从其比值比结果中可以看出，拉祜族、佤族和景颇族通过老乡介绍外出工作的比例均低于傣族，其中景颇族的这一比例仅是傣族的20%（$P<0.001$），拉祜族的这一比例仅是傣族的32%（$P<0.001$），景颇族、拉祜族与傣族在是否通过同村人找到工作的变量上差别显著。数据显示，佤族的这一比例低于傣族约22%，但是差异不具有显著性。布朗、哈尼族和德昂族通过同村人获取工作的比例均高于傣族，其中布朗族的这一比例是傣族的2.4倍（$P<$

0.001），哈尼族的这一比例高出傣族约27%，德昂族的这一比例是傣族的2.4倍（P<0.001），布朗族、德昂族与傣族之间的差异最大，而且这种差异具有显著性。可以看出，在云南省调查的跨界民族外出务工者中，布朗族和德昂族通过同村人获得工作的比例较高，而拉祜族和景颇族通过同村人介绍外出工作的比例较低。

就教育程度差异来看，小学及以下教育程度的受访者中约有48%的人是通过同村人找到工作的。另外，初中未毕业、初中毕业和高中及以上教育水平的受访者的这一比例分别为61%、56%和51%。通过控制其他变量后看其比值比结果可知，相较于教育程度为小学及以下的受访者，初中未毕业者通过同村人找到工作的比例高出约53%（P<0.01），初中毕业者的这一比例高出约62%（P<0.001），高中及以上教育水平的受访者的这一比例高出约37%（P<0.05）。可以看出，教育程度对是否通过同村人获取职业的影响具有显著性，教育水平为初中毕业的受访者在通过同村人找到工作的比例上最高，而教育程度最低的即小学及以下的受访者。也就是说，通过同村人介绍找到工作的人群中，初中毕业者最多，而小学及以下教育水平的受访者最少。

中上层家庭通过同村人获取职业的比例约为56%，中等水平家庭的这一比例约为53%，中下层家庭的这一比例约为47%。可以看出，家庭社会经济地位越低，则通过同村人介绍外出务工的比例就越低。控制其他自变量后，从其比值比结果中可以看出，家庭社会经济地位在这一变量上的差异较显著。其中，中等水平家庭通过同村人找到工作的比例低于中上层家庭约27%（P<0.01），中下层家庭低于中上层家庭约45%（P<0.001）。可以看出，控制其他变量后，依然表现为家庭社会经济地位越低，则通过同村人获取职业的比例就越低。

模型3是关于云南跨界民族外出务工者是否通过同学或朋友获取工作的逻辑回归分析。其中地区、民族和教育程度对这一变量均有不同程度的解释力，但是性别、年龄组和家庭社会经济地位在这一变量上的差异不具统计显著性。

就性别差异来看，女性中约有49%的人接受过同学或朋友的帮忙而找到工作，男性约有47%的人通过同学或朋友找到工作。女性和男性在这一变量上的差异不大。控制了其他变量后，女性和男性之间在通过同学或朋友获取工作上的差异依然较小，而且这种差异不具有显著性。

地区差异对这一变量的影响如下，西双版纳地区的受访者中约有63%的人是通过同学或朋友找到工作的，普洱、临沧和德宏地区的受访者的这一比例分别为48%、49%和36%。可以看出，西双版纳地区的跨界民族通过同学或朋友找到工作的比例最高，而德宏地区的跨界民族最低。控制其他自变量后观察其比值比可以看出，普洱、临沧和德宏地区的受访者在通过同学或朋友获取工作的比例上均低于西双版纳地区的受访者，其中普洱地区受访者低于西双版纳地区受访者约18%，但是普洱与西双版纳在这一变量上的差异不具有显著性。另外，临沧地区受访者通过同学或朋友获取工作的比例约占西双版纳地区受访者的60%（$P<0.01$），德宏地区仅占西双版纳地区的39%（$P<0.001$），临沧、德宏地区与西双版纳地区在这一变量上的差异具有显著性。可以看出，西双版纳地区的受访者通过同学或朋友获取工作的比例高于其他地区，而德宏地区受访者的这一比例最低。

13—20岁年龄组的青少年中通过同学或朋友找到工作的人数约占52%，21—25岁的年轻人、26—35岁的中青年和36—60岁的中老年在这一变量上的比例分别为52%、46%和32%。在没有控制其他变量的情况下表现为年龄越大，则通过同学或朋友找到工作的比例就越低。控制其他自变量后发现，依然表现为随着年龄的增长，通过同学或朋友找到工作的比例越低。但是年龄组在是否通过同学或朋友找到工作这一变量上的差异不显著。

就民族差异来看，傣族中约有51%的人是通过同学或朋友获得工作的。值得注意的是，景颇族中仅有15%的人是通过同学或朋友介绍外出务工的。通过控制其他变量后，从其比值比结果中可以看出，拉祜族、景颇族和哈尼族中通过同学或朋友获取就业信息的比例均低于傣族，其中拉祜族通过同学或朋友找到工作的比例仅占傣族的39%（$P<0.001$），景颇族仅占傣族的29%（$P<0.001$），而且

差异非常显著。哈尼族通过同学或朋友获得工作的比例低于傣族约35%，但是差异不具有显著性。另外，佤族和布朗族与傣族在这一比例上差别不大，且不具有显著性。但是德昂族通过同学或朋友找到工作的比例是傣族的1.85倍（$P<0.001$），且差异具有显著性。可以看出，通过同学或朋友获得工作的比例中，景颇族最低，而德昂族最高。

就教育程度来说，小学及以下教育水平的受访者中约有38%的人是通过同学或朋友获得工作的，初中未毕业、初中毕业和高中及以上教育程度的受访者中通过同学或朋友获得工作的比例分别为52%、50%和56%。控制了其他变量后，从其比值比结果中可以看出，教育程度为初中未毕业的受访者通过同学或朋友获得工作的比例是小学及以下受访者的1.38倍（$P<0.05$），初中毕业的受访者是小学及以下受访者的1.46倍（$P<0.01$），高中及以上教育水平的受访者是小学及以下受访者的2.36倍（$P<0.001$）。可以看出，教育程度越高，则通过同学或朋友找到工作的比例就越高，而且这种差异具有显著性。

就家庭社会经济地位来看，中上层家庭中约有43%的人是通过同学或朋友获得工作的，中等水平家庭的这一比例约为52%，中下层家庭的这一比例约为49%。控制了其他自变量后发现，家庭社会经济地位对是否通过同学或朋友获取职业的影响不具有显著性。具体来看，中等水平家庭通过同学或朋友找到工作的比例高于中上层家庭约15%，中下层家庭与中上层家庭在这一比例上差距不大。

云南跨界民族外出务工者通过家人或亲戚、同村人、同学或朋友介绍获取工作的总体情况总结如下：（1）男性通过这些社会关系获取工作的人数比例高于女性。（2）西双版纳地区的跨界民族外出务工者通过家人或亲戚、同村人介绍获取工作的人数比例较低，但是他们通过同学或朋友介绍获取工作的人数比例较高。德宏地区的跨界民族外出务工者通过家人或亲戚介绍外出谋生的比例高于其他地区，普洱地区的跨界民族外出务工者通过同村人介绍外出谋生的人数比例高于其他地区。（3）21—25岁的青年人和26—35岁的青壮年通过同村人在迁入地获取工作机会的人数比例高于13—20岁的青少年以及36—60岁的中老年人，呈现出正态分布的趋势。（4）德昂族的外出务工者中通过这三种社会关系获取工作的人数比例高于其他跨界民族，而景颇族的外出务工者中通过家人或亲戚、同村人、同学或朋友介绍获取工作机会的人数比例最低。（5）小学及以下教育程度的云南跨界民族外出务工者中通过以上三种关系网络获取工作的人数比例最低，而初中毕业的云南跨界民族外出务工者通过家人或亲戚、同村人介绍获取工作机会的人数比例最高。另外，通过同学或朋友介绍外出谋生的人数比例呈现出教育程度越高被介绍获取工作的人数比例越高的线性趋势，原因可能是受教育程度越高的人所积累的社会关系网络多是由同学或朋友组成，所以随着教育程度的提高，他们通过同学或朋友介绍外出谋生机会的可能性就越大。（6）通过家人或亲戚、同村人获取就业机会的人数比例随着家庭社会经济地位的升高而降低，原因可能是社会阶层较高的家庭所构建的社会关系网络不再是基于亲缘关系和地缘关系为主的强关系网络结构，所以随着家庭社会经济地位的提高，通过以上两种强关系获取工作的人数比例就会有所下降。而通过基于友缘或业缘拓展的弱关系网络更有助于农民工的职业提升。

第四节 获取满意工作最主要要素

我们在调查中询问了云南跨界民族外出务工者认为获取一份满意工作最主要的要素是什么。答案包括知识或技能、经验、朋友或熟人，等等，他们将根据自己外出务工过程中求职困难的经历来回答这个问题。我们旨在针对云南跨界民族外出务工者，分析人力资本和社会资本对他们获取工作的效用哪一个更大。

图7—16中的数据显示，认为知识或技能是找到一份满意工作的人数比例最高，约为44%。认为经验最重要的人数比例约为26%，认为朋友和熟人最重要的人数比例约为23%。其中知识和技能、经验属于人力资本，而朋友或熟人属于社会资本，所以跨界民族外出务工者认为在谋生地获取一份满意工作的最主要要素是人力

资本的人数比例约为70%，是社会资本的人数比例约为23%。由此可以看出，大部分跨界民族外出务工者认为获取工作方面人力资本比社会资本重要。

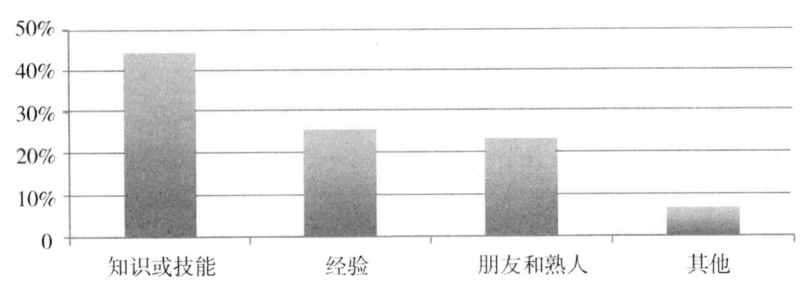

图7—16　找到一份满意工作的最主要要素

小　结

在本章中，我们主要探究了云南跨界民族外出务工人员的社会关系网络以及在这样的关系网络下他们的异地就业途径。调查结果显示，与云南跨界民族外出务工人员在同一个工作圈或生活圈内的关系大部分是老乡，即在迁入地来自同一地区的跨界民族会聚集在一起形成类似老乡群之类的社区。云南跨界民族外出务工人员在迁入地的社会关系主要是由基于亲缘、地缘和友缘的强关系构成，大部分依靠基于强关系的社会关系网络来获取工作，但是这种规模较小、异质性较低的社会关系网络并不能有效地促进这些流动人口获取稳定性较高的职业或者职业阶层的上升。由于迁出地政府促进农村富余劳动力转移的力度不够以及自身人力资本积累欠缺等因素的阻碍，云南跨界民族外出务工人员也主要是通过熟人介绍获取工作。

云南跨界民族外出务工人员在迁入地的社会关系网络的组成还反映出了各个跨界民族不同的家庭观念及婚姻关系特点。如景颇族家庭会优先介绍女方家的亲戚外出谋生，在一起谋生的亲戚中女方家的亲戚较多，根据这一现象我们可以看出，景颇族所表现出来的家庭关系是以女性一方为主的；而哈尼族的家庭关系中则以男性为主。

第八章

云南跨界民族务工者的就业歧视和身份歧视

歧视是指不以个人的能力和贡献为依据，而是以种族、户籍、身份、性别和社会阶层为依据，对社会成员的区别对待。[①] 农民工进城务工的就业歧视包括职业歧视、待遇歧视、人力资本投资歧视、就业保障歧视和制度歧视等。其中职业歧视是指农民工被排除在某些行业外，而多存在于次级劳动力市场，即他们多从事一些劳动强度大、工资水平低的行业，比如建筑业、运输业和服务业等行业。待遇歧视是指农民工在就业中出现的同岗不同酬，工资水平低于城市居民，社会保障以及福利待遇较差的状况。人力资本投资歧视是指用工单位或政府为农民工提供提升个人素质和职业技能的培训机会较少。就业保障歧视是指由于户籍制度的限制，使得农民工在迁入地社会保障和公共医疗方面受到差别待遇。制度歧视是指城乡二元的户籍制度，确定了农村人和城市居民的差别，人为地将社会成员一分为二，这是造成农民工就业歧视的根本原因。[②]"我国农民工在就业准入、从事行业、劳动工资、居住条件、工作环境、社会保障和职业发展方面遭遇到了歧视性对待。"[③] 农民工进入迁入地要找到工作首先就需要办理暂住证、务工证和健康证等，办理证件是农民工进城务工的第一道门槛；其次他们多从事脏、累、危险、

---

① 吴忠民：《歧视与中国现阶段的歧视》，《江海学刊》2003年第1期。
② 田学辉、秦俊武：《我国农民工就业歧视问题文献综述》，《劳动保障世界》（理论版）2009年第11期。
③ 刘唐宇、罗丹：《我国农民工就业歧视：现状、原因及政策建议》，《四川理工学院学报》（社会科学版）2014年第3期。

艰苦的行业，工资水平较低，雇主或单位为其缴纳养老保险、医疗保险等一系列保险的比例较低，住房和子女的教育福利不乐观；最后，针对少数民族农民工，用工单位还可能以饮食习惯或其他生活习惯为由拒绝录用少数民族务工者。①

根据以往的研究，可将农民工就业歧视和身份歧视的原因总结为以下几点：第一，城乡二元结构是根本原因。户籍制度将农村人和城市居民区分开，将有限的资源集中到一部分人身上。首先农民工丧失了与城市居民平等的受教育机会；其次农民工进城务工由于没有城市居民身份而遭受到就业歧视，没有居民身份的农民工多在次级劳动力市场寻找工作。有的学者使用西方劳动经济学的歧视理论对我国农民工就业歧视问题进行了分析，最后发现解释力并不强，中国农民工的就业歧视并非是由市场失灵造成的，而是由政府失灵所致。所以解决农民工就业歧视问题，关键在于消除制度性歧视。② 第二，劳动力市场的缺陷。由于政府和中介机构的失职，农民工接收不到有效的就业信息，因为虚假招聘信息和黑中介的原因农民工上当受骗的事例屡见不鲜。③ 第三，社会等级制度下的身份歧视。在人们的思维中，社会体系具有层次性，社会成员将从事不同行业的人分为不同的社会阶层，农民工从事着城市居民不愿意干的行业，如建筑工人和餐饮服务人员，农民工工作流动性大、多处于次级劳动力市场、多数是非正规就业，所以他们的行业地位和职业地位都较低，所以农民工这一群体在人们印象中始终处于社会底层。农民工在迁入地工作和生活的不稳定性是农民工身份歧视的社会背景，而农民工对自己身份的普遍认同又催化了社会对农民工的身份歧视。那么是什么让农民工自己也认同了自己农民工身份的呢？首先由于缺乏人力资本的积累，工作能力、综合素质以及适应能力较差，多数农民工需要通过社会关系来获取工作，而共同的身

---

① 张莉萍、王鼎：《社会网络视域下少数民族农民工就业问题研究》，《商》2014年第5期。
② 王解静：《西方劳动力市场歧视理论与我国农民工就业歧视问题》，《兰州商学院学报》2006年第6期。
③ 张慧：《农民工就业歧视问题分析》，《上海经济研究》2005年第10期。

份和境遇使农民工在迁入地形成了基于社会网络的社区，社区中的成员自觉地认同"农民工"身份。另外，农民工的乡土情结阻碍了与城市生活的融合，乡土记忆保留了农民朴素的生活习惯也进一步固化了农民工的身份。① 第四，农民工教育程度普遍较低。这是受到就业歧视的表面和直接原因，由于农村地区教育资源缺乏，农民工普遍教育水平较低、个人综合能力和素质较差、适应能力较弱以及维权意识较差。他们到城市由于自身人力资本不足的限制只能从事一些非脑力劳动，即一些劳动强度大的体力劳动。第五，少数民族农民工的民族特殊性。少数民族在宗教信仰、语言文字、生活习惯、区域风俗、从业规则、收入分配方式等文化因素方面与汉族有较大差异。很多用人单位在选择雇员时会对少数民族农民工有偏见和歧视，因为少数民族农民工需要用更多的时间来适应企业的规则、纪律、制度和文化，给用人单位增加了管理成本。②

外出务工者在城市获得就业机会后，接下来就会面临融入就业的城市和社会的问题。国内由于城乡二元户籍制度的区隔，农民工在流动到城市就业后往往遭受一系列不公平的待遇，如收入低、"非正规就业"，面临没有社会保障、得不到该有的报酬和子女上学难等问题。云南是一个多民族的地区，云南少数民族农民工迁移到城市后，除了以上提及的问题外，还会面临宗教信仰、民族风俗、语言文化甚至生活方式的差异问题，加大了他们融入城市的困难。

张继焦认为："少数民族流动人口与其他民族在语言上的障碍、心理上的隔阂、宗教信仰的不同以及经济利益的竞争等，他们在城市的陌生环境中自然会形成本民族封闭的交往圈。"如果农民工迁移到城市后，仍然主要依赖以亲缘和地缘关系为基础的初级关系，而非建立基于业缘关系的生活圈子，就不能真正地融入城市生活。面对这些问题，一方面需要农民工具有良好的调适能力，积极融入所在地社区；另一方面，所在地社区和城市的宽容和接纳也是重要

---

① 邵志忠：《从社会正义透视农民工的身份歧视》，《广西民族研究》2008年第3期。

② 李俊霞：《少数民族农民工异地就业的文化适应性理论研究》，《成都行政学院学报》2011年第5期。

的方面,如果务工人员因各种原因遭受歧视,将进一步阻碍他们融入城市的进程,甚至可能影响所在地社区的安定团结。

在本课题组针对云南跨界民族地区外出务工者的调查中,我们设置了关于是否遭受歧视的 2 组 6 个问题,分别询问受访人在外出谋生的经历中,是否遭受过来自雇主、同事和城里人的歧视,以及是否因语言不通、来自贫困地区和因少数民族的身份而遭受过歧视。从调查结果来看,2 组 6 个问题的回答基本趋同,绝大多数(均超过70%)的受访者表示没有遭受过歧视,表明整体环境较为友好。在表示受到过歧视的受访者中,选择遭受城里人(约28%)歧视的比例略高于雇主(约25%)和同事(约23%),受访者认为受到城里人这样一个泛指的群体的歧视,超过日常工作和生活中实际接触较多的雇主和同事,从一个侧面验证了城乡二元体制区隔的影响。而在遭受歧视的原因方面,选择因少数民族的身份遭受歧视的比例(约16%)较明显地低于因语言不通(约23%)和来自贫困地区(约24%)而遭受歧视的比例。这一方面说明中国的民族平等政策在事实上得到较好的执行和认可,少数民族身份对务工者在城市求职和生活不会造成很大障碍;另一方面也说明文化差异(语言不通)和经济差距(落后地区)仍然是少数民族务工者融入城市过程中面临的主要问题(如图 8—1 所示)。

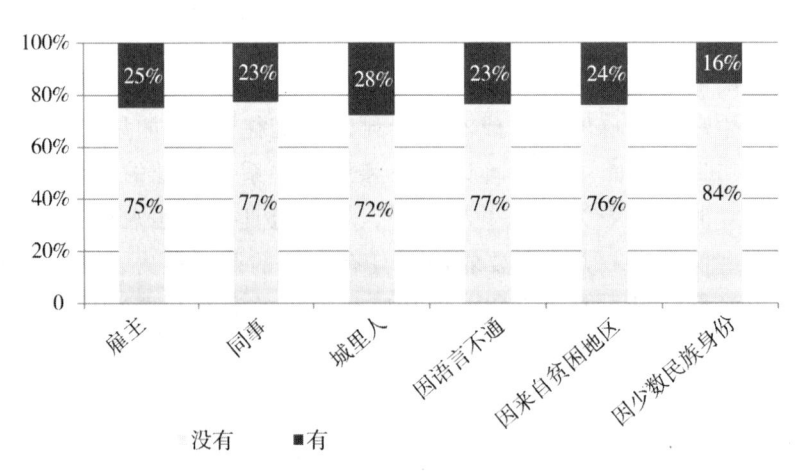

图 8—1 遭受歧视的基本状况

第一节 歧视者群体

一 歧视者群体的个人特征差异

云南跨界民族外出务工者中女性受到歧视的情况多于男性。数据显示，女性受到雇主歧视的比例约为27%，男性低于女性约4%。女性受到同事歧视的人数比例约为24%，男性低于女性约4%。女性受到城市居民歧视的人数比例约为29%，男性低于女性约3%（如图8—2所示）。

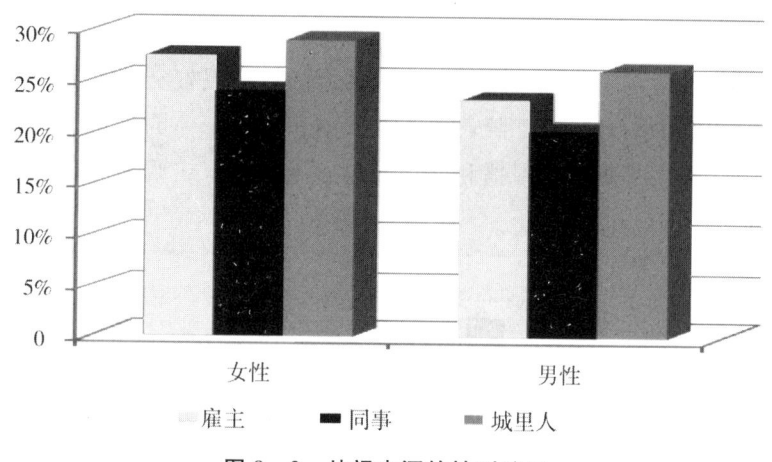

图8—2 歧视来源的性别差异

女性受到歧视的情况多于男性，首先与整个社会的大环境相关。虽然性别平等在今天的中国已经是一个得到普遍认可的理念，但在实际生活中，尤其是在职场上，女性因为要承担生儿育女、照顾家庭等责任而被认为难以与男性公平竞争，在就业方面受到一定程度的歧视。其次，由于跨界民族地区经济社会发展水平相对落后，加上传统文化不重视女性的教育，因此外出务工者中可能女性文化程度相对男性更低，语言、社交、工作能力及经验等欠缺，在获取和胜任工作岗位方面较男性弱，容易遭到就业歧视。另外，由于女性相对细腻敏感，更容易感受到来自外界的歧视信号，因此受访者中女性可能更倾向于回忆起遭受歧视的情况而做出肯定回答。

图 8—3 反映了不同年龄阶段的云南跨界民族外出务工者在谋生地遭受到歧视的情况。数据显示，13—20 岁年龄组的青少年、21—25 岁年龄组的青年人以及 26—35 岁年龄组的青壮年表示遭受到的歧视的人数比例均高于 20%，而 36—60 岁年龄组的中老年人中表示遭受到歧视的人数比例低于 20%。其中 13—20 岁的青少年、26—35 岁的青壮年以及 36—60 岁的中老年中表示遭受到城里人歧视的情况最多，人数比例分别为 31%、34% 和 17%。而 36—60 岁年龄组的中老年表示遭受到来自雇主、同事或城里人歧视的人数比例均低于其他年龄组。我们在问卷中让受访者对自己在工作环境中遭受到歧视的状况进行主观评价，年龄较大的外出务工者可能因为外出务工经验丰富，工作能力和处理人际关系的技巧更好，所以遭受歧视的情况相对少些；另外，随着务工经验的积累和个体的成熟，心理承受能力增强，所以能够习惯和淡化来自雇主、同事或城里人的歧视。

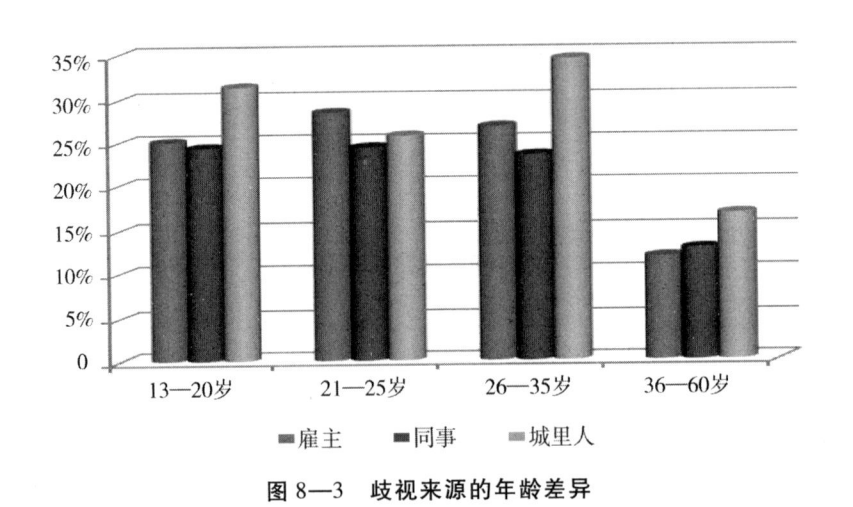

图 8—3 歧视来源的年龄差异

从图 8—4 中可以看出，相对于教育程度较低的跨界民族外出务工者，教育程度较高（初中毕业、高中及以上）的跨界民族外出务工者遭受到更多的歧视。随着教育程度增加，按理说应该能更好地适应迁入地的工作和生活，减少受歧视的状况。但数据显示，随着教育程度升高，跨界民族外出务工者认为遭受到歧视的比例更高。可能的原因是，一方面这部分外出务工者的教育程度只是相对较高，但这一教育程度仍然不能帮助他们在迁入地的职业竞争中获得优势。另一方面这部分外出务工者对自己的职业阶层和工资收入可能相较更低受教育程度的务工者群体期待更高，而且在自我意识、民族意识和阶层意识等方面更为敏感，所以容易感受到来自城市群体的歧视。

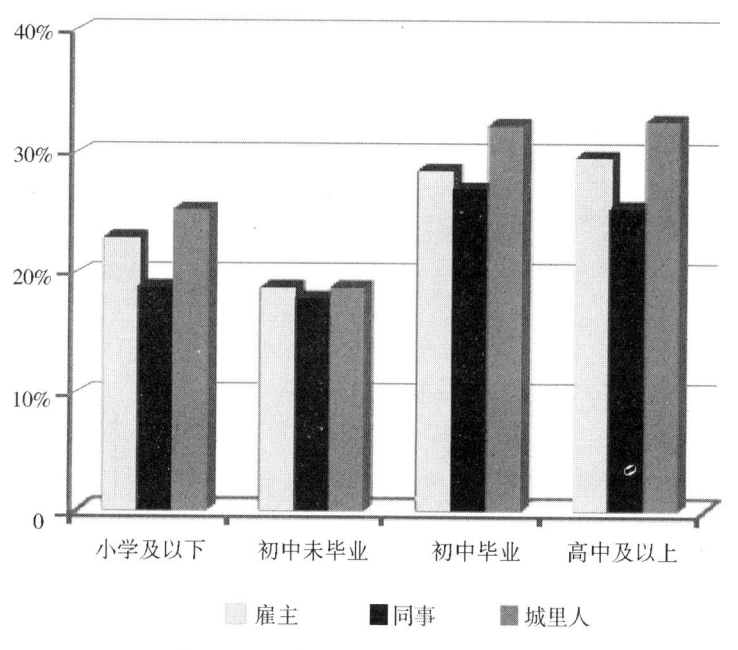

图 8—4 歧视来源的教育程度差异

图 8—5 中的数据显示，中上层家庭的跨界民族外出务工者中约有 30% 的人认为遭受过雇主的歧视，约 26% 的人遭受到同事的歧视，约 30% 的人遭受到城市居民的歧视。中等水平家庭的跨界民族外出务工者遭受到雇主歧视的比例低于中上层家庭约 6%，遭受到同事歧视的比例低于中上层家庭约 3%，遭受到城里人歧视的人数比例差异不大。中下层家庭的跨界民族外出务工者受到的歧视普遍

低于社会阶层较高家庭的外出务工者，遭受到雇主、同事和城里人歧视的人数比例分别为13%、12%和15%。总体来看，来自社会阶层较高家庭的跨界民族外出务工者遭受到雇主、同事和城里人的歧视更多。这个结果跟歧视的受教育程度差异一样，呈现出与预期相反的结论，可能的解释就是家庭社会经济地位较高的外出务工者具有更高的期望，更强烈的自我意识、民族意识和阶层意识。

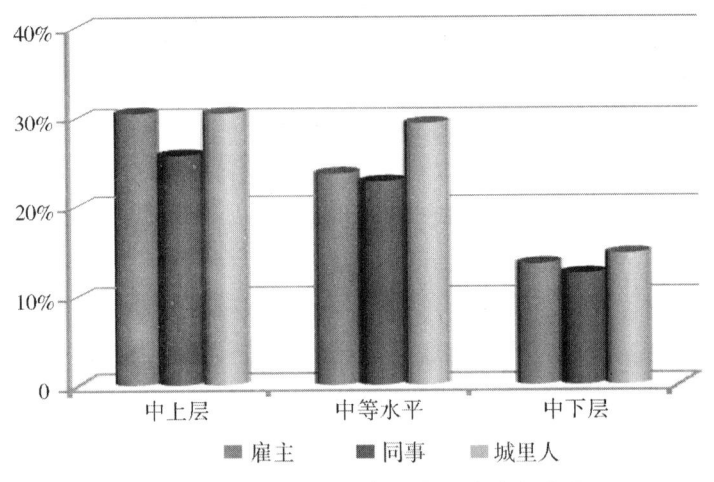

图 8—5　歧视来源的家庭社会经济地位差异

二　歧视者群体的地区差异和民族差异

图8—6中的数据反映出来自西双版纳地区的跨界民族外出务工者受到来自雇主、同事和城里人歧视的情况较多，其中约有29%的人表示遭受到雇主的歧视，表示遭受过同事歧视的人数比例也约为29%，有高达46%的人表示遭受到城市居民的歧视。西双版纳地区跨界民族外出务工者受到城市居民歧视的人数比例高于普洱地区约18%，高于临沧地区约22%，高于德宏地区约26%。来自普洱地区的跨界民族外出务工者遭受到来自雇主、同事和城里人歧视的人数比例相差不大，分别约为27%、28%和28%。来自临沧地区的跨界民族外出务工者中受到雇主歧视的情况较少，约为14%；另外有17%的人表示受到同事的歧视；临沧地区的受访者受到城里人歧视的情况最多，约为24%。来自德宏地区的跨界民族外出务工者中受

到来自雇主的就业歧视的人数比例高于其他地区，约为33%，受到同事歧视的人数比例约为18%，20%的人受到城里人的歧视。

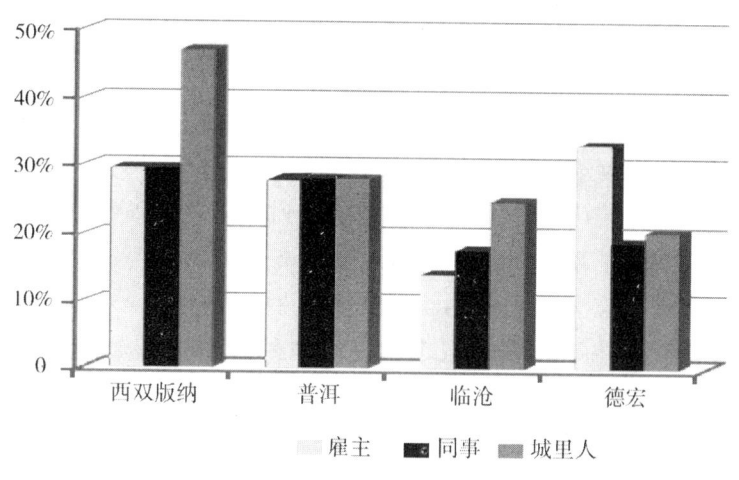

图 8—6 歧视来源的地区差异

总体来看，各个地区的跨界民族外出务工者在谋生地受到歧视的状况总结如下：(1) 来自西双版纳的跨界民族外出务工者在谋生地遭受就业歧视以及身份歧视的情况总体多于其他地区的跨界民族外出务工者；(2) 来自西双版纳的跨界民族外出务工者遭受到的歧视主要来源于城市居民，而且这一群体遭受到城里人歧视的情况多于其他地区的跨界民族外出务工者；(3) 来自临沧地区的跨界民族外出务工者在谋生地受到歧视的情况总体较少，其中最主要的歧视来源于城市居民；(4) 德宏地区的跨界民族外出务工者在谋生地所遭受的歧视主要来自雇主。相较于其他地区，来自德宏地区的跨界民族外出务工者更容易遭受到来自雇主的歧视。

云南跨界民族是特殊的少数民族群体，云南跨界民族地区农村富余劳动力转移的障碍包括制度障碍、社会障碍和自身障碍等，其中社会障碍就是指少数民族在进入迁入地工作和生活时遭受到的就业歧视、待遇歧视以及身份歧视等，跨界民族流动人口难以实现与城市社会的融入。来自雇主、同事或城市居民的歧视不仅使得跨界民族流动人口在职业选择、工资水平和就业环境中不能享受与当地居民同样的待遇，而且也使得这一群体被阻挡在城市生活圈之外，他们在心理上的自卑固化了其"农民工"的身份。这种来自物质生活上的不同以及心理上的身份认同将农民工与当地居民分割，这种情况的出现不利于实现城乡一体化建设、城市化建设以及现代化建设的要求。

图8—7反映的是云南不同跨界民族外出务工者在谋生地受到歧视的状况。数据显示，傣族中约有19%的人表示受到了雇主的歧视，23%的人表示受到了同事的歧视，33%的人表示受到了城里人的歧视；拉祜族中约有18%的人表示受到了雇主的歧视，17%的人受到了同事的歧视，20%的人受到了城市居民的歧视；佤族受到雇主、同事和城市居民歧视的人数比例分别约为15%、13%和20%；景颇族受到雇主、同事和城市居民歧视的人数比例分别约为5%、14%和18%；布朗族中有26%的人表示受到雇主的歧视，30%的人受到同事的歧视，45%的人受到了城里人的歧视；哈尼族外出务工者表示受到歧视的情况较多，其中约有45%的人遭受到雇主的歧视，43%的人遭受到同事的歧视，43%的人遭受到城市居民的歧视；德昂族中约有39%的人遭受到雇主的歧视，约有22%的人表示遭受到同事的歧视，约有22%的人表示遭受到城里人的歧视。

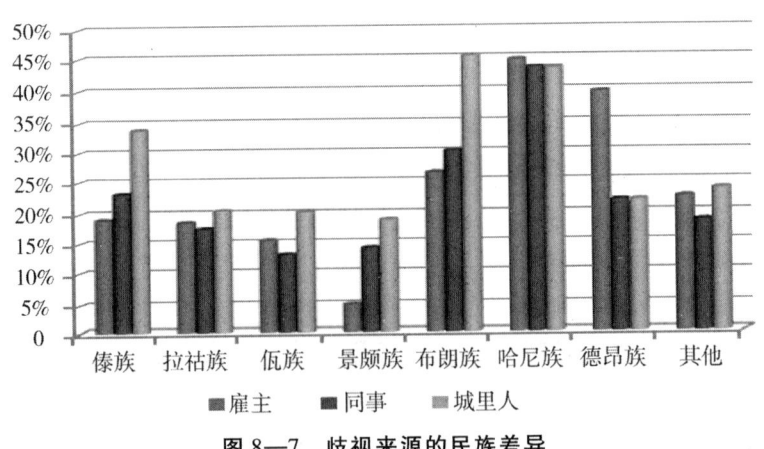

图8—7 歧视来源的民族差异

总体来看，不同跨界民族外出务工者在谋生地受到歧视的状况总结如下：（1）哈尼族外出务工者在迁入地受到歧视的情况高于其他民族;(2)大部分跨界民族(傣族、拉祜族、佤族、景颇族和布朗族)受到城里人歧视的情况多于受到雇主和同事歧视的情况;(3)傣族、布朗族和哈尼族遭受到的歧视主要来源于城市居民;(4)德昂族遭受到的歧视主要来源于雇主。

第二节 被歧视的原因

一 被歧视原因的个人特征差异

我们在问卷中询问了云南跨界民族外出务工者在谋生地"有没有曾经因为语言不通而遭受歧视"、"有没有曾经因为来自贫穷地区而遭受歧视"、"有没有曾经因为是少数民族而遭受歧视",旨在研究跨界民族外出务工者在谋生地遭受到歧视的原因。

从图8—8中可以看出,女性比男性更容易因为以上三种原因而遭受到歧视。其中女性中约有25%的人因为语言不通遭受过歧视,约26%的人因为来自贫穷地区而被歧视,约有18%的人因为少数民族身份被歧视。男性中约有21%的人因为语言不通遭到歧视,约21%的人因为来自贫困地区而被歧视,约13%的人因为是少数民族而遭到歧视。总体来看,无论男性还是女性,因为是少数民族而遭到歧视的情况少于其他两种情况。

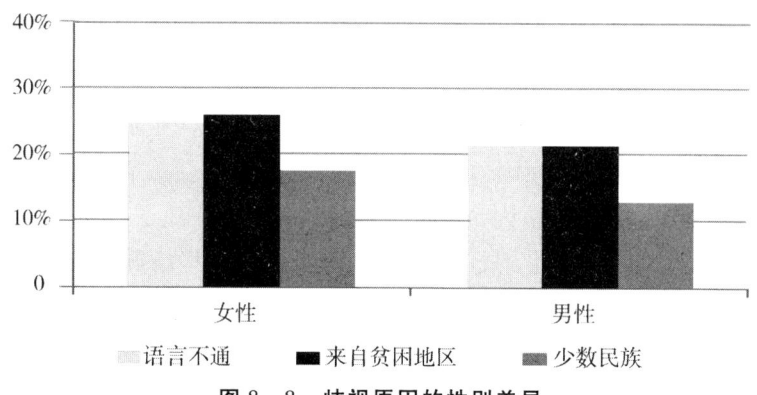

图8—8 歧视原因的性别差异

图8—9中的数据显示,13—20岁年龄组的青少年中因为语言不通、来自贫穷地区和少数民族身份而被歧视的比例分别约为25%、22%和15%。21—25岁年龄组的青年人因为以上三种原因而被歧视的比例分别约为23%、21%和14%。13—20岁年龄组以及21—25岁年龄组因为语言不通而被歧视的比例最高,其次是因为来自贫穷地区,因为少数民族身份被歧视的情况较少。26—35岁年龄组的青壮年因为以上三种原因而被歧视的比例分别约为26%、30%和19%,36—60岁年龄组的中老年因为以上三种原因遭受到歧视的比例分别约为16%、21%和11%。可以看出,这两个年龄组的人多是因为来自贫穷地区而遭受到歧视,因为少数民族身份遭到歧视的情况少于其他两种原因造成的歧视。

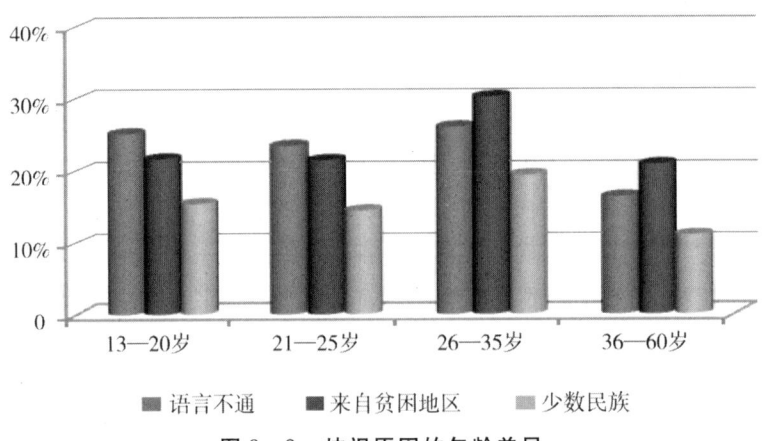

图8—9 歧视原因的年龄差异

从图8—10中可以看出,不同教育程度的跨界民族外出务工者在谋生地遭受歧视的原因差异较小,表现为各个受教育程度的跨界民族外出务工者多数是因为语言不通和来自贫穷地区而受到歧视,而因为少数民族身份受到歧视的情况低于其他两种情况。

图8—11反映的是来自不同社会阶层家庭的跨界民族外出务工者因为以上三种原因而遭受到歧视的情况。其中中下层家庭中约有18%的人因为语言不通遭受歧视,中等水平家庭的人同比高出约4%,中上层家庭同比高出约9%。中下层家庭的跨界民族外出务工

者中约有16%的人因为来自贫穷地区而遭受歧视,中等水平家庭的人同比高出约9%,中上层家庭同比高出约8%。最后,中下层家庭中约有12%的人因为是少数民族而遭受到歧视,中等水平家庭同比高出约2%,中上层家庭同比高出约4%。

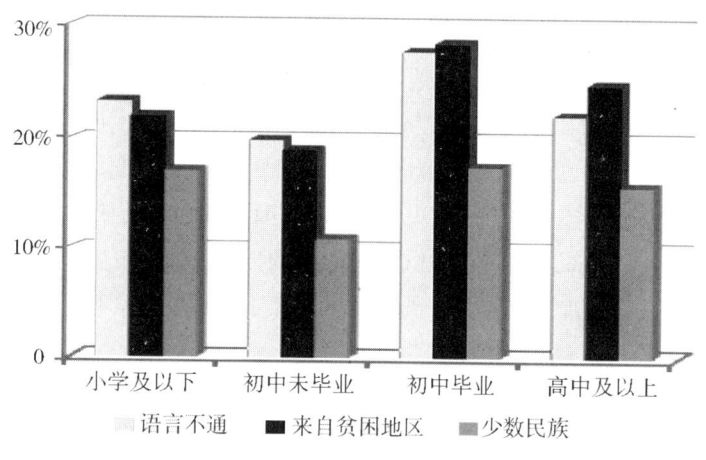

图8—10 歧视原因的教育程度差异

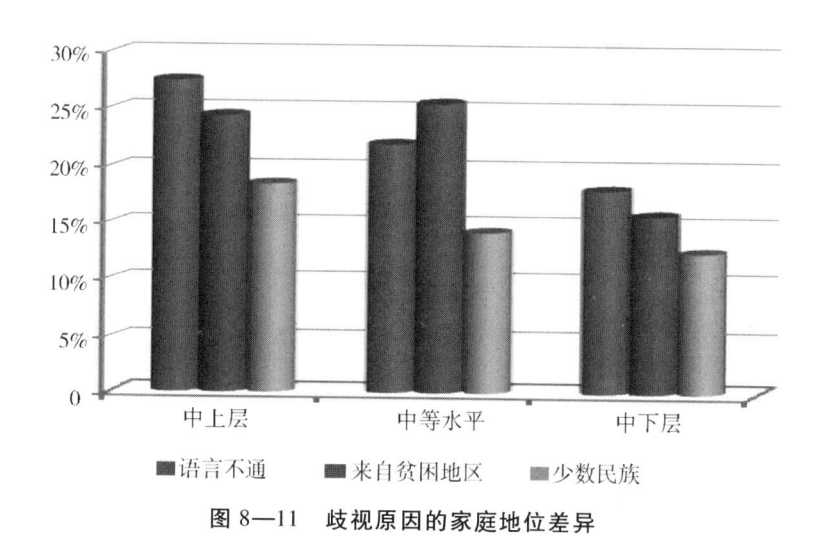

图8—11 歧视原因的家庭地位差异

二 被歧视原因的地区差异和民族差异

图8—12中的数据显示,西双版纳地区的跨界民族外出务工者

中约有27%的人是因为语言不通被歧视，约有41%的人表示因为来自贫穷地区而遭到歧视，约有28%的人表示因为少数民族身份而被歧视，说明西双版纳地区的跨界民族外出务工者被歧视的原因多是来自贫穷地区。普洱地区的跨界民族外出务工者因为语言不通、来自贫穷地区和少数民族而遭受到歧视的比例分别约为25%、24%和19%，表示这一地区的跨界民族外出务工者多是因为语言不通和来自贫穷地区而被歧视。临沧地区的跨界民族外出务工者因为以上三种原因被歧视的比例分别约为16%、19%和11%，说明这一地区的跨界民族外出务工者多是因为来自贫穷地区而被歧视。德宏地区的跨界民族外出务工者因为以上三种原因被歧视的比例分别约为29%、18%和9%，可以看出这一地区的跨界民族外出务工者不同于其他地区，他们在迁入地受歧视的主要原因是语言不通。

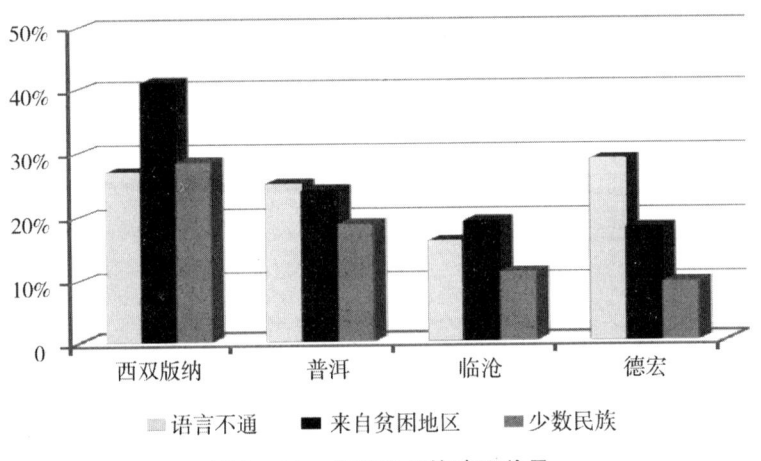

图 8—12　歧视原因的地区差异

图 8—13 反映的是不同跨界民族外出务工者在谋生地遭受到歧视的情况。其中布朗族中有将近一半（49%）的人表示因为是来自贫穷地区的农民工而遭受到歧视，其次傣族、拉祜族、佤族中表示因为来自贫穷地区而受到歧视的比例高于其他地区，分别约为22%、17%和20%。而景颇族、哈尼族和德昂族的外出务工者主要遭受到歧视的原因主要集中在语言不通，因为语言不通受到歧视的

景颇族、哈尼族和德昂族中的比例分别约为22%、39%和37%，特别是德昂族因为语言不通而遭受歧视的比例高出因为来自贫穷地区而遭歧视比例约18%，高出因为是少数民族而遭受歧视比例约21%。总体来看，布朗族、哈尼族和德昂族在谋生地遭受到的歧视多于其他跨界民族，其中傣族、拉祜族、佤族和布朗族在谋生地遭受歧视的原因集中在因为来自贫穷地区，景颇族、哈尼族和德昂族在谋生地遭受歧视的原因集中在因为语言不通。因为少数民族身份而遭受到歧视的各个跨界民族外出务工者的人数比例均较低，说明他们因为少数民族身份遭受歧视的情况较少。

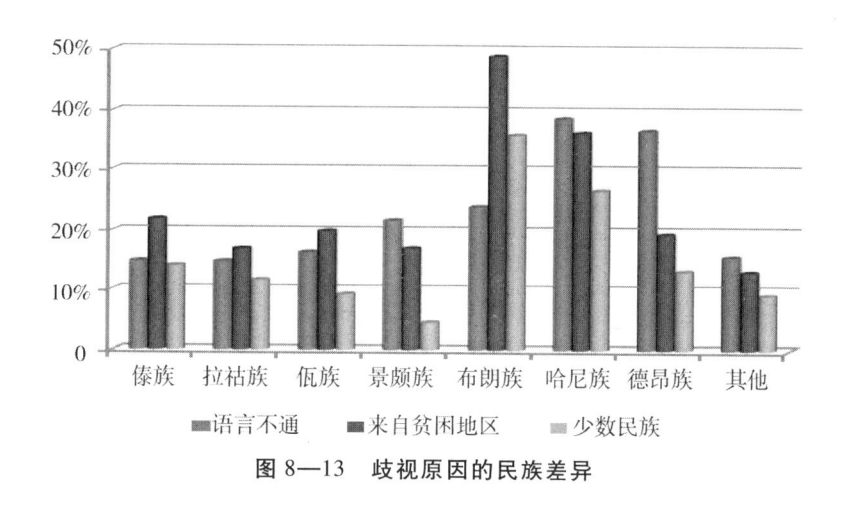

图8—13 歧视原因的民族差异

第三节 社会资本与就业歧视

针对云南跨界民族外出务工者在迁入地就业歧视的情况，我们不仅询问了受访者在迁入地主要受到来自哪些群体的歧视以及被歧视的原因，还将社会资本这一变量纳入影响云南跨界民族外出务工者就业歧视的影响因素。前期研究成果认为，社会资本不仅有助于提高云南跨界民族外出务工者的社会地位，也有助于减少农民工职场歧视现象。① 接下来，我们将针对云南跨界民族外出务工者的社会资本与就业歧视进行逻辑分析。

一 描述性分析

总体来看，通过家人或亲戚获取工作的跨界民族外出务工者中受到歧视的人数比例高于没有通过家人或亲戚获取工作的人数比例。通过利用社会关系网络获取工作的云南跨界民族外出务工者会受到更多来自雇主、同事以及城里人的歧视。图8—14中的数据显示，通过家人或亲戚获取工作的受访中约有33%的人表示受到雇主的歧视，25%的人表示歧视来自同事，33%的表示歧视来自城里人。说明受到雇主和城里人歧视的情况多于受到同事歧视的情况。

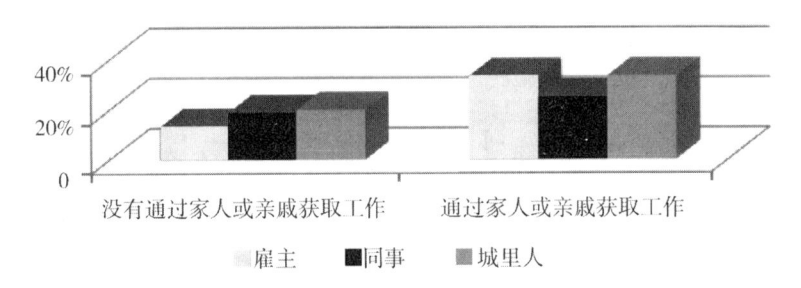

图8—14 是否通过家人或亲戚获取工作的歧视来源

同样，通过同村人介绍在谋生地获得工作机会的云南跨界民族外出务工者会受到更多的就业歧视和身份歧视。通过同村人介绍外出谋生机会的跨界民族外出务工者中约有33%的人表示受到了雇主的歧视，26%的人表示受到了同事的歧视，33%的人受到了城里人的歧视（如图8—15所示）。根据数据可以看出，通过同村人介绍工作的跨界民族外出务工者中受到来自雇主的就业歧视和来自城里人的身份歧视的情况多于受到同事的歧视。

---

① 孔建勋、张顺：《社会资本与职业地位获得：基于云南跨界民族农民工的实证研究》，《云南社会科学》2013年第3期。

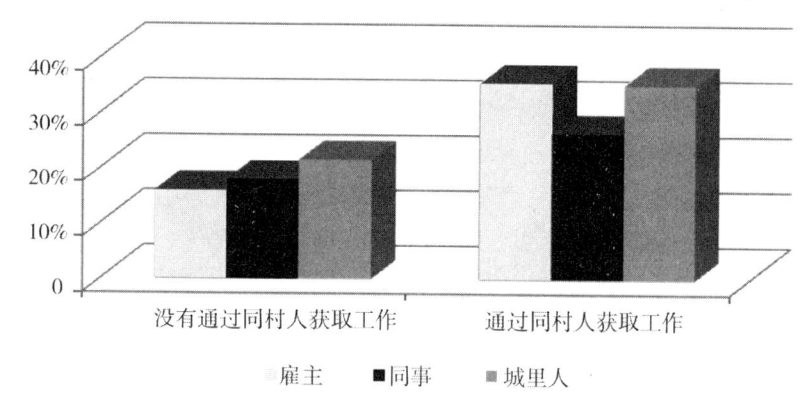

图 8—15 是否通过同村人获取工作的歧视来源

通过同学或朋友介绍获取工作机会的跨界民族外出务工者会受到更多来自雇主、同事和城里人的歧视。其中有31%的人表示受到雇主的歧视,有28%的人表示受到同事的歧视,有35%的人表示受到城市居民的歧视(如图8—16所示)。

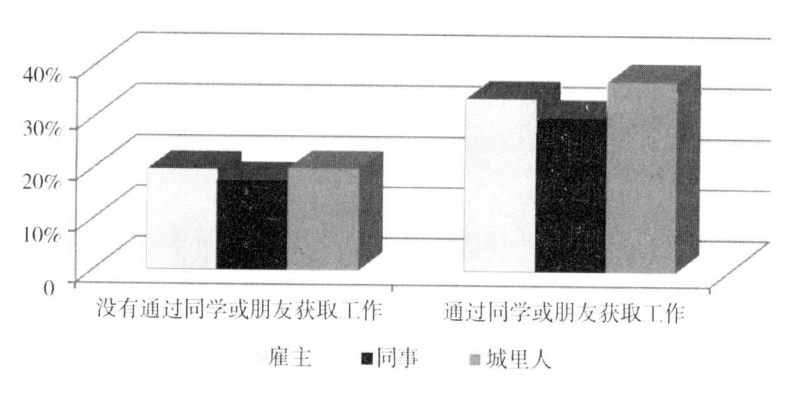

图 8—16 是否通过同学或朋友获取工作的歧视来源

如图8—17所示,通过家人或亲戚获取工作的跨界民族外出务工者更容易因为语言不通、来自贫穷地区和少数民族而遭受到歧视。数据显示,约有29%的人表示因为语言不通而遭到歧视,约有29%的人表示因为来自贫穷地区而遭受到歧视,约有19%的人表示因为是少数民族而遭受到歧视。说明大部分歧视的原因是语言不通和来自贫穷地区。

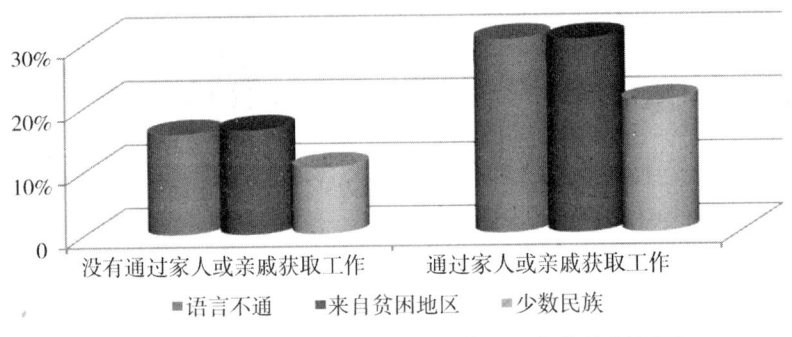

图 8—17 是否通过家人或亲戚获取工作的歧视原因

与是否通过家人或亲戚介绍外出谋生所遭受到歧视的差异相似，通过同村人介绍比没有通过同村人介绍因为以上三种原因遭到歧视的情况较多，而且歧视原因主要是语言不通和来自贫穷地区。数据显示，通过同村人获取工作机会的跨界民族外出务工者中约有29%的人表示因为语言不通被歧视，约有29%的人表示因为来自贫穷地区被歧视，约有19%的人表示因为少数民族的身份遭到歧视（如图8—18所示）。

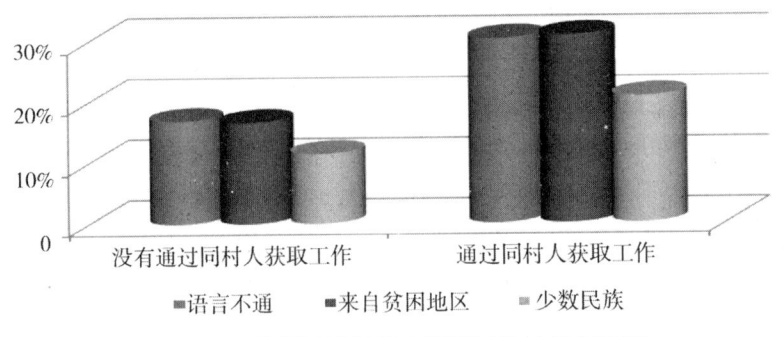

图 8—18 是否通过同村人获取工作的歧视原因

通过同学或朋友获取工作的跨界民族外出务工者也更容易因为语言障碍、来自贫穷地区和少数民族身份而被歧视。图 8—19 中的数据显示，通过同学或朋友介绍外出谋生的人中因为来自贫穷地区被歧视的人数比例最高，约为31%，约有29%的人因为语言不通被歧视，约有21%的人因为少数民族的身份被歧视。

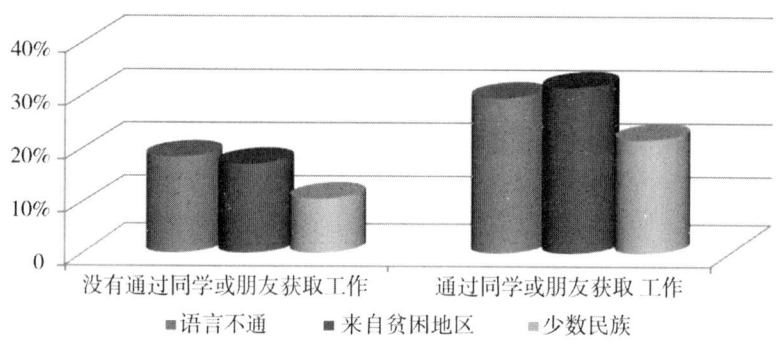

图8—19 是否通过同学或朋友获取工作的歧视原因

二 统计性分析

我们将社会资本这一变量加入到云南跨界民族外出务工者就业歧视的影响因素中，在社会资本与就业歧视的逻辑回归模型中，自变量社会资本用三个变量具体测量，分别是"是否通过家人或亲戚获取工作机会"、"是否通过同村人获取工作机会"和"是否通过同学或朋友获取工作机会"。因变量就业歧视用三个变量具体测量，分别是"是否遭受过雇主歧视"、"是否遭受过同事歧视"和"是否遭受过城里人歧视"。控制变量包括性别、地区、年龄组、民族、教育程度和家庭社会经济地位。

模型1中"是否通过家人或亲戚获取工作机会"、"是否通过同村人获取工作机会"、性别、地区、年龄组、民族、教育程度和家庭社会经济地位对"是否遭受到雇主的歧视"均具有一定程度的解释力，而"是否通过同学或朋友获取工作机会"在这一变量上的差异不具有统计显著性。

从比值比的结果可以看出，通过社会关系获取工作机会的跨界民族外出务工者更容易受到雇主的歧视。首先，通过家人或亲戚获取工作机会的比没有通过其介绍工作的跨界民族外出务工者遭受雇主歧视的比例高约 2.02 倍（P<0.001）（如表 8—1 所示）。其次，通过同村人介绍工作比没有通过其介绍工作的跨界民族外出务工者遭受雇主歧视的比例高约 39%（P<0.05）。最后，通过同学或朋友获取工作比没有通过其介绍工作的跨界民族高约 12%，且不具有统计显著性。

就性别来看，男性遭受雇主歧视的比例低于女性约 37%（P<0.001），说明云南跨界民族外出务工者女性遭受到雇主歧视的情况多于男性。相对于西双版纳地区，来自普洱地区的跨界民族外出务工者遭受雇主歧视的比例低约 35%，临沧地区的跨界民族外出务工者遭受雇主歧视的比例低约 66%（P<0.001），德宏地区的跨界民族外出务工者遭受雇主歧视的比例高约 61%，说明西双版纳地区的跨界民族外出务工者遭受到雇主歧视的情况高于其他地区。就年龄组的差异来看，21—25 岁年龄组的人遭受到雇主歧视的比例高于 13—20 岁年龄组青少年约 16%，26—35 岁年龄组的青壮年遭受雇主歧视的比例高于 13—20 岁年龄组约 23%，36—60 岁年龄组的中老年遭受雇主歧视的比例低于 13—20 岁年龄组约 48%（P<0.01），说明年龄越大的跨界民族外出务工者遭受到雇主歧视的可能性越小。

表 8—1　　社会资本与就业歧视的有序逻辑比值比（OR）

		模型1：遭受过雇主的歧视①	模型2：遭受过同事的歧视②	模型3：遭受过城里人的歧视③
社会资本	通过家人或亲戚获取工作机会	2.016***	0.948	1.451**
	通过同村人获取工作机会	1.392*	1.059	1.066
	通过同学或朋友获取工作机会	1.117	1.757***	1.872***
性别	男性	0.625***	0.652***	0.745**

① 样本量=2097，卡方值=371.5（P<0.001）。
② 样本量=2100，卡方值=172.29（P<0.001）。
③ 样本量=2094，卡方值=266.9（P<0.001）。

续表

		模型1：遭受过雇主的歧视	模型2：遭受过同事的歧视	模型3：遭受过城里人的歧视
地区	普洱	0.645	1.661*	0.412***
	临沧	0.338***	0.693	0.353***
	德宏	1.608	0.653	0.314***
年龄组	21—25岁	1.163	1.132	0.832
	26—35岁	1.232	1.293	1.577**
	36—60岁	0.518**	0.725	0.525**
民族	拉祜族	1.039	0.399***	0.614*
	佤族	0.818	0.310***	0.534**
	景颇族	0.089***	0.574	0.707
	布朗族	0.745	0.687	0.527**
	哈尼族	1.467	0.981	0.945
	德昂族	1.179	0.900	0.590*
	其他民族	0.589*	0.718	0.525**
教育程度	初中未毕业	0.594**	0.635*	0.572**
	初中毕业	1.110	1.155	0.972
	高中及以上	1.454*	1.023	1.086
家庭社会经济地位	中等水平	0.647***	0.735*	0.747*
	中下层	0.285***	0.240***	0.213***

注：各自变量的参照组分别为未使用关系网络、女性、西双版纳、13—20岁、傣族、小学及以下、中上层等。

* $P<0.05$；** $P<0.01$；*** $P<0.001$。

不同跨界民族遭受雇主歧视的情况如下，佤族、景颇族、布朗族和其他民族相对于傣族来说，遭受到雇主歧视的比例较低。数据显示，佤族受到雇主歧视的比例低于傣族约18%，景颇族受到雇主歧视的比例低于傣族高达91%（$P<0.001$），布朗族遭受到雇主歧视的比例低于傣族约25%，其他民族遭受到雇主歧视的比例低于傣族约41%（$P<0.05$）。哈尼族和德昂族比傣族受到雇主歧视的比例

高,哈尼族高于傣族约47%,德昂族高于傣族约18%。拉祜族与傣族在受到雇主歧视方面差异不大。

就受教育程度来看,初中未毕业者遭受雇主歧视的比例低于小学及以下教育程度的跨界民族外出务工者约41%（$P<0.01$）,教育程度为初中毕业比小学及以下的跨界民族外出务工者受到雇主歧视的比例高约11%,高中及以上教育程度比小学及以下教育程度的跨界民族外出务工者受到雇主歧视的比例高约45%（$P<0.05$）,表现出教育程度为初中未毕业的跨界民族外出务工者受到雇主歧视的情况较少。

就家庭社会经济地位来看,中等水平家庭的跨界民族外出务工者受到雇主歧视的比例低于中上层家庭约35%（$P<0.001$）,来自中下层家庭的跨界民族外出务工者受到雇主歧视的比例低于中上层家庭约71%（$P<0.001$）。

模型2中,"是否通过同学或朋友获取工作机会"、性别、地区、民族、教育程度以及家庭社会经济地位对"是否遭受到同事的歧视"这一变量均具有一定解释力,而"是否通过家人或亲戚获取工作机会"、"是否通过同村人获取工作机会"和年龄组在这一变量上的差异不具有统计显著性。

通过社会关系获取工作机会的跨界民族外出务工者更容易遭受来自同事的歧视。数据显示,通过家人或亲戚、同村人获取工作机会的人与没有通过家人或亲戚、同村人获取工作机会的人在是否遭受到同事的歧视上差异较小。而通过同学或朋友介绍工作的人比没有通过他们介绍工作的人遭受同事的歧视的比例高约76%（$P<0.001$）。

控制变量中,女性比男性更容易遭受到来自同事的歧视。数据显示,女性比男性遭受来自同事歧视的比例高约35%（$P<0.001$）。就地区差异来看,普洱地区的跨界民族外出务工者中遭受到同事歧视的比例高于西双版纳地区约66%（$P<0.05$）,临沧和德宏地区的跨界民族外出务工者遭受同事歧视的比例低于西双版纳地区约31%和35%。

就各个年龄组来看,21—25岁年龄组的青年人遭受同事歧视的比例高于13—20岁年龄组约13%,26—35岁年龄组的青壮年遭受同事歧视的比例高于13—20岁年龄组约29%,36—60岁年龄组的中老年遭受到来自同事的比例低于13—20岁年龄组约27%。各个不同的跨界民族中，傣族遭受来自同事的歧视的比例高于拉祜族约60%（P<0.001），高于佤族约69%（P<0.001），高于景颇族约43%，高于布朗族约31%，高于德昂族约2%，高于德昂族约10%。教育水平为小学及以下的跨界民族外出务工者遭受来自同事歧视的比例高于教育水平为初中未毕业者约36%（P<0.05），低于初中毕业者约16%，低于高中及以上教育水平的跨界民族外出务工者约2%。来自中上层家庭的跨界民族外出务工者遭受到来自同事的歧视的比例高于中等水平家庭约26%（P<0.05），高于中下层家庭约76%（P<0.001）。

模型3中，除了"是否通过同村人获取工作机会"这一变量对"是否遭受过城里人歧视"不具有统计显著性，其他所有的变量均对"是否遭受过城里人歧视"具有一定的解释力。

可以看出，通过社会关系网络在谋生地获取工作机会的跨界民族外出务工者更容易遭受到来自城市居民的歧视。其中，通过家人或亲戚介绍外出谋生的人比没有通过他们介绍外出谋生的人遭受到城市居民歧视的比例高约45%（P<0.01），通过同学或朋友获取工作机会比没有通过他们获取工作机会的跨界民族外出务工者遭受到城里人歧视的比例高约87%（P<0.001）。通过或不通过同村人获取工作机会在是否遭受到城市居民歧视上的差异不大，且不具有统计显著性。

数据显示，女性遭受到来自城市居民歧视的比例高于男性约25%（P<0.01），说明女性比男性更容易遭受到来自城市居民的歧视。是否遭受过城里人歧视的地区差异较明显，西双版纳地区的跨界民族外出务工者遭受到城市居民歧视的比例高于普洱地区约59%（P<0.001），高于临沧地区约65%（P<0.001），高于德宏地区约69%（P<0.001）。说明西双版纳地区的跨界民族外出务工者在务工地遭到城里人歧视的情况多于来自其他地区的跨界民族外出务工者。13—20岁年龄组的青少年遭到城里人歧视的比例高于21—25岁年龄组约17%，低于26—35岁年龄组约58%（P<0.01），高于36—60岁年龄组约47%（P<0.01）。可以看出，26—35岁年龄组

的青壮年遭受到城市居民歧视的情况最多。傣族外出务工者遭受到城市居民歧视的情况多于其他跨界民族，其中傣族受到城市居民歧视的比例高于拉祜族约39%（P<0.05），高于佤族约47%（P<0.01），高于景颇族约29%，高于布朗族约47%（P<0.01），高于德昂族约41%（P<0.05）。傣族与哈尼族外出务工者遭受到城市居民歧视的差异较小且不具有统计显著性。教育水平为小学及以下的跨界民族外出务工者遭受到城里人歧视的比例低于初中未毕业者约43%（P<0.01），教育水平为初中毕业和小学及以上跨界民族外出务工者在这一变量上的差异较小，教育水平为高中及以上比小学及以下的跨界民族外出务工者遭到城里人歧视的比例高约9%。来自中上层家庭比中等水平家庭的跨界民族外出务工者遭到城里人歧视的比例高约25%（P<0.05），高于中下层家庭约79%（P<0.001），说明家庭社会经济地位越高的跨界民族外出务工者受到来自城市居民歧视的比例越高。

表8—2 社会资本与就业歧视的有序逻辑回归比值比（OR）（续）

		模型4：因为语言不通遭受歧视	模型5：因为来自贫困地区遭受歧视	模型6：因为是少数民族遭受歧视
社会资本	通过家人或亲戚获取工作机会	1.437**	1.430**	1.457**
	通过同村人获取工作机会	1.077	1.203	0.817
	通过同学或朋友获取工作机会	1.607***	1.875***	2.176***
性别	男性	0.702**	0.699**	0.590***
地区	普洱	0.637	0.590*	1.506
	临沧	0.327***	0.474***	0.619
	德宏	0.444**	0.565	0.516*
年龄组	21—25岁	0.873	1.396*	1.292
	26—35岁	1.172	2.389***	1.884**
	36—60岁	0.609*	1.683**	1.100

续表

		模型4：因为语言不通遭受歧视	模型5：因为来自贫困地区遭受歧视	模型6：因为是少数民族遭受歧视
民族	拉祜族	0.967	0.850	0.601
	佤族	1.036	0.927	0.406**
	景颇族	2.443**	0.789	0.503
	布朗族	0.620	1.496	2.292**
	哈尼族	2.153**	1.178	0.831
	德昂族	3.529***	0.710	1.053
	其他民族	0.845	0.322***	0.574
教育程度	初中未毕业	0.559**	0.826	0.515**
	初中毕业	0.991	1.081	0.747
	高中及以上	0.658*	1.038	0.693
家庭社会经济地位	中等水平	0.715**	0.834	0.572***
	中下层	0.421***	0.286*	0.423***

注：各自变量的参照组分别为未使用关系网络、女性、西双版纳、13—20岁、傣族、小学及以下、中上层等。

* P<0.05；** P<0.01；*** P<0.001。

模型4是关于社会资本与"是否会因为语言不通而遭受歧视"的逻辑回归模型。其中"是否通过家人或亲戚获取工作"、"是否通过同学或朋友获取工作"、性别、地区、年龄组、民族、教育程度以及家庭社会经济地位均对因变量具有一定的解释力，而"是否通过同村人获取工作"在"是否会因为语言不通而遭受歧视"方面的差异不具有统计显著性。

总体来看，通过社会关系网络获取工作机会的跨界民族外出务工者更容易因为语言不通而遭受到歧视。首先，通过家人或亲戚、同学或朋友获取工作的人比没有通过这些关系获取工作的人因为语言不通而遭受歧视的比例高约44%（P<0.01）和61%（P<0.001）。通过同村人获取工作机会在是否会因为语言不通遭受歧视方面的差异不大，且不具有统计显著性。

控制变量中，相对于女性，男性因为语言不通而遭受歧视的比例低约 30%（P<0.01）。相对于西双版纳地区的跨界民族外出务工者，来自普洱、临沧和德宏地区的人因说地方语言遭受歧视的比例分别低约 36%、67%（P<0.001）和 56%（P<0.01），表明西双版纳地区的跨界民族外出务工者因为语言不通而遭受歧视的情况多于其他地区。就年龄组来看，13—20 岁年龄组的跨界民族因为语言不通遭受歧视的比例高于 21—25 岁年龄组约 13%，低于 26—35 岁年龄组约 17%，且均不具有统计显著性。13—20 岁年龄组的跨界民族外出务工者比 36—60 岁年龄组的因为语言不通遭受歧视的比例高约 39%（P<0.05），说明年龄较大的跨界民族外出务工者因为语言不通遭受歧视的情况没有年龄较小的跨界民族外出务工者多。另外针对不同的跨界民族，景颇族、哈尼族和德昂族因为语言不通而遭受歧视的比例分别高于傣族约 2.44 倍（P<0.01）、2.15 倍（P<0.01）和 3.53 倍（P<0.001）。布朗族因为语言不通遭受歧视的比例低于傣族约 38%。拉祜族、佤族与傣族在这一变量上的差异较小，且不具有统计显著性。小学及以下教育程度的跨界民族外出务工者比初中未毕业者因为语言不通遭受歧视的比例高约 44%（P<0.01），比高中及以上教育水平的跨界民族外出务工者高约 34%（P<0.05），与初中毕业者之间在这一变量上的差异较小，且不具有统计显著性。表明教育程度较低的跨界民族外出务工者越容易因为语言不通遭受歧视。

模型 5 是关于是否因为来自贫困地区而遭受歧视的逻辑回归分析。其中"是否通过家人或亲戚获取工作"、"是否通过同学或朋友获取工作机会"、性别、地区、年龄组、民族和家庭社会经济地位对这一变量均具有一定解释力，而"是否通过同村人获取工作机会"和教育程度在这一变量上的差异不具有统计显著性。

从比值比结果中可以看出，通过社会关系网络在谋生处获取工作机会的跨界民族外出务工者更容易因为来自贫困地区而遭受到歧视。其中，通过家人或亲戚获取工作机会的人比没有通过他们获取工作的人因为来自贫困地区遭受歧视的比例高约 43%（P<0.01），通过同学或朋友获取工作机会的人因为来自贫困地区遭受歧视的比例是没有通过他们介绍工作的 1.88 倍（P<0.001）。通过同村人获

取工作机会的跨界民族外出务工者因为来自贫困地区遭受歧视的比例高约20%，但不具有统计显著性。

就性别来看，男性比女性因为来自贫困地区遭受歧视的比例低约30%（$P<0.01$）。相较于西双版纳地区的跨界民族外出务工者，来自普洱、临沧和德宏地区的跨界民族外出务工者因为来自贫困地区遭受歧视的比例低约41%（$P<0.05$）、53%（$P<0.001$）和43%（$P<0.05$），表明来自西双版纳地区的跨界民族外出务工者因为来自贫困地区被歧视的情况多于其他地区的人。相较于13—20岁年龄组的跨界民族外出务工者因为来自贫困地区而遭受到歧视的比例，21—25岁年龄组高约40%（$P<0.05$），26—35岁年龄组是其2.39倍（$P<0.001$），36—60岁年龄组的中老年人是其1.68倍（$P<0.01$），表明青少年跨界民族外出务工者因为来自贫困地区而遭受歧视的情况多于其他年龄阶段的人。拉祜族、佤族、景颇族和德昂族外出务工者因为来自贫困地区而遭受到歧视的比例分别低于傣族约15%、7%、21%和29%，但以上跨界民族在这一变量上的差异不具有统计显著性，"其他民族"的这一比例低于傣族约68%（$P<0.001$）。布朗族和哈尼族的这一比例分别高于傣族约50%和18%，且不具有统计显著性。教育水平为初中未毕业的跨界民族外出务工者因为来自贫困地区遭到歧视的比例低于小学及以下文凭的人约17%，小学及以下教育水平的跨界民族外出务工者的这一比例与初中毕业者和高中及以上文凭的人之间差异不大，且不具有统计显著性。来自中上层家庭的跨界民族外出务工者因为来自贫困地区遭到歧视的比例比中等水平家庭低约17%，比中下层家庭低约71%（$P<0.05$）。

模型6是关于是否因为少数民族身份遭受歧视的逻辑回归分析。其中"是否通过家人或亲戚获取工作机会"、"是否通过同学或朋友获取工作机会"、性别、地区、年龄组、民族、教育程度和家庭社会经济地位对"是否因为少数民族身份遭受歧视"具有一定解释力，而"是否通过同村人获取工作机会"在这一变量上的差异较小，且不具有统计显著性。

自变量社会资本中，通过家人或亲戚、同学或朋友获取工作比没有通过这些社会关系网络获取工作机会的跨界民族外出务工者更容易因为少数民族身份而被歧视。其中通过家人或亲戚在谋生处获取工作机会因为少数民族身份而遭到歧视的比例高约46%（$P<0.01$），通过同学或朋友获取工作机会的跨界民族外出务工者由于自己是少数民族而遭受歧视的比例是没有通过他们介绍获得工作的2.18倍（$P<0.001$）。"是否通过同村人获取工作机会"在这一变量上的差异不具有统计显著性。

控制变量中，相较于女性，男性因为少数民族身份受到歧视的比例低约41%（$P<0.001$）。西双版纳地区的跨界民族外出务工者因为是少数民族而遭受歧视的比例低于普洱地区约51%，高于临沧和德宏地区的跨界民族外出务工者约38%和48%（$P<0.05$）。13—20岁年龄组的青少年因为是少数民族遭到歧视的比例低于21—25岁青年人约29%，低于26—35岁青壮年约88%（$P<0.01$），低于36—60岁的中老年约10%，表明跨界民族外出务工者中青壮年最容易遭受到因为少数民族身份的歧视。就民族差异来看，拉祜族、佤族、景颇族和哈尼族在谋生地因为少数民族身份被歧视的比例均低于傣族，分别低于傣族约40%、59%（$P<0.01$）、50%和17%。另外，布朗族的这一比例高于傣族约2.29倍（$P<0.01$），表明布朗族在外务工人员因为是少数民族遭受到歧视的情况多于其他民族。小学及以下教育水平的跨界民族外出务工者因为少数民族身份遭受到歧视的比例高于初中未毕业者约48%（$P<0.01$），高于初中毕业者约25%，高于高中及以上教育水平的人约31%。家庭社会经济地位在这一变量上的差异具有显著性，其中中上层家庭中的跨界民族外出务工者因为少数民族身份而遭受歧视的比例高于来自中等水平家庭的人约43%（$P<0.001$），高于来自中下层家庭的人约58%（$P<0.001$）。说明随着家庭社会经济地位的升高，在谋生地因为少数民族身份而遭受到歧视的比例会上升。

综上所述，云南跨界民族地区农村富余劳动力异地就业中社会资本与歧视之间的关系表现为：通过家人或亲戚、同村人、同学或朋友这些关系网络获取工作机会的人比没有使用这些社会关系的人受到来自雇主、同事以及城里人歧视的可能性更大。另外，通过社会关系网络获取工作的跨界民族外出务工者因为语言不通、来自贫困地区和少数民族身份遭受到歧视的可能性也大于那些没有使用社会关系网络获取工作的人。

这一结论与张顺和孔建勋在《社会资本与职业地位获得：基于云南跨界民族农民工的实证研究》一书中的结论具有差异。前期成果显示，对云南边境地区的跨界民族农民工来说，社会资本有助于减少农民工职场歧视现象。

本书在此分析造成这种差异的原因可能有：一是理论性原因。边燕杰的"强关系假设"认为，在中国计划经济时期和向市场经济转型时期，求职者经常使用强关系而非弱关系寻求工作。[1] 因为农民工人力资本水平较低，在迁入地主要就业途径是通过社会关系网络，大部分农民工通过自己的家人或亲戚、同村人以及同学或朋友获取工作机会，这种基于强关系的社会关系网络促进了农民工在迁入地聚集而形成社区。这种基于血缘关系、地缘关系和友缘关系的社区文化固化了农民工身份，使得他们难以拓展基于业缘的社会资源，农民工在工作和生活方面都很难融入城市。所以通过社会资本获取就业机会的农民工更容易受到就业歧视。二是技术性原因。前期成果中笔者采取了因子分析方法，将"通过家人或亲戚介绍工作"、"同村人介绍工作"和"同学或朋友介绍工作"进行因子提取而形成一个求助网络的社会资本因子，然后将社会资本因子和职场歧视分别作为外生变量和内生变量，建立结构方程模型。而本书所采取的是二分类变量的逻辑回归分析。

小　结

在本章中，我们主要讨论了云南跨界民族外出务工人员异地就业时受到的歧视状况，包括他们遭受到了哪些群体的歧视以及被歧

---

[1] Bian, Yanjie, "Bringing Strong Ties back in: Indirect Ties, Network Bridges, and Job Search", *American Sociological Review*, Vol. 62, No. 3, 1997, pp. 366-385.

视的原因分析。另外，我们将"社会资本"这一变量引入到社会歧视和就业歧视的影响因素中。研究结果表明，大部分云南跨界民族外出务工人员在迁入地并没有遭受到歧视，但是跨界民族外出打工者被歧视的情况依然存在，他们被城里人歧视的情况较多，而因为其少数民族身份遭受到歧视的情况较少。其中哈尼族在异地就业时遭受的歧视较多，主要是由于语言障碍和家乡属于贫困地区；布朗族因为来自贫困地区而遭受到歧视的情况也较多。

"是否通过家人或亲戚介绍外出谋生"、"是否通过同村人介绍外出谋生"和"是否通过同学或朋友介绍外出谋生"是本书测量"社会资本"的三个变量。通过逻辑回归模型的分析，我们发现那些通过家人或亲戚、同村人、同学或朋友获取工作机会的人，即通过社会关系网络获取工作的跨界民族外出务工人员更容易受到就业歧视和身份歧视。从他们所拥有的社会关系网络的特点分析来看，这种规模较小、异质性较低的基于强关系的原始社会关系不利于流动人口拓展基于业缘的新型社会关系。所以，云南跨界民族外出务工人员无论在工作场域还是生活范围中的交往圈都是与自己拥有同样受教育程度、文化背景和身份的人，不断地形成了一种社区文化，这样的社区文化固化了跨界民族外出务工人员的农民工身份，也增加了其实现城市融入的困难。

第 九 章

政策因子对促进跨界民族务工者就业转移和社会稳定发展的作用

农民工是迁入地社会的弱势群体，特别是跨界民族流动人口这一特殊群体，所以保障跨界民族外出务工者的权益是政府的一项基本职责。政府在农村富余劳动力转移过程中充分发挥其职能，履行政府职责是保障农村富余劳动力转移和农民工就业的关键因素。

对于政府在促进农村富余劳动力转移中应扮演的角色和可以采取的措施，很多学者做了深入研究并提出了建议。如陈桂兰提出政府要积极创建平等的就业环境，帮助农民工提高自身素质以及为农民工提供专业的就业信息服务，严厉打击非法职业介绍机构和发布虚假招聘信息的行为。针对提高农民工自身素质，无论是流出地政府还是流入地政府都应该对农民工的培训进行财政支持和政策支持，具体来说，可以采取先培训后收费的方式，另外还可以通过给农民工培训机构提供补助的形式或以优惠政策鼓励教育机构开展农民工培训。[①] 保障农民工的合法权益首先需要政府强化对农民工的服务意识，包括建立农村富余劳动力流动服务体系，如准确地公开招聘信息、组织富余劳动力转移、创建平等的就业环境和加强对农民工职业技能的培训，等等。[②] 徐育才提出农村富余劳动力转移中的政府行为应该包括发展农村教育，这是农村富余劳动力实现转移的基础；实现农村富余劳动力转移的有效途径是对农民工进行职业培训；促进农村富余劳动力转移的媒介是政府建立的正规的职业介

---

① 陈桂兰：《城市农民工的权益保障与政府责任》，《前沿》2004年第3期。
② 钱亚仙：《农民工权益保障与政府责任》，《湖北行政学院学报》2005年第5期。

绍机构。① 杨雪萍提出了农村富余劳动力转移的政府干预模式，其中包括对转移劳动力的培训、合法权益与社会保障、完全转移协助和子女教育问题四个角度。②

蔡昉将使用2005年针对中国12个城市的劳动力所做的"中国城市就业与社会保障"调查中的数据以及2006年至2007年"流动人口就业调查"的数据分析发现，农民工培训对其工资收入有显著作用。简单培训（15天）、短期培训（15天至90天）和正规培训（90天以上）均对农民工再流动有显著作用，且短期培训和正规培训对其工资收入有重要的决定性作用。③ 所以针对如何提高农民工的自身素质和专业技能，发展农民工培训事业，很多学者都提出了相关建议。高洪贵提出政府通过购买公共服务的方式来购买农民工培训而帮助农民工进行技能和其他培训。具体操作是企业向政府相关部门报告需要的岗位，政府相关部门根据岗位需要向培训机构进行招标，中标的培训机构培训农民工后向企业输送员工，在企业录用后由政府向培训机构发放培训资金。④ 还有学者认为应该将农民工的培训费用纳入政府财政预算并且列入官员考核范围。不但要重视农民工的技能培训，还应该加强对农民工的心理素质、心理承受能力提升的培训，提高农民工的安全防范意识、法律维权意识和公共素质。⑤⑥ 尹纪梅提出可以设立"国家农民教育基金"，从财政预算中按固定比例提取一定的专项费用用于对农民的教育培训，最终目的是实现以法律法规等形式使农民教育合法化、合理化。⑦

---

① 徐育才：《试论农村富余劳动力转移中的政府行为》，《经济地理》2005年第1期。

② 杨雪萍：《农村富余劳动力转移的政府干预模式新构想——基于提高人力资本积累水平的研究》，《农村经济》2008年第1期。

③ Wang Dewen, Cai Fang and Zhang Guoqing, "Special Issue: Urbanization and Employment of Migrant Network in China", *Social Sciences in China*, No. 3, August 2010.

④ 高洪贵：《农民工教育培训的困境及其超越——以政府购买公共服务理论为视角》，《现代远距离教育》2014年第2期。

⑤ 费杰：《农民工市民化进程中的政府责任探析》，《长白学刊》2011年第4期。

⑥ 钱正武：《农民工市民化与政府职责》，《理论与改革》2005年第2期。

⑦ 尹纪梅：《农民工教育培训的政府责任与对策研究》，《职教论坛》2011年第25期。

在这一部分中，我们针对云南跨界民族地区农村富余劳动力转移中的政府行为进行了调查，从云南跨界民族外出务工者的角度以他们的主观感受和体验来评价政府在促进该地区农村富余劳动力转移方面履行的职责状况。我们在问卷中设计了三个相关问题，分别是"您是否曾经通过当地政府组织和介绍外出谋生"、"您是否曾经参加过当地政府组织的外出务工技能或知识培训"以及"您是否曾经参加过当地政府组织的外出务工安全防范等培训"。通过这三个问题，本书分析了云南跨界民族地区农村富余劳动力转移中政府的组织介绍职能和对农民工的培训支持。

第一节　描述性分析

云南跨界民族农村富余劳动力异地就业不但包括从农村到城市、从西部贫困地区到东部发达地区，还包括从西南边境地区到邻国的跨国就业。在这种异地就业的过程中，农民工不仅在获取就业信息、争取就业岗位、保障自身安全和维护自身权益等方面面临挑战，更因为从边境农村地区跨越到城市甚至国外，而面临诸多文化、习惯和心理上的挑战，因此在外出务工前，从信息、技能、心理等方面做好充分的准备，有助于农民工到城市后尽早适应，顺利过渡。但由于个体的农民工获取信息的渠道闭塞，人力资本的积累非常有限，很难做到有备而来，因此地方政府做好服务工作就显得非常必要。

本问卷设置了一组3个问题，分别调查受访者是否参加过当地政府组织的职业介绍、技能知识培训和安全防范知识培训，调查结果令人非常失望，绝大部分（均超过80%）受访者表示从未参加过当地政府组织的类似活动，分别仅有约16%、17%和18%的受访者表示参加过以上三类活动（如图9—1所示）。这表明当地政府在促进农民工进城就业方面工作力度非常小，促进跨界民族地区农村富余劳动力的转移可以有效地帮助边境贫穷地区的人们脱贫致富，提高其收入和生活质量，更重要的是农村富余劳动力的转移顺应了工业化、城市化和全球化的步伐，农村富余劳动力转移的质量直接关系到中国工业化和城市化的建设。因此地方政府应该尽早改进工作，加强对农村富余劳动力转移的服务工作。

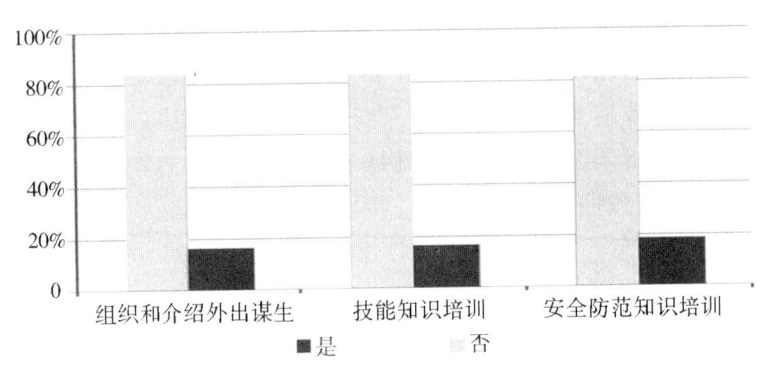

图 9—1　是否参加过政府组织的活动

第二节　模型分析

通过控制性别、地区、年龄组、民族、教育程度和家庭社会经济地位这几个变量来观察云南跨界民族地区农村富余劳动力是否通过政府行使其职能而有效地提高转移效率的个人基本特征差异。关于云南跨界民族地区农村富余劳动力转移中的政府行为逻辑回归分析包括三个模型，三个模型的因变量分别是"是否通过政府组织或介绍外出谋生"、"是否参加过政府组织的技能和知识培训"以及"是否参加过政府组织的安全防范等培训"，均为二分类变量。自变量包括性别、地区、年龄组、民族、教育程度和家庭社会经济地位。

模型 1 是关于云南跨界民族地区农村富余劳动力是否通过政府组织或介绍外出谋生的逻辑回归分析。其中地区、民族、教育程度和家庭社会经济地位均对这一变量具有一定程度的解释力；而性别和年龄在这一变量上具有差异，但是统计显著性不足。

在没有控制其他变量的情况下，跨界民族外出务工者中女性约有 15.7% 的人曾经通过政府统一组织外出谋生，男性的这一比例与女性相差不大,为 16.3%。控制了其他自变量后,数据显示,在通过政府组织外出谋生的比例上,男性仅比女性高出约 2%(如表 9—1 所示),且不具有统计显著性,所以在是否曾经通过当地政府介绍或组织外出务工的性别差异很小。

表 9—1 云南跨界民族农村富余劳动力转移中的政府行为逻辑回归模型(OR)

		模型1:是否通过政府组织或介绍外出谋生①	模型2:是否参加过政府组织的技能和知识培训②	模型3:是否参加过政府组织的安全防范等培训③
性别	男性	1.017	1.038	1.05
地区	普洱	24.275***	6.962***	3.468***
	临沧	7.574***	1.962	3.529***
	德宏	21.298***	7.676***	12.909***
年龄组	21—25 岁	0.877	1.912***	1.691**
	26—35 岁	0.802	2.291***	1.932***
	36—60 岁	0.611	1.303	0.998
民族	拉祜族	0.718	1.182	4.058***
	佤族	0.609	0.527*	1.221
	景颇族	0.263**	0.042***	0.040***
	布朗族	2.133	0.405	1.111
	哈尼族	1.149	0.951	3.072***
	德昂族	5.666***	2.019*	1.854*
	其他	0.638	0.436*	0.386**
教育程度	初中未毕业	0.895	0.68	0.693
	初中毕业	0.803	1.356	1.127
	高中及以上	1.688**	1.445	1.262

① 样本量 = 2148,卡方值 = 396.25(P<0.001)。
② 样本量 = 2145,卡方值 = 338.18(P<0.001)。
③ 样本量 = 2142,卡方值 = 331.06(P<0.001)。

续表

		模型 1：是否通过政府组织或介绍外出谋生	模型 2：是否参加过政府组织的技能和知识培训	模型 3：是否参加过政府组织的安全防范等培训
家庭社会经济地位	中等水平	2.083***	1.538**	1.542**
	中下层	1.328	1.875**	1.577*

注：各自变量的参照组分别为女性、西双版纳、13—20 岁、傣族、小学及以下、中上层等。

* $P<0.05$；** $P<0.01$；*** $P<0.001$。

而地区差异对政府是否帮助过跨界民族外出务工者介绍工作的影响较显著，说明地区政府在农村富余劳动力转移方面的政策制度不相同。数据显示，西双版纳地区仅约有 2% 的跨界民族外出务工者曾经通过政府统一组织和介绍工作，其他地区的这一比例均高于西双版纳地区，比如普洱地区约有 19% 的跨界民族外出务工者通过政府介绍外出谋生，临沧地区的这一比例约为 14%，德宏地区的这一比例约为 27%。可以看出，德宏地区的跨界民族农村富余劳动力获得政府帮助在迁入地找到工作的比例高于其他地区，而西双版纳地区的跨界民族外出务工者通过政府介绍外出务工的比例较小。通过控制其他变量后发现，普洱地区受访者曾经通过政府组织或介绍外出谋生的比例高于西双版纳地区（参照）受访者约 24 倍（$P<0.001$），临沧地区受访者在这一问题上的比例高于西双版纳地区受访者约 8 倍（$P<0.001$），德宏地区比西双版纳地区高约 21 倍（$P<0.001$）。可以看出，普洱和德宏当地的政府在跨界民族地区农村富余劳动力转移中行使的组织和介绍职能普及程度较高，其次是临沧地区，然而西双版纳当地政府发挥组织和介绍跨界民族地区农村富余劳动力外出谋生的作用不大。

通过数据可以看出，参照 13—20 岁年龄组的青少年中约有 15% 的人曾经被当地政府统一介绍外出谋生，21—25 岁年龄组的这一比例高于参照约 4%，26—35 岁年龄组的这一比例约为 15%，而

36—60岁年龄组的中老年曾经通过当地政府组织外出就业的比例约为12%，低于其他年龄层的跨界民族外出务工者。控制了其他变量后，年龄组在是否曾经通过当地政府组织和介绍外出谋生上的差异不具有统计显著性。数据显示，21—25岁年龄组的青年人在曾经通过政府组织外出谋生的比例低于13—20岁年龄组的青少年约12%，26—35岁年龄组的青壮年低于参照约20%，而36—60岁年龄组的中老年低于参照约39%。可以看出，年龄较大的云南跨界民族外出务工者曾经通过政府帮助统一组织或介绍外出工作机会的比例较小。究其原因，可能是年龄段为36—60岁的跨界民族外出务工者中均是在20世纪50年代至70年代之间出生的，他们外出务工的时间较早或正处于我国制度建设不完善、城镇化水平较低的时代，在推动城镇化建设的过程中对农村富余劳动力转移问题的政府职能不明确、制度建设不完备，所以36—60岁年龄组的跨界民族外出务工者并没有享受过政府在帮助农村富余劳动力转移方面的利民政策。

就民族差异来看，傣族、景颇族和布朗族表示曾经通过政府组织和介绍外出谋生的人数比例均低于10%，分别约为8%、6%和4%。拉祜族和佤族的这一比例在10%左右，分别约为12%和10%。哈尼族和德昂族的这一比例较高，分别约有24%和42%的人表示曾经通过政府组织和介绍外出谋生。控制了其他变量后，从其比值比结果可以看出，民族对是否曾经通过政府组织和介绍外出谋生这一变量的差异具有一定程度的解释力，其中景颇族和德昂族在这一变量上的差异具有统计显著性。具体来看，拉祜族、佤族、景颇族中曾经通过政府组织实现富余劳动力转移的比例均低于傣族，分别低于傣族约28%、39%和74%（P<0.01）。布朗族、哈尼族和德昂族的这一比例均高于傣族，其中布朗族外出务工者中表示曾经通过政府实现就业流动的比例约是傣族的2倍，哈尼族的这一比例高出傣族约15%，德昂族的这一比例约是傣族的6倍（P<0.001）。总体来看，云南跨界民族中景颇族外出务工者曾经通过当地政府介绍或外出谋生的比例较低，而德昂族所在地区政府积极促进农村富余劳动力的转移。

小学及以下教育水平的受访者中约有16%的人表示曾经通过政府统一组织和介绍获取外出工作机会，初中未毕业者的这一比例是19%，初中毕业者为14%，高中及以上者为20%。中上层家庭中的受访者中约有13%的人表示曾经在当地政府的统一组织下获取外出工作机会，而中等水平家庭的这一比例约为20%，中下层家庭为13%。在控制了其他变量后，教育程度和家庭社会经济地位对是否曾经通过政府组织和介绍外出务工这一变量具有一定的解释力。相对于小学及以下教育程度的跨界民族外出务工者，初中未毕业者曾经在政府组织和介绍下获取外出谋生机会的人数比例较低，低于参照约10%；初中毕业者的这一比例低于参照约20%；高中及以上教育程度的云南跨界民族外出务工者曾经通过政府组织和介绍外出谋生的人数比例高于参照约69%（$P<0.01$）。中等水平家庭的跨界民族外出务工者有通过当地政府组织和介绍外出谋生经历的人数比例是中上层家庭的2倍（$P<0.001$），中下层家庭的这一比例高于参照约33%。总体来看，教育水平为高中及以上的云南跨界民族外出务工者曾经通过政府组织和介绍外出谋生的比例最高。就家庭社会经济地位来看，中等水平的家庭中的外出务工者有通过当地政府组织和介绍外出谋生经历的比例较高。

模型2和模型3是关于是否参加过政府组织的培训这一变量的逻辑回归分析，其中包括当地政府组织的工作技能和相关知识培训以及安全防范等培训。加强对云南跨界民族外出务工者的培训是促进农村富余劳动力转移的有效途径，通过对职业技能和相关知识的培训，增加跨界民族外出务工者的人力资本积累，有助于他们满足迁入地的工作岗位需求。政府是对农民工培训和提高农民工工作技能的保障者。对跨界民族外出务工者的培训不仅应该包括提高职业技能和专业素质的培训，还应该包括提高法律维权意识、安全防范意识和提高心理适应能力的培训。

模型2中的自变量地区、年龄组、民族和家庭社会经济地位均对这一变量具有一定程度的解释力，而性别和教育程度在这一变量上具有差异，但是统计显著性不足。当被问到是否参加过政府组织的关于职业技能的培训时，约有15%的女性回答有，约有18%的男性回答有。通过控制其他变量发现,是否参加过当地政府组织的工作技能或知识培训的性别差异较小,男性参加过的人数比例仅比女性高出约4%。

西双版纳地区的受访者中仅约有3%的人参加过政府组织开展的职业技能培训,普洱地区的受访者参加过的人数比例约为25%,临沧地区受访者约为11%,德宏地区受访者约为23%。控制其他变量后可以看出,西双版纳地区的受访者中参加过政府组织的职业技能培训的人数比例最低,普洱地区受访者参加过的人数比例约是西双版纳的7倍（P<0.001）,临沧地区受访者参加过的人数比例高于西双版纳地区约96%,德宏地区受访者中参加过政府组织的技能和知识培训的人数比例约是西双版纳的8倍（P<0.001）。

就年龄组来看,参照13—20岁的青少年中约有11%的人表示曾经参加过当地政府组织的职业培训,21—25岁的青年中约有19%的人参加过,26—35岁的青壮年中约有20%的人参加过,36—60岁的中老年人中约有11%的人参加过。控制了其他变量后,从比值比结果中观察可知,21—25岁年龄组的青年中参加过政府组织的职业培训的人数比例高于参照13—20岁年龄组约91%（P<0.001）,26—35岁年龄组的青壮年的这一比例约是参照的2倍（P<0.001）,36—60岁年龄组的中老年人参加过政府组织培训的人数比例高于参照约30%。

如图9—2所示,德昂族中约有32%的人表示参加过政府组织的关于提高职业技能和知识的培训,这一比例高于其他跨界民族。其次哈尼族的这一比例为28%,拉祜族中有21%的人参加过,佤族中有13%的人参加过,傣族中有12%的人参加过。然而景颇族和布朗族外出务工者参加过当地政府组织的职业技能培训的比例较低,分别约为1%和2%。控制了其他变量后来观察这一变量的民族差异,其中拉祜族外出务工者的这一比例高于参照约18%,德昂族外出务工者参加过当地政府组织的职业培训的人数比例约是参照傣族的2倍（P<0.01）。另外,佤族、景颇族和布朗族的外出务工者中参加过政府组织的职业技能知识培训的人数比例均低于参照傣族。其中佤族低于傣族约47%（P<0.05）,景颇族低于傣族高达96%左

右（P<0.001），布朗族低于傣族约59%。哈尼族与傣族在这一变量的差别较小。总体来看，德昂族外出务工者中参加过政府组织的关于职业技能提升的培训的人数比例高于其他跨界民族，而景颇族的这一比例是最低的。

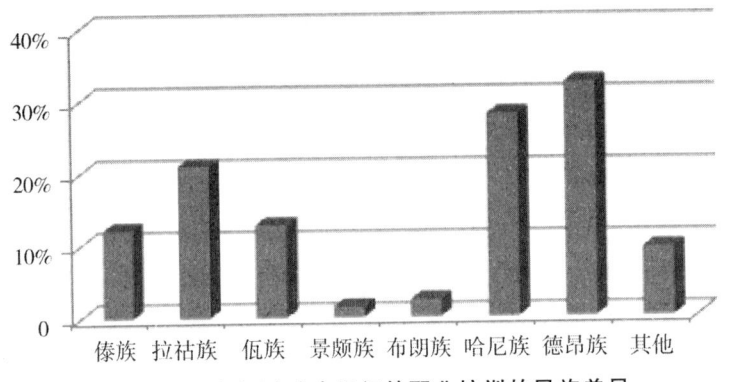

图9—2 参加过政府组织的职业培训的民族差异

教育程度为小学及以下的受访者中约有16%的人表示参加过政府组织的职业技能培训，初中未毕业者的这一比例约为12%，初中毕业者约为18%，高中及以上教育水平的受访者约为20%。通过控制其他变量来观察教育程度在这一变量上的差异，但是这种差异并不具有统计显著性。初中未毕业的跨界民族外出务工者中参加过政府组织的职业技能和知识培训的人数比例仅占傣族参加过的68%，初中毕业者参加过的比例高于小学及以下者约36%，高中及以上水平的跨界民族外出务工者参加过的人数比例高于小学及以下者约45%。中上层家庭中约有15%的人参加过政府组织的职业技能培训，中等水平家庭的外出务工者中约有18%的人参加过，中下层家庭中约有20%的人参加过。控制变量后发现，中等水平家庭中参加过政府组织的职业培训的比例高于参照中上层家庭约54%（P<0.01），中下层家庭参加过的人数比例高于参照中上层家庭约88%（P<0.01）。我们发现，家庭社会经济地位越高的跨界民族外出务工者参与过政府组织的职业技能和知识培训的比例越低。

一方面，政府要积极促进跨界民族外出务工者的职业技能提升，通过多方面知识的培训来提高他们的综合素质，帮助跨界民族地区农村富余劳动力提高自身人力资本来适应工作岗位；另一方面，当地政府还应发挥其职能保障跨界民族流动人口的合法权益和安全。不仅政府需要通过制度建设和政策创新来保障跨界民族流动人口的合法权益和安全，跨界民族外出务工者自身也应提高法律维权意识和安全防范意识等，特别是跨境就业的这部分跨界民族。边境地区环境复杂，跨界民族的跨国界就业关系到非法移民、走私、贩卖枪支、贩毒和人口拐卖等边境地区的非传统安全问题。云南跨界民族农村富余劳动力的跨境就业中最主要的问题就是安全防范问题，所以本次调查针对当地政府是否开展过外出务工安全防范等培训进行了调查。模型3是关于是否参加过当地政府组织的外出务工安全防范培训的逻辑回归分析模型。模型中自变量地区、年龄组、民族和家庭社会经济地位均对这一变量具有一定程度的解释力，而性别和教育程度在这一变量上具有差异，但是统计显著性不足。

就性别差异来看，约有18%的女性参加过安全防范培训，而男性中约有18%的人参加过。控制了其他变量后发现，云南跨界民族外出务工者中男性参加过安全防范培训的人数比例仅高于女性约5%，且不具有统计显著性。所以性别在这一变量上的差异较小。

从图9—3中可以看出，来自普洱的跨界民族外出务工者中约有25%的人参加过安全防范培训，德宏的这一比例为24%，临沧地区为17%，西双版纳地区仅有4%的跨界民族外出务工者参加过安全防范培训。控制了其他变量后，普洱地区的跨界民族外出务工者参加过政府组织的安全防范培训的人数比例约是西双版纳地区的3.5倍（P<0.001），临沧地区的这一比例是西双版纳地区的3.5倍（P<0.001），德宏地区的跨界民族外出务工者中参加过安全防范培训的人数比例高出西双版纳地区约13倍（P<0.001）。总体来看，德宏地区的跨界民族外出务工者中参加过安全防范培训的人数比例高于其他地区，而西双版纳地区的这一比例最低。

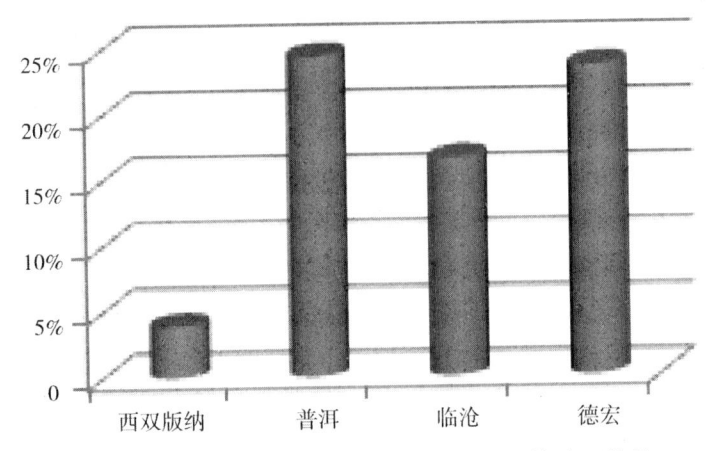

图 9—3 参加过政府组织的安全防范培训的地区差异

当被问到是否参加过当地政府组织的外出务工的安全防范培训时，13—20 岁年龄组的青少年中约有 14% 的人表示参加过，约 21% 的 21—25 岁年龄组的人表示参加过，26—35 岁年龄组的青壮年中约有 21% 的人参加过，36—60 岁的中老年人中约有 12% 的人参加过。控制了其他变量后发现，21—25 岁年龄组的青年人参加过相关培训的人数比例高出参照 13—20 岁年龄组约 69%（$P<0.01$），26—35 岁年龄组的这一比例高于参照 13—20 岁年龄组约 93%（$P<0.001$），36—60 岁年龄段的中老年人的这一比例与 13—20 岁年龄组相差较小。

从图 9—4 中可以看出，拉祜族、哈尼族和德昂族中外出务工者参加过安全防范培训的比例较高，分别约为 32%、30% 和 33%。傣族的这一比例为 11%，佤族为 13%，景颇族仅有 1% 的外出务工者参加过安全防范培训，布朗族的这一比例为 5%。控制了其他自变量后发现，景颇族外出务工者参加过当地政府组织的安全防范培训的人数比例低于傣族约 96%（$P<0.001$）。其他跨界民族的这一比例均高于傣族，其中拉祜族外出务工者参加过的比例是傣族的 4 倍（$P<0.001$），佤族的这一比例高于傣族约 22%，布朗族的这一比例高于傣族约 11%，哈尼族的这一比例约是傣族的 3 倍（$P<0.001$），德昂族的这一比例高于傣族约 85%（$P<0.05$）。就不同跨界民族参

加当地政府组织的外出务工安全防范培训的情况中，拉祜族和哈尼族参加比例较高，景颇族参加比例最低。

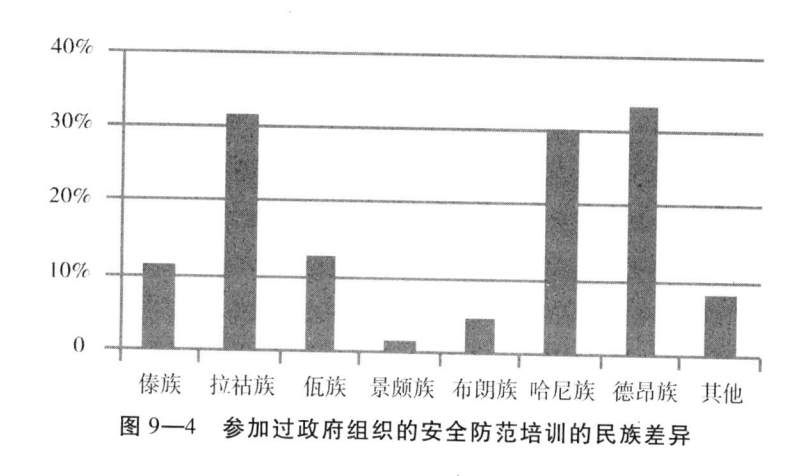

图9—4 参加过政府组织的安全防范培训的民族差异

就教育程度来看，小学及以下的跨界民族外出务工者中约有18%的人表示参加过安全防范培训，约有15%的初中未毕业者参加过，约有19%的初中毕业者参加过，约有23%的高中毕业跨界民族外出务工者表示参加过相关培训。控制了其他变量后发现，教育程度对是否参加过当地政府组织的安全防范培训这一变量的差异不具有统计显著性。初中未毕业者参加过相关培训的人数比例低于小学及以下约31%，初中毕业者高于参照约13%，高中及以上学历的人高于参照约26%。就家庭社会经济地位来看，中上层家庭中约有17%的人参加过政府组织的外出务工安全防范培训，中等水平家庭的这一比例约为20%，中下层约为19%。控制了其他变量后，中等水平家庭的跨界民族外出务工者中参加过相关培训的人数比例高于中上层家庭约54%（$P<0.01$），中下层家庭的这一比例高于中上层家庭约58%（$P<0.05$）。

综上所述，西双版纳地区政府对于当地的农村富余劳动力转移的支持力度小于其他地区，普洱和德宏政府组织或介绍农村富余劳动力外出务工的情况远远高于西双版纳地方政府。无论是组织和介绍外出谋生、进行技能培训还是进行安全教育，景颇族所在地区的政府在以上几个方面对促进农村富余劳动力转移所发挥的效用均小于其他跨界民族所在的地方政府。相反，德昂族所在地区政府积极通过以上几种方式促进农村富余劳动力的转移。

小　结

由于云南跨界民族外出务工人员自身素质和民族特殊性等因素的限制，他们需要政府在教育事业、劳动力市场、社会保障和安全保障等相关政策上针对促进农村富余劳动力转移进行改善和调整。调查结果显示，云南跨界民族地区农村富余劳动力转移的现实情况是，迁出地政府在组织农村富余劳动力异地就业方面的力度不够，仅有不到两成的跨界民族外出务工人员获得过政府组织和介绍的外出就业机会。除了直接组织和促进富余劳动力就业外，政府还应该对流动人口的综合素质、专业技能、安全防范意识、法律维权意识以及心理适应能力等进行有针对性的提高。我们发现德宏地区政府在集中组织促进异地就业、进行专业技能培训以及安全防范意识培训方面的力度大于其他地区的地方政府。最后还需要指出，发展教育事业是一项任重而道远的任务，而教育事业的发展是促进农村富余劳动力转移和实现城镇化和现代化的根基和基础，政府应积极发展当地教育事业。

第十章

结论与讨论

在前面的几个章节中,我们对云南跨界民族地区外出务工者的异地就业情况进行了理论探讨和实证研究。本章将在简要回顾本项研究的主要内容的基础上,总结主要研究发现以及我们对这些发现的基本观点,并结合数据分析结果和多次对跨界民族地区深入实地调研情况,提出政策建议。

一 本项研究的主要内容

本项研究深入到云南跨界民族地区对返乡的外出务工者进行问卷调查,根据这一特殊的少数民族流动人口群体的特点进行具有针对性的研究,旨在了解目前云南跨界民族地区农村富余劳动力异地就业的情况,重点调查了云南跨界民族流动人口的就业概况、迁移距离、歧视问题以及关系网络下跨界民族务工者的就业途径,对弱势族群的网络关系理论进行了再探讨。

在第一章导论中,我们首先阐述了本项研究的学术价值,从理论的视角阐述了研究跨界民族地区农村富余劳动力转移对补充和丰富农村劳动力转移理论的积极意义;从政策和实践的角度论述了研究云南跨界民族农村富余劳动力转移以及就业状况的必要性,即加快农村富余劳动力的转移直接关系到国家城市化和工业化发展的步伐。在这一部分还阐述了选择云南跨界民族地区外出务工人员作为研究对象的原因,即作为被考察对象,云南跨界民族地区及其农村富余劳动力群体集边疆性、民族性、贫困性等特点于一身,这样一个特殊人群在劳动力转移的过程中,既有其独特性,也会面临一些特殊的问题和困难。研究云南跨界民族外出务工人员的情况,总结该群体在工作获得、就业状况、迁移距离、社会网络等方面的特点,在转移过程中面临的困难或问题,一方面有助于进一步补充国内外有关农村剩余劳动力转移的理论探讨和个案素材;另一方面旨在通过梳理云南跨界民族地区农村富余劳动力转移的现状、总结其中的经验和问题,提出有针对性的对策建议,使各方采取更为有效的措施,提高跨界民族地区农村富余劳动力转移的效率和效果。这不仅有助于提高相关群体的生活水平和质量,对边疆的稳定和繁荣发展也具有重要的现实意义。

在关键概念的界定部分,我们首先对"跨界民族"、"跨境民族"和"跨国民族"等概念进行了阐释,在阅读和整理前人研究成果的基础上,根据文献的指导和本课题的研究内容,最后使用了"跨界民族"一词,并且阐述了使用这一概念的原因。我们将作为社会资本的关系网络作为本课题的理论基础,致力于研究弱势族群的就业途径和社会关系网络。以往研究表明社会资本对促进职业获取具有重要作用,在本项研究中我们将对社会资本在跨界民族异地就业中的效用和局限、关系强度与职业获取的关系以及关系网络存量和结构的跨族群比较等一系列问题进行实证研究。

在调查设计与研究方法的部分,我们着重介绍了本项目的研究方法,尤其是抽样调查设计过程和数据采集过程,并从个人基本特征和家庭状况两个层面对样本数据做一个简要的统计描述。本课题采用抽样调查方式,通过问卷调查采集数据,并利用STATA统计软件进行数据分析,主要研究云南跨界民族异地就业相关问题。课题组将调查研究范围确定在西双版纳、普洱、临沧、德宏、红河五个跨界民族集中分布的州市,重点选择五个州、市中跨界民族人口分布较为广泛的36个边境沿线村寨,总共发放2500份问卷,最后有效回收2268份,回收率约为90.7%,样本涵盖傣族、拉祜族、佤族、景颇族、布朗族、哈尼族、德昂族、阿昌族、基诺族、瑶族等十多个跨界民族。我们通过对调查数据进行统计描述,阐述了样本的个人基本特征和家庭状况。本次调查涉及的主要跨界民族包括德昂族、傣族、拉祜族、佤族、布朗族、哈尼族、景颇族以及其他民族。这些跨界民族外出务工人员男女比例、已婚与未婚人群比例大体相当，主要以 21—25 岁的年轻人居多，大部分人的教育程度为初中水平，其中相当一部分人初中未毕业，可以看出"九年义务教育"制度在少数民族地区的普及程度有待加强，更高阶段的教育还非常薄弱。另外，外出务工人员的子女多数留守在家中，未能跟随父母到迁入地接受教育。

实证研究结果的总体描述显示，云南跨界民族外出务工者的首次流动平均年龄为 20 岁，云南跨界民族中有相当一部分的未成年人外出务工；他们的工作稳定较差，在一个单位的工作周期较短；他们大多从事一些初级服务和强劳动型工作。但值得关注的是，其中有相当一部分人自主经营，这也反映出少数民族进城务工人员就业特点往往与自己的民族特色相结合，很多少数民族经营买卖具有民族特色的服饰或当地所盛产的药材和食物，例如西双版纳和德宏的傣族美食近年来受到广大民众的青睐，经营傣味餐厅也成为部分傣族在迁入地的主要就业形式；至于工作时长，他们当中约有一半的人每天工作时间超过 8 小时，工作强度较大但是工资水平较低，而且绝大部分从事没有任何技能技术含量的体力劳动；但绝大部分的务工者都能享受到提供伙食或提供住宿的待遇，这就减少了他们在迁入地的生活成本；此外，他们当中对工作满意度的评价都较中立，对工资收入的满意度较低，而对安全措施、工作环境和雇主对员工态度的满意度较高，相当一部分人认为工作时间过短，这可能是因为就业不充分造成的每天工作时间过短，从而降低了他们的工资收入。

从消费与支出的角度来看，总体而言，云南跨界民族外出务工者在谋生处的消费水平较低，他们在谋生处的开支主要用于生活费和零花钱，只有极少数的人需要租房。农民所具有的淳朴节省的消费观念，制度不完善导致的收入和生活保障方面的不确定性，促使他们除了平时的生活开销外，将积攒下来的钱都用于预防性储蓄、赡养老人、教育子女等。我们进一步调查了外出务工收入的主要用途，旨在观察跨界民族外出务工者最迫切和最需要解决的问题在哪些方面，结果显示，云南跨界民族农村地区的外出务工者务工所得的收入主要用于储蓄和赡养老人，这一方面显示了少数民族勤俭节约和尊敬长辈、赡养老人的传统美德，另一方面也说明由于农村社会保障制度不完善，教育、医疗、养老等支出主要依靠家庭承担。本书还发现，跨界民族农村家庭总收入的主要来源并不是外出务工的工资。也就是说，外出务工为跨界民族家庭所增加的收入，能为其提高生活质量的效用是非常有限的。

从就业流动的迁移距离来看，由于云南跨界民族所居住的区域、同源民族的文化联结以及交通连接等条件，云南跨界民族农村富余劳动力的转移方向包括了国内及周边东南亚国家两个方向。但根据我们的调查数据，绝大部分跨界民族外出务工者流向国内，而仅有极少数务工者流向国外，这可能是由周边东南亚国家经济发展水平不及我国造成的。但还是存在一部分跨国就业流动，这部分跨界民族的跨境就业动因、他们在境外的就业状况以及如何维护这一群体的合法权益有待我们进一步去探究。数据显示，大部分云南跨界民族在省内流动，其中在本县工作的跨界民族比例最高。在迁移距离理论的指导和数据的支撑下，我们得出结论认为云南跨界民族外出务工者的迁移距离较短且属于非永久性迁移，这也是一种理性的选择，因为在人力资本和社会资本存量均不丰富的情况下，非永久性迁移减小了迁移的成本。云南跨界民族外出务工者对社会资本依赖性较大决定了他们迁移距离较短的情况。

关于社会资本与就业获取，研究发现云南跨界民族外出务工者在迁入地的社会关系网络多是基于地缘关系和友缘关系，而亲缘关系或血缘关系较少。虽然各个跨界民族外出务工时在迁入地的关系网络中都存在亲缘关系和友缘关系，但是关系网络中规模较大的群体还是基于地缘关系的老乡。另外，即便是针对云南跨界民族外出务工者这样一个特殊的群体，基于强关系的社会资本依然是他们职业获得和就业流动的主要途径，通过社会资本依然能提高寻找工作的效率。他们共享就业信息的关系网络主要是基于亲缘、血缘和地缘纽带的强关系网络，随着相对关系强度减弱，就业信息共享的情况也随之减少。

本书还分析了社会资本与就业歧视和身份歧视的关系,我们发现那些通过社会关系网络获取就业机会的云南跨界民族外出务工者受到更多的偏见。由于受教育程度较低、语言障碍和专业技能的缺乏,大部分跨界民族外出务工者通过家人、老乡和同学或朋友获取外出务工机会,这种基于强关系的社会关系网络促进了农民工在迁入地聚集而形成社区,这种原居住地的关系网络、生活习惯和工作环境无法促进跨界民族流动人口在迁入地发展基于业缘的新型关系网络,反而固化了其民族农民工的身份,而这种身份的固化从平时生活和心理上均造成了城市居民之间的隔阂,增加了其城市融入的障碍。所以那些通过原居住地社会关系在迁入地获取工作机会的跨界民族流动人口更容易遭受到来自雇主、同事和城里人的歧视,也更容易因为语言不通、来自贫困地区和少数民族身份而遭受歧视。

本课题的最后一个主体部分讨论了政府职能在云南跨界民族地区农村富余劳动力转移上的效用,从前文"就业途径"中可以看出,云南跨界民族外出务工者通过政府组织劳动力转移和职业介绍机构找到工作的人数比例较小,说明云南跨界民族地区的地方政府在组织和帮助农村富余劳动力转移的工作上还有所欠缺。另外,在中国转型体制下,行之有效的职业介绍机构还没有建立起来,劳动力不能得到公开和快速的求职信息。云南跨界民族所在地区的政府在组织和介绍跨界民族农村富余劳动力转移和外出谋生、组织进行针对农民工技能和知识的培训、组织安全防范等培训的力度不够。普洱和德宏这些农村富余劳动力流出地政府在作为工作介绍中介集中组织其外出谋生和针对外出务工人员所进行的专业技能和知识培训方面发挥的效用高于其他地区的地方政府,特别是德宏州各地方政府不仅重视对外出务工人员的人力资本积累、提高其工作技能,在提高其法律维权意识、安全防范意识和心理使用能力方面的培训也具有突出作为。相比之下,西双版纳州内的各地方政府对当地农村富余劳动力转移的支持力度较小。

二　本项研究的基本观点和创新之处

在样本数据的支撑下，本书有以下一些基本观点：

第一，云南跨界民族地区农村富余劳动力转移还处于自发组织和非正规就业为主的初步阶段。不仅在就业途径方面通过政府组织劳动力转移和职业介绍机构找到工作的人数比例较小，而且所从事行业和工作多属于非正规就业，表现为工作周期短、流动性大、稳定性差，多为初级服务和强劳动型工作，行业跨度小。

第二，云南跨界民族地区农村富余劳动力转移对迁出地家庭和社会经济的带动作用有限，外出务工的工资对劳动力转移家庭的总收入贡献率低，外出务工为一个跨界民族家庭所增加的收入，能为其提高生活质量的效用非常有限。

第三，云南跨界民族地区农村富余劳动力转移在迁入地融入程度较差。云南跨界民族外出务工者无论是寻找工作动用的关系网络，还是在迁入地生活的交际圈子，都是基于地缘和亲缘的社会关系网络，在迁入地没有形成基于业缘等的新的社会关系网络。

第四，云南跨界民族地区农村富余劳动力转移具有一些明显的特征，包括务工者首次流动平均年龄偏小，有相当一部分未成年人外出务工；有相当一部分人自主经营，反映出少数民族进城务工人员就业特点往往与自己的民族特色相结合，很多少数民族经营具有民族特色的服饰、药材、食物等谋生。

第五，虽然有部分务工人员向周边国家转移，但所占比例较小，大部分劳动力转移都发生在国内。另外，大部分人员迁移距离较短且属于非永久性迁移。

本书还通过理论分析框架以及研究方法和技术手段的创新，发现了一些很有价值的结论。理论分析框架的创新体现在首次将外来务工者在迁入地的就业歧视和身份歧视引入社会资本的研究范畴，从而扩展了社会资本研究范围（以往微观层面的社会资本研究主要集中在就业信息获取和职业地位提升方面）；方法论上的创新主要体现在本项目在云南跨界民族研究中首次使用大型抽样调查的方式获得跨地州、跨族群、跨领域的全方位的调查设计和研究手段，这种方法论上的创新为我们全面、系统、深入研究云南跨界民族地区农村富余劳动力异地就业的整体情况，并基于这样的实证研究提出政策建议奠定了基础（以往的研究大多为民族志的田野调查，而且多为一个地区、一个方向，很少能反映较为全面的信息）。

三　关于促进云南跨界民族农村富余劳动力转移的措施与建议

如上所述，云南跨界民族地区农村富余劳动力转移还处于自发组织和非正规就业为主的初步阶段，农村富余劳动力转移对迁出地家庭和社区社会经济发展的带动作用有限，劳动力转移的效率和效果都很难让人满意。这其中既有边疆民族地区整体发展水平滞后、现代化程度不高、少数民族整体受教育程度偏低等客观现实条件的制约，也与政府重视不够、未采取行之有效的促进云南跨界民族农村富余劳动力转移的措施有关。根据本书的主要结论，结合当前国家有关促进城镇化建设和统筹农村剩余劳动力转移的有关指导精神，提出促进云南跨界民族农村富余劳动力转移的几点政策建议供参考。

第一，加快跨界民族地区农村城镇化进程是跨界民族地区农村剩余劳动力转移的根本出路。相较于全国农村劳动力转移的进程和发展阶段，跨界民族地区农村劳动力转移起步较晚，还处于自发组织和非正规就业为主的初级阶段，这一方面固然意味着跨境民族地区农村剩余劳动力在就业市场的竞争力较弱；但另一方面也使得这些地区受到改革开放以来全国低成本工业化和高成本城镇化发展模式的负面影响较小，这是后发优势之一，因为跨界民族地区农村没有出现家庭"空壳化"、文化"荒漠化"等大规模劳动力"候鸟式"迁移带来的负面后果。在当前全国农村劳动力转移进入调整阶段，尤其是在李克强总理提出通过鼓励东部产业园区在中西部开展共建、托管等连锁经营，以"业"兴"城"，做大、做强中西部中小城市和县城，提升人口承载能力，促进约1亿人在中西部就近城镇化，逐步减少大规模人口"候鸟式"迁移的背景下，云南跨界民族地区应该避开劳动力素质相对偏低、市场竞争力不足等短期内难以扭转的劣势，抓住后发优势将促进劳动力转移的重点放在内部消化上，通过加快推进跨界民族地区农村城镇化进程，利用跨界民族地区生态环境较好、民族文化特色突出等优势，发展特色农业、手工业和旅游业等，因地制宜地推进城镇化建设，实现农村富余劳动力就近、高效转移。具体措施可以包含以下几个方面：（1）加快土地流转，组建农业合作社，发展特色农业，如茶叶、热带水果、药材等。（2）打造特色民族文化小镇，利用良好的生态环境和丰富的民族文化环境，特别是边境旅游的相关利好政策，打造一批精品旅游文化小镇，促进第三产业就业。（3）依托跨境经济合作区建设，加强与周边国家的交流与合作，以红河州的河口、西双版纳州的磨憨、德宏州的瑞丽为核心，以跨境经济合作区建设为依托，创建沿边经济辐射点，逐步扩大整个沿边地区的对外开放和经济社会发展，吸引更多企业投资，创造更多就业岗位。

第二，加强跨界民族地区教育发展是跨界民族地区农村剩余劳动力转移的重要保障。调查结果显示，跨界民族地区外出务工人员普遍受教育程度偏低、首次流动年龄较小，甚至有相当数量的未成年务工人员，这导致他们能够转移的领域有限，主要集中在初级劳动力市场。长远来看，这将导致两个后果：一是自身文化素质不高和劳动技能不足，不具有竞争优势，难以在城市劳动力市场上"拾遗补阙"，所从事工作技术含量低、稳定性差，在职业阶层流动中没有向上的空间；二是由于初级市场劳动力转移和经济周期的相关程度增大，在经济转型、产业升级等背景下对这部分劳动力的需求出现下滑，转移难度加大。不论是通过就近城镇化实现劳动力转移，还是通过劳务输出转移劳动力，劳动力的素质都是影响转移的一个重要因素。加强跨界民族地区教育发展，提高跨界民族农村剩余劳动力的文化素质和劳动技能，是长远解决相关问题的重要保障。要加强跨界民族地区教育发展，首先要进一步加强义务教育的执行力度，大量年轻人离开校园提前进入劳动力市场，不仅对家庭和社区经济发展发挥的作用有限，长期来看还阻碍了一个地区劳动力整体素质的提高。另外，大量年轻人提前进入社会也增加了社会治安风险。义务教育是提高劳动力基本文化素质的基础，而更高层次的知识和技术教育是人才队伍结构优化的必要保障。考虑到当前教育成本和就业形势的总体情况，跨界民族地区在为高等教育培养合格人才的同时，应重点加强义务教育与职业教育的结合，克服农村教育脱离农村经济建设、社会发展的弊端，在课程设置方面贯彻实际、实用、实效的教育原则，因地制宜，加大跨界民族地区农村教育课程体系和教材体系的改革，促进农村义务教育和职业教育、继续教育紧密结合，既为高一级学校输送合格新生，又为当地经济建设培养大批适用人才，为农村经济持续、健康发展，不断增加农民收入，提供智力和人才保证。此外，调查中显示绝大部分跨界民族地区外出务工人员的子女并没有随迁，而是留在老家由其他家庭成员监护教养，所以跨界民族地区留守儿童教育问题也需要引起重视。

第三，重视和引导跨界民族农民工通过多元途径寻求就业机会。研究发现，社会关系网络依然是云南跨界民族外出务工人员这一特殊群体在迁入地获取工作的最主要途径，使用社会关系虽然能增加职业获取的可能性和效率，但由于云南跨界民族外出务工人员的社会关系网络具有规模较小、异质性较低和顶端高度较低等特点，在这样的社会关系网络支持下，所获得的工作所能提供的工资收入水平、工作待遇、迁移距离等反而受限，且更容易遭受就业歧视，阻碍了这些务工人员在迁入地的职业阶层发展、生活质量改善以及社会融入的实现。在市场信息不能有效抵达求职者的情况下，需要劳动力迁出地和迁入地的政府有所作为，一方面通过专业的职业介绍机构，将用工信息和劳动力连接起来，拓宽农村剩余劳动力的职业选择，使他们的就业范围不只集中在几个层次较低的领域。另一方面要加大对外出务工人员的职业技能培训，加强农民工的维权意识、安全防范教育、综合素质教育以及心理适应能力提高等的相关培训，提高这些外出务工人员在城市的生存能力，使他们能够不依赖亲缘和地缘关系网络，在城市建立和拓展基于业缘的新的关系网络，真正融入迁入地社会。调查中发现，云南边境地区地方政府普遍对此问题重视不够，在组织和帮助剩余劳动力转移方面工作力度很小，其中德宏地区相对较好，而西双版纳地区受访者中参加过相关培训的人数最少。结合调查中反映出来的工资收入水平差异，政府干预的效果还是非常明显的。因为德宏地区外出务工人员的工资收入相对高于其他地区，而西双版纳州无论是外出务工人员的首次流动年龄、职业阶层还是工资水平，相较其他地区都属于偏低水平。这也再次说明了政策因子对促进农村富余劳动力转移发挥着举足轻重的作用。

第四，要结合跨界民族地区和群体的地域性、民族性等特征，因地制宜，制定切合实际的扶持和鼓励政策与措施。研究发现，跨界民族的民族特殊性是影响其异地就业各方面状况的重要因素，就行业分布、外出务工收入用途、迁移距离和就业歧视等方面表现出民族特点。要加大力度扶持和鼓励跨界民族地区农村转移劳动力依托地区、民族特色，扬长避短，通过自主经营民族特色餐饮、特产等在城市谋得一席之地。如本书中傣族有一半的外出务工人员在从事自主经营，且雇用了较多本民族职工，目前傣族饮食文化的发展趋势越来越好，需要政府及相关机构加强对少数民族餐饮文化的支持力度，进一步发展和传承傣族饮食文化，将其作为一种文化产业来发展。另外，在外谋生的农村富余劳动力，不仅通过寄钱回家等改善家庭经济状况，还能带回更多外界的资讯和观念，在支持农村剩余劳动力向城市和城镇转移的同时，也要鼓励在外务工的人员回乡创业，带动地方经济社会发展。

第五，进一步完善跨界民族地区农村社会保障制度建设，包括农村养老保险制度、合作医疗制度、最低生活保障制度等。本书发现，云南跨界民族外出务工人员将工资收入主要用于预防性储蓄和赡养老人，在迁入地城市消费能力普遍偏低，一个主要的原因就是出于对社会保障的不安全感。农村社会保障制度不完善，一方面进城务工人员赚了钱不敢消费，都储蓄下来带回家养家、盖房，对城市经济带动不大；另一方面尽管小农分散经营收入越来越不足以维持生活，但他们既不敢彻底离开土地，更不愿放弃土地承包权，因为土地是他们最后的依靠。只有完善社会保障制度，才能鼓励农村剩余劳动力根据自身情况，选择适合自身的发展道路。作为跨界民族地区农村的社会保障制度建设还具有示范性，有利于维护跨界民族的国家认同感和自豪感。

参考文献

英文文献

[1] Bian, Yanjie, "Bringing Strong Ties back in: Indirect Ties, Network Bridges, and Job Search", *American Sociological Review*, Vol. 62, No. 3, 1997.

[2] Bourdieu, P., "The Forms of Capital", *Handbook of Theory of Research for Sociology of Education*, J. G. Richardson, 1980.

[3] Burt, Ronald S., *Structural Holes: The Social Structure of Competition*, Cambridge, MA: Harvard University Press, 1992.

[4] Coleman, James, S., "Social Capital in the Creation of Human Capital", *American Journal of Sociology*, Vol. 94, S95-S120.

[5] Fukuyama, F., *Trust: The Social Virtues and the Creation of Prosperity*, London: Hamish Hamilton, 1995.

[6] Granovetter, Mark S., *Getting a Job*, Cambridge, MA: Harvard University Press, 1974.

[7] Granovetter, Mark S., "The Strength of Weak Ties", *The American Journal of Sociology*, Vol. 78, No. 6, 1973.

[8] Knight K. and Yueh L., *Urban Insiders Versus Rural Outsiders: Complementarity or Competition in China's Urban Labor Market*, December 2004.

[9] Lin, Nan., "Social Networks and Status Attainment", *Annual Review of Sociology*, Vol. 25, 1999.

[10] Lin, Nan, "Building a Network Theory of Social Capital", *Connections*, Vol. 22, No. 1, 1999.

[11] Lin, N., Ensel, Walter M., Vaughn J. C., "Social Resources

and Strength of Ties: Structural Factors in Occupational Status Attainment", *American Sociological Review*, Vol. 46, No. 4, 1981.

［12］Lin, N., and Xie, W., "Occupational Prestige in Urban China", *The American Journal of Sociology*, Vol. 93, No. 4, 1988.

［13］Lin, Nan, *Social Capital: A theory of Social Structure and Action*, New York, Cambridge University Press, 2001.

［14］Robert Putnam et al., *Making Democracy Work: Civic Traditions in Modern Italy*, Princeton University Press, 1993.

［15］Robert Putnam, *Bowling Alone: The Collapse and Revival of American Community*, New York: Simon & Schuster, 2000.

［16］Wang Dewen, Cai Fang and Zhang Guoqing, "Special Issue: Urbanization and Employment of Migrant Network in China", *Social Sciences in China*, No. 3, August 2010.

［17］Wang Dewen, Cai Fang and Zhang Guoqing, "Factors Influencing Migrant Workers' Employment and Earnings —The Role of Education and Training", *Social Sciences in China*, No. 3, 2010.

中文文献

［1］白南生、李靖：《农民工就业流动性研究》，《管理世界》2008年第7期。

［2］边燕杰：《城市居民社会资本的来源及作用：网络观点与调查发现》，《中国社会科学》2004年第3期。

［3］边燕杰、张文宏：《经济体制、社会网络与职业流动》，《中国社会科学》2001年第2期。

［4］边燕杰、张文宏等：《求职过程的社会网络模型：检验关系效应假设》，《社会》2012年第3期。

［5］曹兴：《论跨界民族问题与跨境民族问题的区别》，《中南民族大学学报》（人文社会科学版）2004年第2期。

［6］曹子玮：《樊援的绳索》，博士论文，中国社会科学院研究生院，2002年。

［7］陈桂兰：《城市农民工的权益保障与政府责任》，《前沿》

2004年第3期。

［8］丁延松：《"跨界民族"概念辨析》，《西北第二民族学院学报》（哲学社会科学版）2005年第4期。

［9］杜毅：《农民工就业现状与对策研究——以2834名农民工为例》，《重庆三峡学院学报》2009年第1期。

［10］段成荣、迟松剑：《我国少数民族流动人口状况研究》，《人口学刊》2011年第3期。

［11］范宏贵：《中越两国的跨境民族概述》，《民族研究》1999年第6期。

［12］方铁：《云南跨境民族的分布、来源及其特点》，《广西民族大学学报》2007年第5期。

［13］费杰：《农民工市民化进程中的政府责任探析》，《长白学刊》2011年第4期。

［14］高洪贵：《农民工教育培训的困境及其超越——以政府购买公共服务理论为视角》，《现代远距离教育》2014年第2期。

［15］高文书：《进城农民工就业状况及收入影响因素分析——以北京、石家庄、沈阳、无锡和东莞为例》，《中国农村经济》2006年第1期。

［16］葛公尚：《试析跨界民族的相关理论问题》，《民族研究》1999年第6期。

［17］何明：《开放、和谐与族群跨国互动——以中国西南与东南亚国家边民跨国流动为中心的讨论》，《广西民族大学学》报（哲学社会科学版）2012年第1期。

［18］何跃：《非传统安全视角下的云南跨界民族问题》，《云南民族大学学报》（哲学社会科学版）2006年第5期。

［19］黄文芬：《少数民族地区农村富余劳动力就业现状分析与思考》，《贵州民族研究》2007年第1期。

［20］贾晓华、张桂文：《交易成本视角下农民工迁移距离的特征分析》，《理论界》2006年第12期。

［21］江立华、鲁小彬：《农民工子女教育问题研究综述》，《河北大学成人教育学院学报》2006年第1期。

［22］［美］科尔曼：《社会理论的基础（上、下）》，社会科学文献出版社1992年版。

［23］孔建勋、张顺：《社会资本与职业地位获得：基于云南跨界民族农民工的实证研究》，《云南社会科学》2013年第3期。

［24］孔祥利、粟娟：《我国农民工消费影响因素分析——基于全国28省区1860个样本调查数据》，《陕西师范大学学报》（哲学社会科学版）2013年第1期。

［25］拉毛才让：《试论少数民族流动人口的构成、分布特点及动因》，《攀登》2005年第2期。

［26］雷勇：《论西南地区跨界民族的和平跨居》，《贵州民族研究》2009年第1期。

［27］李汉宗：《论关系的本质——基于中美之间社会关系对求职途径影响的比较分析》，《甘肃行政学院学报》2010年第3期。

［28］李俊霞：《少数民族农民工异地就业的文化适应性理论研究》，《成都行政学院学报》2011年第5期。

［29］李培林：《流动民工的社会网络和社会地位》，《社会学研究》1996年第4期。

［30］李强：《中国大陆城市农民工的职业流动》，《社会学研究》1999年第3期。

［31］李强、唐壮：《城市农民工与城市中的非正规就业》，《社会学研究》2002年第6期。

［32］李树茁等：《农民工的社会网络与职业阶层和收入：来自深圳调查的发现》，《当代经济科学》2007年第1期。

［33］李学保：《跨界民族问题与中国国家安全：建国60年来的探索与实践》，《中南民族大学学报》（人文社会科学版）2010年第1期。

［34］李正彪：《一个综述：国外社会关系网络理论研究及其在国内企业研究中的运用》，《经济问题探索》2004年第11期。

［35］林竹：《农民工就业：人力资本、社会资本与心理资本的协同》，《农村经济》2011年第12期。

［36］刘传江、周玲：《社会资本与农民工的城市融合》，《人

口研究》2004年第5期。

［37］刘林平、张春泥:《农民工工资:人力资本、社会资本、企业制度还是社会环境?——珠江三角洲农民工工资的决定模型》,《社会学研究》2007年第6期。

［38］刘唐宇、罗丹:《我国农民工就业歧视:现状、原因及政策建议》,《四川理工学院学报》(社会科学版)2014年第3期。

［39］刘稚:《跨界民族的类型、属性及其发展趋势》,《云南社会科学》2004年第5期。

［40］刘稚、申旭:《论云南跨境民族研究》,《云南社会科学》1989年第1期。

［41］鲁刚:《中缅边境沿线地区的跨国人口流动》,《云南民族大学学报》(哲学社会科学版)2006年第6期。

［42］卢汉龙:《劳动力市场的形成和就业途径的转变——从求职过程看中国市场化变化的特征》,《上海社会科学院学术季刊》1997年第2期。

［43］马戎等:《西部六城市流动人口调查综合报告》,《西北民族研究》2007年第3期。

［44］马雪鸿、李光明:《少数民族农村富余劳动力转移动因及障碍研究文献述评》,《北方经济》2012年第13期。

［45］钱文荣、李宝值:《不确定性视角下农民工消费影响因素分析——基于全国2679个农民工的调查数据》,《中国农村经济》2013年第11期。

［46］钱晓燕:《全球化背景下的中国劳动力跨境就业研究》,博士论文,南开大学,2009年。

［47］钱亚仙:《农民工权益保障与政府责任》,《湖北行政学院学报》2005年第5期。

［48］钱正武:《农民工市民化与政府职责》,《理论与改革》2005年第2期。

［49］邵志忠:《从社会正义透视农民工的身份歧视》,《广西民族研究》2008年第3期。

［50］盛来运:《中国农村劳动力外出的影响因素分析》,《中

国农村观察》2007 年第 3 期。

［51］汤夺先：《民族身份运用与资本禀赋制约：少数民族流动人口在城市中的就业》，《青海民族大学学报》（社会科学版）2014 年第 1 期。

［52］唐有财：《新生代农民工消费研究》，《学习与实践》2009 年第 12 期。

［53］田丰：《城市工人与农民工的收入差距研究》，《社会学研究》2010 年第 2 期。

［54］田学辉、秦俊武：《我国农民工就业歧视问题文献综述》，《劳动保障世界》（理论版）2009 年第 11 期。

［55］王清华：《"跨国界民族"概念与内涵的界定》，《云南社会科学》2008 年第 4 期。

［56］王春光：《流动中的社会网络：温州人在巴黎和北京的行动方式》，《社会学研究》2000 年第 3 期。

［57］魏亚蕊：《关于农村劳动力跨境就业动因的个案研究》，硕士论文，厦门大学，2009 年。

［58］王解静：《西方劳动力市场歧视理论与我国农民工就业歧视问题》，《兰州商学院学报》2006 年第 6 期。

［59］文久富、陶斯文、刘琳：《城市化进程中少数民族流动人口就业现状、存在问题及其对策分析》，《西南民族大学学报》（人文社会科学版）2007 年第 8 期。

［60］吴愈晓：《社会关系、初职获得方式与职业流动》，《社会学研究》2011 年第 5 期。

［61］吴忠民：《歧视与中国现阶段的歧视》，《江海学刊》2003 年第 1 期。

［62］徐育才：《试论农村富余劳动力转移中的政府行为》，《经济地理》2005 年第 1 期。

［63］闫文虎：《跨界民族问题与中国的和平环境》，《现代国际关系》2005 年第 5 期。

［64］杨菊华、段成荣：《农村地区流动儿童、留守儿童和其他儿童教育机会比较研究》，《人口研究》2008 年第 1 期。

［65］杨肖丽、景再方：《农民工职业类型与迁移距离的关系研究——基于沈阳市农民工的实证调查》，《农业技术经济》2010年第11期。

［66］杨雪萍：《农村富余劳动力转移的政府干预模式新构想——基于提高人力资本积累水平的研究》，《农村经济》2008年第1期。

［67］杨宜勇、邰凯英等：《中国少数民族就业问题研究》，《经济研究参考》2013年第72期。

［68］杨云彦、褚清华：《外出务工人员的职业流动、能力形成和社会融合》，《中国人口·资源与环境》2013年第1期。

［69］尹纪梅：《农民工教育培训的政府责任与对策研究》，《职教论坛》2011年第25期。

［70］张广利、陈仕中：《社会资本理论发展的瓶颈：定义及测量问题探讨》，《社会科学研究》2006年第2期。

［71］张公瑾：《云南与中南半岛跨境民族在社会转型时期的文化走向》，《中央民族大学学报》2000年第3期。

［72］张慧：《农民工就业歧视问题分析》，《上海经济研究》2005年第10期。

［73］张继焦：《城市中少数民族的民族文化与迁移就业》，《广西民族研究》2005年第1期。

［74］张继焦：《关系网络：少数民族迁移者城市就职中的社会资本》，《云南社会科学》2006年第1期。

［75］张莉曼、汤夺先：《城市少数民族流动人口子女教育研究述评》，《西南边疆民族研究》2012年第1期。

［76］张莉萍、王鼎：《社会网络视域下少数民族农民工就业问题研究》，《商》2014年第5期。

［77］张文宏：《社会资本：理论争辩与经验研究》，《社会学研究》2003年第4期。

［78］赵耀辉：《中国农村劳动力流动及教育在其中的作用——以四川省为基础的研究》，《经济研究》1997年第2期。

［79］赵延东：《再就业中的社会资本：效用与局限》，《社会

学研究》2002 年第 4 期。

［80］赵延东、王奋宇:《城乡流动人口的经济地位获得及决定因素》,《中国人口科学》2002 年第 4 期。

［81］周建新、范宏贵:《中老跨国民族及其族群关系》,《民族研究》2000 年第 5 期。

［82］周建新:《缅甸各民族及中缅跨界民族》,《世界民族》2007 年第 4 期。

［83］朱国宏:《论中国人口的国际迁移》,《人口学刊》1987 年第 2 期。

［84］朱敏:《多维空间视野里的跨境民族——中国西南边境民族的迁徙、交流和文化动态国际研讨会综述》,《广西民族大学学报》(哲学社会科学版) 2008 年第 6 期。

［85］邹农俭:《江苏沿江农民工现状调查报告》,《南京师大学报》(社会科学版) 2008 年第 3 期。

后　记

　　2010年6月中旬的一天，远在昆明的一位同事向我报喜，说我申请的第二个国家社科基金项目"云南跨界民族农村富余劳动力异地就业研究"立项公示了，当时我正在英格兰中部的一个乡村小镇参加由社会资本大师罗伯特·G. 帕特南牵头的哈佛大学肯尼迪政府学院暑期课程班。在紧张、繁忙的密集学习期间得到这样的好消息，瞬间感到无比振奋。无奈当时我正在曼彻斯特大学攻读博士学位，毕业论文的写作进入攻坚阶段，所以只好把国家社科基金项目先搁置一阵。

　　转眼到了2011年底，我获得博士学位后继续留在曼彻斯特大学做研究助理，工作依旧繁忙，但毕竟可以启动本课题的研究了。我利用暑假回国期间举行了开题论证会，在综合专家意见的基础上细化了研究提纲，设计出尽可能合理的调查问卷，并最终于2012年寒假期间在德宏、临沧、普洱、西双版纳、红河（仅江城县境内）五个州市11个县的边境沿线跨界民族村寨中开展了第一次入户面对面调查，当时设想的是一次完成2500份问卷的访谈和回收工作，为尽可能地降低成本，课题组还招募了跨界民族在校研究生和大学生来做访问员。

　　然而，实际调查中经费投入还是远超预算，在此情况下，为保证数据质量，课题组不得不修改研究进度计划，从所在单位云南省社会科学院重新申请相关课题以增加调查经费的投入，并于2013年寒假期间再度开展问卷调查，并最终收回2268份有效问卷。尽管项目研究未能按时完成有诸多因素，但重新申请经费进行再次调查，是其中的主要原因。

　　在接下来的两年多时间里，课题组对回收的问卷进行STATA软件录入、清理和编码等相关准备工作,然后进行大量的数据分析并开始着手撰写研究报告,课题最终于 2015 年 10 月提交结项。回过头来看,尽管由于申请第二次调查经费等,课题结项时间比预定的时间推迟了两年,但从数据结果来看,我们认为这个推迟是必要的,也是值得的。

本课题的具体分工为:

孔建勋负责研究方案和抽样调查方案设计,并负责各章节的统计模型设计;完成第一章,参与撰写第三章和第十章,并负责修改和通稿。邓云斐负责数据分析,并参与制作数据图表;完成第四章、第五章、第八章和第九章,并参与完成第二章、第三章、第六章和第七章;参与修改和通稿。刘冰津负责数据清理和编码,并参与制作数据图表;参与撰写第二章、第三章、第六章和第七章。云南大学公共管理学院硕士研究生高瑞同学也参与撰写相关章节的部分内容。

课题研究期间,云南省社会科学院原副院长贺圣达研究员、东南亚研究所原所长王士录研究员、云南大学国际关系研究院原院长刘稚研究员、云南大学民族研究院原院长何明教授、云南省社会科学院农村发展研究所郑宝华研究员等专家学者对课题研究提出宝贵意见,在此一并致谢!此外,我们也感谢国家社会科学基金项目资助本项研究,感谢"云南大学周边外交研究丛书"为本书提供出版资助,还要感谢本书的责任编辑、中国社会科学出版社的马明编审,他的付出使本书的出版质量得以保证。而课题组核心成员邓云斐和刘冰津还承担了课题成果的打印、装订和财务等后勤工作,我作为课题主持人对她们的辛勤付出表示感谢!

此外,本研究的圆满完成还离不开一群特殊的在校研究生和大学生,他(她)们是俸正衣(傣族)、李文强(拉祜)、杨明月(哈尼)、罗庄越(哈尼)、娜司领(阿昌)、熊冬冬(傈僳)、玉坎炳(布朗)、寸德娟(景颇)、李光芹(德昂)、许天运(阿昌)、强志强(拉祜)等。正是他(她)们在经过课题组老师的专业培训后,利用寒假时间,在各自的村寨及周围地区开展面对面的问卷调查。课题组对访问员的热情参与和艰辛工作表示由衷的感谢。

在本书稿即将出版之际，我申请的 2016 年度国家社科基金重大招标项目"缅甸国内形势与对外关系综合调查数据库建设"和一般项目"缅甸对华政策中的民粹主义因素"均获立项。欣喜之余，如何把枯燥乏味的学术研究变成一道道美味佳肴，仍然是我们必须面对的挑战。

尽管课题组尽了最大的努力，但由于自身水平以及各种客观条件的限制，我们的研究成果肯定还有诸多不足之处，敬请学界同仁批评指正。

孔建勋
2016 年 11 月